我
们
一
起
解
决
问
题

PRACTICE GUIDE TO

普华审计实务工具书系列

亚东◎著

· 财务审计 ·
[实务指南]

FINANCIAL AUDITING

人民邮电出版社

北　京

图书在版编目（CIP）数据

财务审计实务指南 / 亚东 著. -- 北京：人民邮电出版社，2021.7

（普华审计实务工具书系列）

ISBN 978-7-115-56456-6

Ⅰ．①财… Ⅱ．①亚… Ⅲ．①财务审计－指南 Ⅳ．①F239.41-62

中国版本图书馆CIP数据核字（2021）第074087号

内 容 提 要

在企业的经营运转过程中，财务工作贯穿始终。因此，开展财务审计维护好企业财务安全对于实现企业有序经营发展具有十分重要的意义。对于审计人员来说，要做好财务审计，除了要熟悉审计知识和会计知识之外，还需要掌握其他领域的知识和技巧。

《财务审计实务指南》由具有二十余年多行业审计实践的专家倾情打造。本书分为五大部分，共19章内容。书中在介绍了财务审计的一些基本概念后，详细介绍了风险评估、舞弊的审计应对、主要业务循环审计，以及审计报告及管理建议。作者以深入浅出的方式来介绍财务审计的思路与实操方法，辅以案例解析，带领读者透视财务审计，掌握财务审计实战技巧。

本书适合国家审计人员、会计师事务所审计人员、企业内审人员、企业风险管理人员、企业财务人员、企业舞弊调查相关人员、企业人力资源从业人员阅读和使用。

◆ 著　　　　 亚 东

责任编辑　贾淑艳

责任印制　胡 南

◆ 人民邮电出版社出版发行　　北京市丰台区成寿寺路 11 号

邮编 100164　电子邮件 315@ptpress.com.cn

网址 https://www.ptpress.com.cn

北京天宇星印刷厂印刷

◆ 开本：787×1092　1/16

印张：17.75　　　　　　　　　　2021 年 7 月第 1 版

字数：350 千字　　　　　　　　2025 年 11 月北京第 16 次印刷

定　价：89.00 元

读者服务热线：（010）81055656　印装质量热线：（010）81055316

反盗版热线：（010）81055315

前　言

随着我国经济的发展以及企业管理机制的日益健全，开展财务审计维护好企业财务安全对于实现企业有序经营发展的作用也日益凸显。笔者从事审计工作多年，经历了从懵懵懂懂到逐渐领悟的过程。在这个过程中，笔者看到了很多同行有时会陷入困惑：审计究竟应该怎么做？怎样才能在被审计单位五花八门的信息中查明隐蔽的真相？审计只是为了查出舞弊和错误吗？审计的真正目标是什么，其存在的意义又是什么？

当然，国际的、国内的各种审计准则、指南、专业教材不断推陈出新，不同部门、行业，针对不同经济事项，也会出台专门的审计工作相关要求。这些资料全面、严谨地叙述了一般的审计思路、风险管控策略、审计方法等。

这些审计方面的规范文件、教材大部分都严格、谨慎地使用每一个字，以最少的语言，表达最多的信息，但是，对于缺乏某些特定经验的读者来说，有些文字或者抽象、枯燥、难以理解；或者能够理解，但仅限于理解字面意思，无法联系实际。实践中，存在这样一种情况：一些审计人员拥有注册会计师，或者其他审计职业资格证书，但是在审计工作中却没有表现出相应的理论水平或者工作能力。究其原因，是只知其然，而不知其所以然。部分人员对于书本上的理论知识虽然记过、背过、理解过，但是理解得不够，不知道怎么与实践有机结合。更坏的情况是随着时间流逝，对这些没有深刻理解的东西的记忆会变淡甚至消失，导致审计专业知识不能最大限度地发挥对审计工作的指导作用。

针对这种情况，笔者通过大量的审计案例分析，分享了自己的一些感悟及经验，对实务操作中的审计知识进行了具体和直观的阐释。

书中的大部分案例来自笔者的亲身经历，还有部分案例源自证券监管部门处罚文件及互联网，考虑到为有关单位、个人保密的需要，笔者对有关信息进行了模糊处理。再者，本书主要目的是分析探讨审计方法和技术，案例本身的故事情节不是最重要的，通过这些故事情节，对审计理论和方法进行深入思考才是关键。

本书提到的一些审计方面的重要规定针对的主体不同，有国家审计、内部审计、注册会计师审计。笔者认为，虽然这些制度规范的主体不同，对同一事项的措辞可能不同，但是基本原理是相通的，这些原理、理念、方法等，是值得不同领域的审计人员学习、领会的。例如，在审计之前了解基本情况、评估审计风险、制定审计计划、履行审计程序、形成审计结论和出具审计报告等主要流程，各种审计方法的注意事项，审计结论应有充分依据等。审计实践中，国家审计、内部审计和注册会计师审计已经很好地融合在一起，政府部门和企业大量地聘用注册会计师进行经济责任审计以及各种专项审计，其在审计过程中所遵循的基本执业规则都是统一的。这些良好的合作实践也说明了国家审计、内部审计、注册会计师审计的基本准则和方法是相通的。所以，笔者在写作中也尽力将不同审计实践中的知识和方法融会贯通，以帮助审计人员更全面地了解审计工作，提升审计技能。

由于水平有限，本书难免会有疏漏，欢迎读者批评指正。愿笔者的这些分享能够给有缘读到此书的朋友一些帮助。

目 录

第一部分

财务审计概述

第一章
关于审计的"道"与"术"

提到审计，大部分人脑海里浮现的场景是满脸严肃的审计人员，堆积如山的凭证、账簿，查出来的形形色色、各种严重程度的问题，账外账，小金库，被审计单位的管理人员、会计人员小心地与审计人员交流……

在我看来，这种场景是对审计人员的片面认识，审计不应该都是这样的，还应该有以下的场景。

审计人员有条有理地分析被审计单位管理存在的问题，可能存在的风险，可能造成的损失，可能形成的后果……而被审计单位的管理人员、会计人员认真地记录着审计人员的话，不停点头，眼睛里流露出赞许、感谢，感谢审计人员提出的专业意见，发现了管理漏洞，提高了管理水平，避免了损失和其他重大风险，等等。

与上一个场景比，这个场景说明被审计单位接受了审计人员的审计结论，认识到了本单位管理方面的不足，并且有改进的意愿。这个场景中，被审计单位对审计人员的态度是建立在认同基础上的尊重，这个场景反映的境界被称为"理想境界"，与之对比的第一个场景反映的境界被称为"初级境界"。理想境界一定能达到吗？初级境界是不好的吗？这些问题不是简单一句话可以回答的，我会在后面分析。

概括起来，审计人员和被审计单位及其相关人员之间，不应该是简单的对立关系，那到底是什么关系呢？这就是审计人员在进入这个行业，或在开展审计工作之前，应该想清楚的问题。审计人员应该在审计业务中扮演什么角色？审计工作的意义是什么？想清楚了这些问题，审计人员就搞清楚了工作目标，就能摆正自己的位置。这是"道"，是最重要的问题。至于怎么审计、审计有哪些方法，这是"术"的问题。笔者认为，"道"是首先要搞清楚的，"术"当然也很重要，如果不专业，不知道怎么干活，再有"道"也没用，但是，"术"的重要性要排在"道"后面。

第一节 审计工作的意义是什么

一、会计和审计的联系与区别

在讲审计的"道"之前，我们先要了解一下会计和审计的基本概念，通过这两个概念，看看会计和审计的联系与区别。

会计的职能之一是会计核算，这是人们对会计的基本认识。会计核算是会计的基本职能。

但是，很多人意识不到会计的另一个职能——会计监督。《中华人民共和国会计法》第五条规定："会计机构、会计人员依照本法规定进行会计核算，实行会计监督。任何单位或者个人不得以任何方式授意、指使、强令会计机构、会计人员伪造、变造会计凭证、会计账簿和其他会计资料，提供虚假财务会计报告。任何单位或者个人不得对依法履行职责、抵制违反本法规定行为的会计人员实行打击报复。"

这说明，会计机构、会计人员的职责不仅是记账，还有一个更重要的职责——会计监督。

世界范围内经济管理水平不断提高，对会计的要求越来越高，在内部控制系统中，会计系统是重要的组成部分。而近年来诞生的会计的另一个分支——管理会计，标志着会计机构在企业管理中可以起到巨大的作用。

总之，会计工作从传统的记账向越来越多地参与企业管理发展，会计工作对企业管理、经营决策影响越来越大，离开会计机构，很多企业的管理行为、经营决策就失去了依据，是不可想象的。会计机构是企业管理体系的一个重要组成部分。

我们再来分析一下审计的基本概念。

从审计的主体来看，审计包括国家审计、社会审计、内部审计等。国家审计的主体是审计委员会领导下的审计署以及地方审计局，社会审计的主体是会计师事务所，内部审计的主体是组织（被审计单位可能是企业、行政事业单位或社会团体，以及其他独立主体，后文将统一称呼这些被审计单位为"组织"）的内部审计机构。

从审计项目的分类来看，审计有财务报表审计、内部控制审计、经济责任审计、效益审计、竣工决算审计以及其他各种专项审计。除了财务报表审计专属于会计师事务所的审计业务外，其他审计项目是任何审计主体都可以做的。比如，经济责任审计，国家审计机构可以做，会计师事务所可以做，内部审计机构也可以做。而且，权限允许的情况下，审计方法都是一样的，也就是说，"术"是一样的。

二、不同主体审计的区别和联系

那么，不同主体的审计有什么区别和联系呢？

　　首先分析国家审计机关的法定职责。根据《中华人民共和国审计法》第三章的相关规定，审计机关的职责是对管辖范围内的行政事业单位、企业以及其他组织的财务收支等进行审计监督。

　　2019年7月，中共中央办公厅、国务院办公厅印发《党政主要领导干部和国有企事业单位主要领导人员经济责任审计规定》，其第二条规定：经济责任审计工作以马克思列宁主义、毛泽东思想、邓小平理论、"三个代表"重要思想、科学发展观、习近平新时代中国特色社会主义思想为指导，增强"四个意识"、坚定"四个自信"、做到"两个维护"，认真落实党中央、国务院决策部署，紧紧围绕统筹推进"五位一体"总体布局和协调推进"四个全面"战略布局，贯彻新发展理念，聚焦经济责任，客观评价，揭示问题，促进经济高质量发展，促进全面深化改革，促进权力规范运行，促进反腐倡廉，推进国家治理体系和治理能力现代化。

　　这一条说明，审计机关的很大一部分审计职能是提高国家社会的管理水平，促进经济高质量发展，促进全面深化改革，促进权力规范运行，促进反腐倡廉，推进国家治理体系和治理能力现代化。

　　然后分析内部审计的最终目标。

　　《中国内部审计准则第1101号——内部审计基本准则》第二条规定：本准则所称内部审计，是一种独立、客观的确认和咨询活动，它通过运用系统、规范的方法，审查和评价组织的业务活动、内部控制和风险管理的适当性和有效性，以促进组织完善治理、增加价值和实现目标。

　　这一条说明内部审计的职能和最终目标是促进组织完善治理、增加价值和实现目标。

　　最后分析社会审计机构的最终目标。

　　《中华人民共和国注册会计师法》第十四条规定，注册会计师承办下列审计业务：（1）审查企业会计报表，出具审计报告；（2）验证企业资本，出具验资报告；（3）办理企业合并、分立、清算事宜中的审计业务，出具有关的报告；（4）法律、行政法规规定的其他审计业务。注册会计师依法执行审计业务出具的报告，具有证明效力。《中华人民共和国注册会计师法》第十五条规定：注册会计师可以承办会计咨询、会计服务业务。

　　财务报表审计以及验资类的鉴证业务，直接目标是提供鉴证意见，不是提高企业管理水平，不是为企业管理服务。若这个业务做不好，鉴证意见不恰当，会计师事务所将面临被处罚的风险。大量被处罚的会计师事务所已经说明了会计师事务所在鉴证业务方面的权利和责任。

　　从会计师事务所实际业务情况来看，近年来，很多会计师事务所的财务报表审计类鉴证业务，只占会计师事务所业务很少一部分，大部分业务都是经济责任审计、内部控制审计、管理审计、效益审计等，除财务报表审计以外的这些业务，直接的目标都是为提高企业管理水平服务。

通过以上分析可以发现，无论是会计还是审计，无论是国家审计、内部审计还是社会审计，这些工作的共同之处，都是为了提高被审计单位的管理水平、控制管理风险，促进被审计单位规范、高效、健康地发展。

三、审计工作的意义

所以，审计人员在从事审计之前就应该明白，自己的大部分工作是为提高被审计单位的管理水平提供服务的。这也是为什么我将前述的第二个境界称为"理想境界"。审计人员的眼界和目标如果仅停滞在"初级境界"，关心能查出来多少问题、多少账外账、多少小金库、多少违法违纪行为，那么审计人员的审计工作就无法实现"提高管理水平"这个目标。

那么，"初级境界"不重要吗？

实际上，"初级境界"也很重要。

如果审计人员不想发现被审计单位的错误或舞弊，那么，是职业道德出现了问题。如果审计人员不能发现被审计单位的错误和舞弊，那么，是专业胜任能力出了问题。审计人员必须具备职业道德和专业胜任能力，否则，将无法胜任审计工作。

审计人员要做到的是，守住"初级境界"的底线，追求"理想境界"的目标，这才是审计工作的"道"。

如果你还不理解，那么就学习一下《党政主要领导干部和国有企事业单位主要领导人员经济责任审计规定》审计成果运用部分，原文如下。

第六章　审计结果运用

第四十四条　各级党委和政府应当建立健全经济责任审计情况通报、责任追究、整改落实、结果公告等结果运用制度，将经济责任审计结果以及整改情况作为考核、任免、奖惩被审计领导干部的重要参考。经济责任审计结果报告以及审计整改报告应当归入被审计领导干部本人档案。

第四十五条　审计委员会办公室、审计机关应当按照规定以适当方式通报或者公告经济责任审计结果，对审计发现问题的整改情况进行监督检查。

第四十六条　联席会议其他成员单位应当在各自职责范围内运用审计结果：

（一）根据干部管理权限，将审计结果以及整改情况作为考核、任免、奖惩被审计领导干部的重要参考；（二）对审计发现的问题作出进一步处理；（三）加强审计发现问题整改落实情况的监督检查；（四）对审计发现的典型性、普遍性、倾向性问题和提出的审计建议及时进行研究，将其作为采取有关措施、完善有关制度规定的重要参考。联席会议其他成员单位应当以适当方式及时将审计结果运用情况反馈审计委员会办公室、审计机关。党中央另有规定的，按照有关规定办理。

第四十七条　有关主管部门应当在各自职责范围内运用审计结果：

（一）根据干部管理权限，将审计结果以及整改情况作为考核、任免、奖惩被审计领导干部的重要参考；（二）对审计移送事项依规依纪依法作出处理处罚；（三）督促有关部门、单位落实审计决定和整改要求，在对相关行业、单位管理和监督中有效运用审计结果；（四）对审计发现的典型性、普遍性、倾向性问题和提出的审计建议及时进行研究，并将其作为采取有关措施、完善有关制度规定的重要参考。有关主管部门应当以适当方式及时将审计结果运用情况反馈审计委员会办公室、审计机关。

第四十八条　被审计领导干部及其所在单位根据审计结果，应当采取以下整改措施：

（一）对审计发现的问题，在规定期限内进行整改，将整改结果书面报告审计委员会办公室、审计机关，以及组织部门或者主管部门；（二）对审计决定，在规定期限内执行完毕，将执行情况书面报告审计委员会办公室、审计机关；（三）根据审计发现的问题，落实有关责任人员的责任，采取相应的处理措施；（四）根据审计建议，采取措施，健全制度，加强管理；（五）将审计结果以及整改情况纳入所在单位领导班子党风廉政建设责任制检查考核的内容，作为领导班子民主生活会以及领导班子成员述责述廉的重要内容。

综合一下以上经济责任审计成果运用的有关规定，除了作为考核、任免、奖惩被审计领导干部的重要参考外，其他内容的目标都是提高组织管理水平。也就是说，审计报告披露了"发现的问题"，利用审计报告的进一步工作就是：（1）解决问题，（2）追究责任，（3）完善制度，（4）廉政建设。

所以，审计人员工作的最终目标，不是查出多少舞弊违法行为，更不是让被审计单位的领导、财务人员诚惶诚恐、战战兢兢，而是在守住"初步境界"的基础上，追求"理想境界"，帮助被审计单位提高管理水平，为被审计单位的高质量发展保驾护航。内部审计机构，应该是被审计单位的"自我免疫系统"，内部审计工作的目的就是促进被审计单位的内部控制系统不断自我完善，使舞弊和违法行为没有土壤，按照党中央、国务院的有关要求，完善全面风险管理、合规管理体系，全面控制被审计单位面临的各种风险，保证被审计单位持续、稳定、健康地发展。

所以，"初级境界"只是术，"理想境界"才是道。

这就要求审计人员，除了掌握财务、审计知识，还应该掌握更多的企业管理方面的知识，以在发现错误、舞弊、违法问题后，能够给被审计单位提出完善制度、提高管理水平的良好建议。对于审计人员而言，发现被审计单位的会计人员、管理人员等存在舞弊违法行为不是最高境界，最高境界是促进被审计单位完善制度，让舞弊和违法行为没有土壤，让一些人没有犯错误的机会，保护被审计单位及相关人员的利益。

第二节 审计工作应该怎么干

前面说了，"初级境界"比"理想境界"低了一个层次，但是，审计终究不能绕过"初级境界"直接达到"理想境界"，"初级境界"是基础，审计人员必须知道工作怎么干，必须掌握"术"。

相信很多人能够接受笔者的"理想境界"这一观点，只是还没有越过"初级境界"这个门槛，不知道工作怎么干。笔者深深理解这种困惑，在刚刚入行之时，笔者心目中的审计比围棋九段还玄妙。

那么，有没有一个对所有审计业务皆有效的宝典呢？只要掌握了这个宝典，什么审计工作都能干。

有。若干审计准则、指南、审计教材系统地讲了很多方法，但是，它们语言精练，看起来抽象晦涩，导致很多人学了和没学差不多。

本书以案例的形式，让"宝典"生动形象起来，让人们通过这些案例，深刻地理解、掌握这些知识。

一、审计概述

在阐述这些知识之前，先分析审计究竟是什么。

最基础的审计，是财务报表审计，是注册会计师对财务报表是否不存在重大错报提供合理保证，为被审计单位的财务报表提供鉴证意见，让报表使用者对财务报表增加信赖。财务报表审计怎么做呢？财务报表审计就是通过一系列审计程序，检查被审计单位的财务报表是否真实地反映了被审计单位的财务状况和经营成果，是否符合所在国家的会计制度规定。

以财务报表审计为基础，又衍生出经济责任审计、财务收支审计、竣工决算审计、专项资金审计等。这些审计和财务报表审计相比，原理相似，都是要检查确认财务数据是否真实地反映了业务情况，业务是否符合相关法规。或者说，审计是为了厘清三个要素的关系，这三个要素分别是业务、财务数据和相关法规。

业务，即与财务数据相关的被审计单位的业务活动。

财务数据，即业务活动会产生财务收支，财务部门将财务收支按国家会计制度规定进行账务处理，则产生财务数据。

相关法规，包括业务活动应该遵守的有关法规，以及会计核算应该遵守的相关法规，即国家会计制度。

二、审计工作的结论

审计工作要得出的结论如下。

第一，被审计单位的业务是否符合相关法规。

比如，科研专项资金审计，如果科研专项资金被花到预算外的楼堂馆所建设上，这项业务就是违反科研专项资金相关管理法规的。

第二，被审计单位的财务核算是否符合法规规定。

财务核算是否符合法规规定包括：被审计单位的财务数据是否真实地反映了业务，会计核算是否符合会计法规的规定。

比如，第一种情况，上述科研专项资金，实际被用在楼堂馆所建设上，这项业务本来是违反相关法规的，但财务部门如果真实地在账面上核算这个业务，即从会计凭证及账簿上能直接看出资金用于建设楼堂馆所了，则起码会计核算是真实的。第二种情况，财务部门为了隐藏专项资金违规情况，做了一些假的发票、合同等，让这些用于楼堂馆所建设的资金从财务账面看是用于科研项目了，那么，财务数据没有真实地反映业务。对于审计人员来讲，后一种情况属于会计造假，难以发现，这是审计的难点。

第三种情况，被审计单位的业务没有违反法规，但是财务部门核算错误，不符合相关会计准则制度的规定，导致财务数据不能真实地反映业务情况。

比如，上述科研专项资金，总投资为1 000万元，但是财务部门用收付实现制核算，到了规定的完工日期，账面只记录了600万元，会计人员说因为实际只付了600万元！实际上，乙方将合同规定的活都干了，剩下400万元还是要付出的，按权责发生制，账面的投资应该是1 000万元，未付的400万元应该体现为负债，记录在账面上。

三、怎么做审计工作

所以，怎么做审计工作的答案就出来了：

（1）审计人员必须掌握与经济事项相关的法规、制度规定；

（2）审计人员必须掌握与业务相关的会计制度；

（3）审计人员必须了解业务的实际情况。

对于（1）和（2），审计人员在进行审计之前，必须了解和掌握，否则会连判断标准都没有！相关法规的取得渠道：一是网上搜索，二是向委托方查询，三是向被审计单位查询。这三种方式应该结合起来使用，只靠一个渠道，很难保证全面完整地掌握相关法规。

对于（3），了解业务的实际情况就是审计过程，审计人员在出具审计报告之前的所有审计工作阶段，几乎都应该在探索研究业务的真相，离开对业务的了解，审计就无从谈起。而业务的实际情况涉及的因素很多，如业务本身的流程、市场情况、行业情况、政策情况、国内外相关的经济形势等。

现代审计是风险导向审计，也就是在详细地了解被审计单位的相关情况、评估审计风险的基础上形成审计策略，制定审计计划，有针对性地开展审计活动。

　　具体而言，开展审计工作的要点如下：（1）了解行业状况；（2）了解法律环境与监管环境；（3）了解其他外部因素；（4）了解被审计单位所有权结构；（5）了解被审计单位的组织结构；（6）了解被审计单位的经营活动；（7）了解被审计单位的投资、融资活动；（8）了解被审计单位对有关业务的会计政策选用；（9）了解被审计单位的目标、战略以及相关经营风险；（10）了解被审计单位的风险管理情况；（11）了解被审计单位财务业绩的衡量和评价；（12）了解被审计单位主要业务流程及内部控制制度；（13）评估审计风险；（14）根据风险评估结果形成审计策略，制定审计计划；（15）履行审计程序，收集审计证据；（16）形成审计结论，撰写审计报告。

　　以上是大部分与审计工作相关的准则、制度的核心理念，也是世界审计人员实践经验、教训的总结。本书的主要任务是，以案例的形式阐述这些理念，让读者通过生动直观的案例，深刻理解各种准则、指南，掌握科学的审计方法。

第二章
审计证据与审计程序

第一节　得出审计结论要有依据

得出审计结论要有充分的法规依据和事实证据。下面以案例的形式阐述这个理念。

【案例2-1】得出审计结论应有证据的案例

　　某审计处处长刘某，带了一个内审小组对一个几十亿元的项目进行竣工决算审计，直觉告诉她某些支出存在违法违规的情况，于是她要求审计组成员在她怀疑的高风险领域履行审计程序，查出违法违规行为。说真心话，我赞赏她的职业怀疑精神，如果没有怀疑，就不容易发现问题，保持怀疑是审计人员必要的职业能力。

　　但是，下面的事情我就不能认同了。

　　她认定这个项目就是存在违法违规行为，建设项目经理无奈地说："刘某，请用证据说话！"

　　但到出具审计报告时，刘某也没有找到证据，而项目经理不再理会审计组，出差去了。

　　作为内审部门，审计的终极目标是提高企业管理水平，实现企业管理系统的自我完善。所以，内部审计不应该将一定要查出什么性质的问题、一定要查出来多少问题作为目的，否则只是处于"初级境界"。

　　当然，审计对内部控制的完善，要通过在审计过程中发现问题来实现。审计人员要想体现自己的价值，展现自己的能力，也必须通过审计发现问题来实现，这都是对的。但是，得出结论必须有证据，而且是确凿的证据。

　　证据，是审计结论成立的必要条件，包括法规依据、事实证据等。

那么，事实证据是什么，应该具备哪些特征，应该满足哪些要求呢？这是下一节要重点阐述的内容。

第二节 审计证据和审计工作底稿

一、审计证据及其属性

1. 审计证据的基本概念

内部审计准则对审计证据的定义为："指内部审计人员在实施内部审计业务中，通过实施审计程序所获取的，用以证实审计事项，支持审计结论、意见和建议的各种事实依据。"内部审计人员应当依据不同的审计事项及其审计目标，获取不同种类的审计证据。审计证据主要包括下列几类：（1）书面证据；（2）实物证据；（3）视听证据；（4）电子证据；（5）口头证据；（6）环境证据。

2. 审计证据应具备的属性

内部审计准则对审计证据应该具有的属性概括为："内部审计人员获取的审计证据应当具备相关性、可靠性和充分性。相关性，即审计证据与审计事项及其具体审计目标之间具有实质性联系。可靠性，即审计证据真实、可信。充分性，即审计证据在数量上足以支持审计结论、意见和建议。"

通俗地说，得出审计结论要有足够的、相关的、可靠的、真实的审计证据。如果没有证据，或者证据不充分，审计结论是不成立的。

关于审计证据的三个属性，审计实践中存在很多认识不清的情况，以下案例说明了审计实践中极易出现的问题。

（1）审计证据的相关性。

【案例 2-2】关于审计证据相关性的案例

A审计组对B公司进行财务审计，其中的两个审计重点是：收入是否完整，即有无账外收入；有无偷逃税款行为。

负责收入审计的小王，检查了B公司的全部合同，并按企业会计准则对每单合同的收入进行了测算，并复印了全部合同。

负责税金审计的小张，按计税基数对每个月的应交税金进行了测算，并对实际缴纳的情况进行了检查，复印了全部纳税申报表。

但是，他们认真地工作并没有得到审计主管老李的认可，老李认为，他们执行的审计程序并不能实现审计目标，他们取得的证据也与审计目标没有关系。

老李问小王："你测算了全部合同，复印了全部合同，可是，这些合同都是账面记载的，对于账面没有记载的合同，会计人员又没有提供给你，你能发现吗？我们针对收入的审计目标是确认被审计单位有没有账外收入，而你检查测算的都是已经入账的合同，你相当于又为会计进行了一下简单的复核。对于这些已经入账的合同，不全部入账，即一部分入账，一部分没有入账的可能性不大，因为一部分线索已经在账面上，很容易被查出来，会计人员如果有正常的执业能力，这么做的可能性不大。"

老李又问小张："税金方面的审计目标是确认企业有没有偷逃税款的行为，而企业已经入账的税金，肯定都是应该交的，所以，你复印他们已经交税的凭证、申报表，证明不了企业没有偷逃税款。而你按每月的收入对计税情况重新测算，只能关注已经入账的收入有无少计税款的情况，企业收入既然已经入账，要经得起税务机关的检查，只能按已入账的收入全额计税，除非企业会计核算存在非故意的差错。所以，你的审计程序并不能全面得出企业有无偷逃税款的舞弊风险。"

以上案例反映的就是审计证据的相关性存在的问题，即审计证据与审计事项及其具体审计目标之间不具有实质性联系。如老李所说，审计要取得证据证明收入都入账了，而审计人员对已入账的部分进行检查，不可能发现未入账的收入；审计要取得证据证明企业有无少交税的情况，而审计人员逐一测算已交税款，也难以发现未交税款的情况。思路是错的，方向是错的，审计程序和审计证据自然与审计目标不相关。

（2）审计证据的可靠性。

审计证据既然有各种形式，那么应如何判断审计证据的可靠性呢？《中国注册会计师审计准则第 1301 号——审计证据》给出了比较标准，其第三条规定："审计证据的可靠性受其来源和性质的影响，并取决于获取审计证据的具体环境。判断审计证据可靠性的一般原则包括：（一）从被审计单位外部独立来源获取的审计证据比从其他来源获取的审计证据更可靠；（二）相关控制有效时内部生成的审计证据比控制薄弱时内部生成的审计证据更可靠；（三）直接获取的审计证据比间接获取或推论得出的审计证据更可靠；（四）以文件记录形式（包括纸质、电子或其他介质）存在的审计证据比口头形式的审计证据更可靠；（五）从原件获取的审计证据比从复印、传真或通过拍摄、数字化或其他方式转化成电子形式的文件获取的审计证据更可靠。通常情况下，注册会计师以函证方式直接从被询证者获取的审计证据，比被审计单位内部生成的审计证据更可靠。通过函证等方式从独立来源获取的相互印证的信息，可以提高注册会计师从会计记录或管理层书面声明中获取的审计证据的保证水平。"

以上标准也只是相对的判断标准，审计实践中，有些外部证据也是不可靠的。比如，有些上市公司审计过程中，审计人员取得的盖了银行章的询证函是假的；再比如，某审计失败案例中，很多的土地使用权交易合同是假的，交易对方根本不知道有这么大额的土地交易合同。要判断审计证据是否真实可靠，审计人员需要采用各种审计程序，结合自身职业判断去粗取精，去伪存真。

【案例2-3】关于审计证据可靠性的案例（1）

监管部门检查A会计师事务所对B上市公司的审计工作底稿，发现很多证明收入的合同没有签约双方的盖章签字，金额达到3亿元的预付账款相关合同也没有双方签字。这个被审计单位存在严重的收入造假行为，虚构的利润则体现在预付账款中，预付账款对应的建设项目以及预付账款都是虚构的，而审计人员取得的这些证据，显然不能证明这些交易的真实性。简单来说，市民个人租房还要通过中介机构签字、盖章、按手印呢，而审计人员竟然复印了签字不全的这些几千万上亿元的合同，并作为得出审计结论的证据，这证明他们没有起码的疑虑，这不是职业能力问题，就是职业道德问题了。

理论上讲，审计人员并不是鉴别证据真伪的专家，但是，以基本的生活常识就能发现证据真实性存在问题的情况下，审计人员应该对审计事项更加警觉，而不是不加思索复印文档，得出"审计未发现异常"的结论。

【案例2-4】关于审计证据可靠性的案例（2）

A审计组对B企业进行清产核资审计，审计报告用于为资产重组提供作价依据，B企业的母公司以B企业经审计评估后的净资产与某民营企业合资成立C公司。审计的重点是对企业核销不良资产的情况进行鉴证。

A审计组组长在对B企业子公司B1公司的审计工作底稿进行复核过程中发现，B1公司所有的损失核销申请表、技术鉴定表、审批表等都是由总经理李一签字，而每一张审批表中申请部门、财务部门、技术部门、资产管理部门、总经理五个环节的签字人都是李一，整体看，这个公司的各部门，除了李一外，没有其他人了。

A审计组组长拒绝对B1公司的资产核销情况出具任何鉴证意见，因为他以基本的工作经验和常识判断，一个企业是若干部门分工协作、相互制衡的，不可能一个人出任所有部门的负责人，这些资产核销的相关资料是不真实的，至少是不严肃的，无法证明相关损失的认定是正确的。

A审计组组长进一步分析核销资产的相关内容，发现这些资产核销的理由是严重不充分的。比如应收账款，很多账户余额都是几百万元，甚至上千万元，且当年都有大量往来业务发生，甚至审计截止日当月还有往来业务发生，这不符合应收账款核销的法定条件。如果这些资产被核销，将会造成资产价值低估，国有资产出资作价也会相应作低，导致国有资产权益受损。

从以上案例可以看出，虽然 B 企业对资产核销提供了"证据"，但是与核销相关的内部审批手续是不完备的。这说明资产核销并未取得有关部门的认可，是少数人在运作，经济行为的真实性、合法性都很可能存在问题。这些资料作为审计证据，不能满足"可靠性"的要求，A 审计组组长拒绝出具有关审计报告的做法是正确的。

（3）审计证据的充分性。

【案例 2-5】关于审计证据充分性的案例

A 审计组对 B 企业进行财务收支审计，B 企业应收账款有 100 多个账户，金额最大的前 10 个账户余额占应收账款总额的 90%，审计人员随机选取了其中的两个账户进行函证，两个账户都是前 10 名以外的账户。

项目督导人员对审计工作底稿进行检查，认为两个余额相对较小的账户，无法对整个应收账款的情况提供正确依据，还需要加大函证数量，包括金额大的、账龄长的、余额小但交易频繁的、关联方的、经风险评估错报风险高的账户等。

本例反映的问题就是审计证据的充分性问题。两个余额相对较小的账户不存在问题，无法证明其他 100 多个账户都不存在问题，无法证明整个应收账款余额的正确性，该审计证据不满足充分性的要求。

那么，究竟多少证据才符合要求？有没有量化的指标？没有。经济事项不同，重要程度不同，样本量不同，所以无法制定量化的标准。到底多少证据符合要求，取决于审计人员的专业判断。《第 2103 号内部审计具体准则——审计证据》第七条给出了判断原则。"内部审计人员在获取审计证据时，应当考虑下列基本因素：（一）具体审计事项的重要性。内部审计人员应当从数量和性质两个方面判断审计事项的重要性，以做出获取审计证据的决策。（二）可以接受的审计风险水平。证据的充分性与审计风险水平密切相关。可以接受的审计风险水平越低，所需证据的数量越多。（三）成本与效益的合理程度。获取审计证据应当考虑成本与效益的对比，但对于重要审计事项，不应当将审计成本的高低作为减少必要审计程序的理由。（四）适当的抽样方法。"

二、审计工作底稿及编制要求

在很多人的认知里，审计工作底稿就是让人头疼的各种各样的表格，很多人将编制审计工作底稿简称"填表"。所谓"表"，就是审计工作底稿的各种模板，会计师事务所以及很多企业的内部审计部门，都有审计工作底稿模板，审计人员在审计过程中，要以这些底稿模板为蓝本，履行审计程序，取得审计证据，得出审计结论。

在审计实践中，许多人对审计工作底稿存在理解误区。有些人认为审计工作底稿不重要，就是个形式；有些人不知道编制审计工作底稿或填写这些表的目的是什么，纠结于某一个单元格、某一个选项具体填写哪些内容，怎么措辞，从而迷失在这些表格的海洋中。

有些审计工作底稿没有经过项目组内部复核或者高级审计人员复核，导致审计工作底稿质量低下，起不到应有的作用，失去了编制的意义。

有些人喜欢复印被审计单位的账页、凭证，而且是在审计没有发现问题的情况下复印了很多，翻开他们的审计工作底稿，读者会情不自禁产生疑问：复印的这些东西想要证明什么？

那么，审计工作底稿究竟是什么？审计人员为什么要花很多时间来编制审计工作底稿？编制审计工作底稿有什么意义？

1. 审计工作底稿的概念

《第 2104 号内部审计具体准则——审计工作底稿》对审计工作底稿的定义是："本准则所称审计工作底稿，是指内部审计人员在审计过程中所形成的工作记录。"其规定的编制审计工作底稿的目的如下。"内部审计人员在审计工作中应当编制审计工作底稿，以达到下列目的：（一）为编制审计报告提供依据；（二）证明审计目标的实现程度；（三）为检查和评价内部审计工作质量提供依据；（四）证明内部审计机构和内部审计人员是否遵循内部审计准则；（五）为以后的审计工作提供参考。"

《中国注册会计师审计准则第 1131 号——审计工作底稿》对审计工作底稿的定义为："审计工作底稿，是指注册会计师对制定的审计计划、实施的审计程序、获取的相关审计证据，以及得出的审计结论作出的记录。"其规定的编制审计工作底稿的目的如下。"在符合本准则和其他相关审计准则要求的情况下，审计工作底稿能够实现下列目的：（一）提供证据，作为注册会计师得出实现总体目标结论的基础；（二）提供证据，证明注册会计师按照审计准则和相关法律法规的规定计划和执行了审计工作。审计工作底稿还可以实现下列目的：（一）有助于项目组计划和执行审计工作；（二）有助于负责督导的项目组成员按照《中国注册会计师审计准则第 1121 号——对财务报表审计实施的质量控制》的规定，履行指导、监督与复核审计工作的责任；（三）便于项目组说明其执行审计工作的情况；（四）保留对未来审计工作持续产生重大影响的事项的记录；（五）便于会计师事务所按照《质量控制准则第 5101 号——会计师事务所对执行财务报表审计和审阅、其他鉴证和相关服务业务实施的质量控制》的规定，实施质量控制复核与检查；（六）便于监管机构和注册会计师协会根据相关法律法规或其他相关要求，对会计师事务所实施执业质量检查。"

《中华人民共和国审计法实施条例》没有对审计工作底稿进行定义，但是，也明确规定了以下内容。"审计人员实施审计时，应当按照下列规定办理：（一）通过检查、查询、监督盘点、发函询证等方法实施审计；（二）通过收集原件、原物或者复制、拍照等方法取得证明材料；（三）对与审计事项有关的会议和谈话内容作出记录，或者要求被审计单位提供会议记录材料；（四）记录审计实施过程和查证结果。"

概括起来，审计工作底稿的作用如下。

（1）是审计人员得出审计结论的证据。

（2）是审计人员按相关审计准则进行工作的证据。

（3）便于外部以及内部对审计工作进行管理监督。

（4）便于为以后的工作提供参考。

作为审计人员得出审计结论的证据，是审计工作底稿最重要的作用。

审计工作底稿就是审计档案，记录了审计人员制定审计计划、履行审计程序、搜集审计证据，以及综合分析得出审计结论的过程。审计工作底稿是审计工作从计划到查证再到得出结论全部过程的资料形成的档案。审计证据是其中重要的内容。

《中国注册会计师审计准则第 1131 号——审计工作底稿》又强调以下内容。"注册会计师的目标是，编制审计工作底稿以便：（一）提供充分、适当的记录，作为出具审计报告的基础；（二）提供证据，证明注册会计师已按照审计准则和相关法律法规的规定计划和执行了审计工作。"这段话说明，注册会计师审计工作的过程就是收集证据、编制审计工作底稿的过程，工作目标就是为得出审计结论提供证据，为证明自己按照相关审计准则进行审计工作提供证据。

再回头看看【案例 2-1】，刘某处长认定所审计的建设项目存在违法违规行为，证据呢？没有。刘某只是提出职业怀疑，没有证明怀疑的确凿证据，或者说，没有取得相关的、可靠的证据，没有形成有证明效力的审计工作底稿。这不仅导致她的审计结论对被审计单位没有任何影响，而且破坏了《内部审计准则》主张的"良好的人际关系"，影响了后续审计工作的开展，影响了审计的效率和效果，当然，更谈不上通过审计提高被审计单位的管理水平了。

再回顾一下那些认认真真地不放过每一个单元格，最终迷失在表格的海洋中的同仁。审计人员应该明白审计工作底稿或审计证据都有要证明的标的，或者说要有审计目的，要知道这些表格要证明什么。对于审计工作底稿模板，当初设计这些表格的人一定有他们的用意。可能他们表达得不清楚，可能审计人员经验不足不能领悟，但无论如何，审计人员要搞清楚制作这些表格的目的或者目标是什么，这样，审计人员的工作才会有针对性，从而有效率和效果。

再回顾一下喜欢复印账簿、凭证的同仁。账簿、凭证能证明什么呢？审计的目的是求证账簿、凭证是否真实合法，而审计人员将这些不知道是不是真实合法的东西复印了，放到审计工作底稿里，就能证明被审计单位的账簿、凭证都是真实的吗？要知道，假账也是有凭证的，也是借贷平衡的，甚至当管理层凌驾于控制之上的时候，所有的造假都是和真实的业务一样凭证齐全，审批手续完备，复印这些东西，能证明什么呢？什么也证明不了，浪费时间和纸张罢了。

所以，在编制审计工作底稿的时候，审计人员要有清晰的思路。审计工作底稿是审计人员制定的和在审计过程中修正的审计计划，是审计人员执行审计程序的记录，是审计人员搜集、归集、分类整理的审计证据，是审计人员得出审计结论的过程记录。可见，审计工作底稿主要有四个组成部分：（1）审计计划，（2）审计程序，（3）审计证据，（4）审计结论。这些记录涵盖了审计从计划开始到形成审计结论，出具审计报告的整个流程。广义地讲，这四个组成部分，都是作为证据而存在的，即审计结论的证据，或审计报告的证据，无论缺少哪一部分，审计结论或者审计报告都是依据不充分的。

【案例2-6】关于审计证据重要性的案例

A会计师事务所受B集团审计委员会委托，对其下属子公司B1公司进行财务收支审计。进点之初，审计人员通过盘点程序，发现了公司存在账外账、小金库，审计人员复印了在保险柜中发现的手工流水账（账外账）、定期存单等。这些资料在取得当时会计人员、财务总监签字确认后，放在审计组成员小王的计算机包里。小王的计算机和计算机包一直放在B1公司的会议室里。几天后，审计组整理审计工作底稿时，小王发现计算机包里的审计工作底稿不翼而飞。审计人员再向被审计单位索取这些账外账、定期存单的原件时，有关人员一脸茫然："我们严格执行国家和公司财务制度，就不存在什么账外账、小金库，你说的东西，我们没有！"不出意外，在交换意见过程中，因为审计人员拿不出来有小金库的证据，被审计单位拒绝承认有账外账、小金库。审计组向委托方汇报了此事，可是，因为没有证据，委托方也没有办法。当然，因为没有证据，所以这个问题也不可能写进报告。

2. 审计工作底稿各组成部分的联系

审计工作底稿的四个组成部分是有机联系的。

审计计划，是开展工作之前对审计工作进行的科学系统规划，包括主要策略、主要程序、人员分工、时间计划、资源分配等。审计工作，一般是多人组成的项目协作，不同人员的经验、执业水平、对法规的掌握程度等都是不一样的，要保证审计质量，只有通过审计计划，统一团队步调，让审计工作有组织、有计划地进行。审计资源有限，前期的规划可以让有限的资源进行合理分配，最大限度地保证审计效率和效果。审计计划不是一成不变的，需要在审计工作中根据不断变化的实际情况，或审计人员在审计工作中对被审计单位和有关经济事项了解的不断深入，进行不断调整，以适应变化的情况，保证审计效率和效果。

审计程序，是在审计计划指导下，针对被审计单位若干经济事项履行审计查证程序，包括检查、询问、观察、函证、重新计算、重新执行、分析程序等。审计程序是审计工作的核心内容。审计人员对履行审计程序的过程应该进行记录，记录审计程序履行的范围、履行审计程序中经济事项的实际情况，以及针对有关经济事项得出的初步审计结论。例如，审计人员对银行存款的收支凭证进行检查，应该在审计工作底稿中记录以下内容。（1）对哪些凭证进行了检查，如金额大于 5 000 元的，或者某一类业务的凭证，如发放劳务费凭证。（2）检查得到的结论，如有关支出是否有充分合法的凭证，是否经过授权审批，是否列入正确的会计期间等。检查涉及的方面可能很多，需要根据被审计单位对货币资金的管理情况来确定，如果检查过程中发现异常，应该清晰地记录异常情况。

审计证据，是审计人员在履行审计程序的过程中，搜集到的证明被审计事项真实情况的证据资料。审计证据，是审计程序的成果，也是得出审计结论的依据。例如，对货币资金进行审计的过程中，对收支凭证的检查记录、对现金的盘点记录、对银行存款的询证函、银行对账单以及其他资料，这些证据证明了货币资金是否真实存在、收支业务是否得到完整记录。

审计结论，是审计人员依据审计证据进行分析汇总得出的结论。审计结论包括针对具体经济事项的审计结论和总体审计结论。

例如，有关经济责任审计，《党政主要领导干部和国有企事业单位主要领导人员经济责任审计规定》第十七条规定如下。"地方各级党委和政府主要领导干部经济责任审计的内容包括：（一）贯彻执行党和国家经济方针政策、决策部署情况；（二）本地区经济社会发展规划和政策措施的制定、执行和效果情况；（三）重大经济事项的决策、执行和效果情况；（四）财政财务管理和经济风险防范情况，民生保障和改善情况，生态文明建设项目、资金等管理使用和效益情况，以及在预算管理中执行机构编制管理规定情况；（五）在经济活动中落实有关党风廉政建设责任和遵守廉洁从政规定情况；（六）以往审计发现问题的整改情况；（七）其他需要审计的内容。"将这些重大方面得出的审计结论进行综合，可得出审计报告层面的总体审计结论。而某一方面的审计结论又是通过与该方面相关的若干经济事项的审计结论综合得出的。

从审计计划到审计结论的逻辑流程如图 2-1 所示。

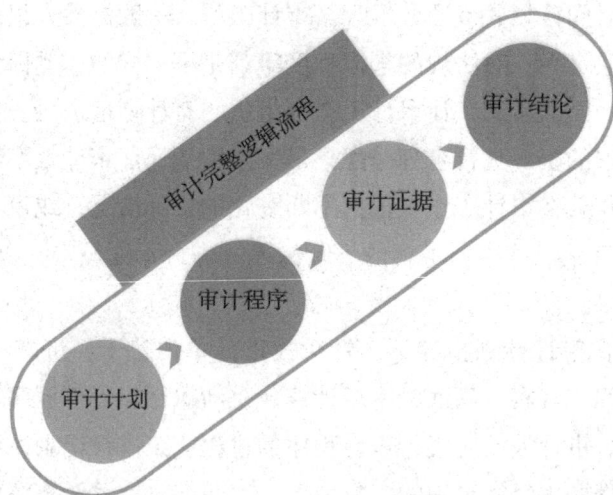

图 2-1　审计完整逻辑流程

3. 审计工作底稿的编制要求

审计工作底稿对证明审计结论、证明审计人员遵循审计准则、内部外部管理监督、归档等有重大意义，审计人员对审计工作底稿的编制，应该满足一定要求。《第 2104 号内部审计具体准则——审计工作底稿》第五条规定："审计工作底稿应当内容完整、记录清晰、结论明确，客观地反映项目审计方案的编制及实施情况，以及与形成审计结论、意见和建议有关的所有重要事项。"《中国注册会计师审计准则第 1131 号——审计工作底稿》第九条规定："注册会计师编制的审计工作底稿，应当使得未曾接触该项审计工作的有经验的专业人士清楚了解：（一）按照审计准则和相关法律法规的规定实施的审计程序的性质、时间安排和范围；（二）实施审计程序的结果和获取的审计证据；（三）审计中遇到的重大事项和得出的结论，以及在得出结论时作出的重大职业判断。"

审计实践中很多审计人员不重视审计工作底稿，导致审计工作底稿编制工作存在很多问题，概括如下。

（1）认为审计工作底稿不重要，是形式，编制审计工作底稿是简单劳动，不重要，交由助理人员编写，项目经理对审计工作底稿缺乏复核。上述情况可能导致审计报告与审计工作底稿对同一事项描述不一，甚至审计报告中披露的严重问题在审计工作底稿中没有反映。

（2）业务人员过于依赖审计工作底稿模板，没有根据现场情况设计适合审计目标需要的审计工作底稿，导致审计工作底稿模板限制了审计思路。对编制审计工作底稿的目的认识不清，审计工作底稿编制工作机械化。审计人员花费大量时间填制各种模板表格，但是表格之间逻辑关系混乱，相互不符，不能相互印证。

（3）机械复印很多凭证、文件。凭证、文件复印件没有归纳整理，排序杂乱无章。对这些凭证、文件证明了什么、得出了什么审计结论等没有任何分析说明，即使有经验的专业人士也无法明了审计人员想通过这些审计工作底稿表达什么意思。

（4）对于复印的凭证、文件没有仔细履行核查程序，导致这些凭证、文件反映的严重问题可能被忽略。

【案例 2-7】关于审计工作底稿编制要求的案例

某省证监局消息：《××药业信披违规被责令改正 审计方 YY 会计师事务所被警示》

YY 会计师事务所在对 ××2014 年报进行审计时，审计工作底稿中未评价所获取审计证据的相关性、可靠性，未记录注册会计师的职业判断过程。

该证监局认为，上述情形不符合《中国注册会计师审计准则第 1312 号——函证》第十九条、第二十三条和《中国注册会计师审计准则第 1131 号——审计工作底稿》第十条的有关规定。

以上案例说明该会计师事务所的审计工作底稿，或者说审计证据，可能与审计事项或者审计目的不相关、不可靠，或者审计人员没有对这些审计工作底稿进行整理分析，没有记录审计人员对审计结论的分析判断过程，没有记录审计结论的形成过程，即使有经验的专业人士也无法确认这些审计证据与审计事项相关、可靠。

第三节　关于审计程序的认识

审计程序，是审计行业的专业术语，指审计方法，也指获取审计证据的方法。

《中国内部审计准则第 1101 号——内部审计基本准则》第十七条规定："内部审计人员可以运用审核、观察、监盘、访谈、调查、函证、计算和分析程序等方法，获取相关、可靠和充分的审计证据，以支持审计结论、意见和建议。"《中国注册会计师审计准则第 1301 号——审计证据》应用指南对审计程序的定义："证据收集程序包括检查记录和文件、检查有形资产、观察、询问、函证、重新计算、重新执行、分析程序等。"虽然两个规范文件措辞不同，但含义基本一致。根据具体情况，审计中可以使用某一种审计程序，也可以将多种审计程序组合运用。各种审计程序都有其独到的作用，各种审计程序本身也都有特定缺陷，审计实践中，审计人员在使用这些审计程序时，也存在各种各样的问题。

一、检查记录和文件

1. 检查记录和文件的概念

检查记录和文件是指审计人员对被审计单位内部或外部生成的，以纸质、电子或其他介质形式存在的记录和文件进行审查。检查记录和文件可以提供可靠程度不同的审计证据，审计证据的可靠性取决于记录和文件的性质和来源，而在检查内部记录和文件时，其可靠性则取决于生成该记录和文件的内部控制的有效性。

检查记录和文件是审计过程中最基础的审计方法，可以为很多经济事项提供证据。但是，审计结论正确与否，不但取决于对记录和文件真实性的判断，还取决于抽样策略、样本选择方法等诸多因素。

【案例 2-8】关于检查记录和文件的案例

A 审计组对 B 公司进行财务审计。审计过程中，发现大量购买设备支出，审计人员检查相关的合同、凭证、发票、资金流等相关凭证，发现几种情况。

（1）存在凭证不齐全的情况。

有些没有采购发票，有些没有采购合同，有些没有验收凭证；审计人员检查记录的相关设备的实物，发现有的没有实物，询问设备管理人员，有关设备管理人员根本不清楚有这些设备，财务人员无法自圆其说，只好承认这些设备采购支出不真实，是管理层决定以采购设备的名义套出资金。

（2）手续齐全，个别文件存在瑕疵。

对于多数设备采购业务，凭证、合同、发票、审批手续等齐全，一些项目组成员认为没有问题。但是，审计组组长老李认为，既然存在虚假采购套取资金的情况，那么，应该对其他支出保持职业谨慎。于是，老李详细检查相关资料，发现有些设备的采购合同内容过于简单，几十万元或者几百万元的设备采购合同没有对技术指标、交货地点、交货期限、调试条款、违约责任等进行明确的约定；对于若干不明确的合同条款，业务人员执行也是有难度的。

老李进一步对设备供货方进行调查，发现这些设备的供货方早已停产，只靠出租厂房度日，不可能再生产设备。所以这些设备采购业务仍然是不真实的。

（3）手续齐全，相关凭证、资料未见异常。

除以上问题外，对于其他大部分设备，虽然从采购凭证、合同、审批手续等看不出任何异常，但是老李仍然对这些设备采购的真实性存疑。既然从凭证、合同等看不出任何问题，那就剩下盘点实物资产这个办法了。但是有关实物资产分布在遍布全国的分公司内，在有限的审计期限内，全面盘点已经不切实际，确定设备采购的真实性暂时陷入困局。

针对这种情况，老李向委托方（即B公司的母公司）申请，由委托方派出行业专家老王协助进行盘点。老王了解了B公司设备采购的情况后，发现很多设备并不是B公司所在行业用得上的，即这些设备与B公司的生产经营无关，有些设备早已过时，无法继续使用。这说明这些设备的采购也是不真实的，B公司的目的仍然是虚列采购套取资金。

本案例说明，审计过程中如果对被审计单位的生产经营、技术等没有基本了解，只是看有关记录和文件有没有盖章签字、是不是经过了审批，是无法发现任何异常的。检查记录和文件工作并不是简单的事，是需要在对被审计单位、行业、技术等有所了解的基础上进行的。

2. 检查记录和文件的注意事项

检查记录和文件时应注意以下事项。

（1）了解被审计单位和业务的基本情况。

检查记录和文件最重要的前提是，审计人员应该了解被审计单位的基本情况，即其所在行业的基本情况，否则，面对诸多凭证、合同、其他与经济事项相关的文件时，是无从下手的。

（2）凭证样本选择要有方向。

关于检查记录和文件，很多时候针对的是会计凭证。一般企业的会计凭证都会很多，那么审计人员在有限的审计时间内，应怎样选择样本进行检查，以保证审计质量和效率呢？

审计人员应结合企业的业务情况，在风险导向审计理念下，运用职业判断，有针对性地选择会计分录进行测试，做到有的放矢。一般来讲，除了常规交易会计分录外，以下分录必须纳入测试范围。

①异常的会计分录或其他调整。

➢ 分录涉及不相关、异常或很少使用的账户。

➢ 分录由平时不负责编制会计分录的人员编制。例如，财务总监所编制的通常由较低级别财务人员编制的会计分录，就应纳入测试范围。

➢ 在期末或结账过程中编制的分录。例如，结账分录或在期末后不久冲销的会计分录。

➢ 金额为约整数或尾数一致的分录。

➢ 账户配对出现异常的分录。如借一项资产类账户和贷一项费用类账户的分录。

➢ 摘要描述中包含的一项短语（如"由某某"）表明是在另一位员工的指使下编制的分录。

➢ 在下期期初所编制的冲销分录。

➢ 影响收入的异常分录。

②不恰当会计分录或其他调整。

➢ 包含复杂或性质异常的交易账户的分录。

➢ 包含重大估计及期末调整账户的分录。

➢ 包含过去易于发生错报的账户的分录。

➢ 包含未及时调节的账户，或含有尚未调节差异的账户的分录。

➢ 包含集团内部不同企业间交易账户的分录。

➢ 包含其他虽不具备上述特征但与已识别的由于舞弊导致的重大错报风险相关的账户的分录。

需注意，在审计拥有多个组成部分的被审计单位时，审计人员需要考虑从不同的组成部分选取会计分录进行测试。

③在日常经营活动之外处理的会计分录或其他调整。

因为针对非标准会计分录实施的控制的水平与针对为记录日常交易（如每月的销售、采购及现金支出）所编制的分录实施的控制的水平可能不同，所以应将日常经营活动之外处理的会计分录或其他调整纳入测试范围。

④为了审计不可预见性而抽中的会计分录。

知晓审计人员测试会计分录的范围或策略会使管理层和被审计单位其他员工易于发生舞弊行为。因此，除了基于风险和重要性水平选择一些会计分录和调整分录以外，还要考虑是否需要选择额外的不论金额或类型的会计分录，以便在测试中加入不可预测性。审计人员也可以通过每期改变审计程序的性质、时间或范围来加入具有不可预测性的因素。

3. 检查记录和文件程序的局限

（1）如果不熟悉被审计单位行业知识、有关业务、技术、管理知识、管理流程等，只检查财务资料，难以发现错误或者舞弊。

（2）如果被审计单位管理层有组织地舞弊，只靠检查会计凭证、内部管理文件等，难以发现风险。

（3）如果关联方交易审计程序执行不到位，外部证据存在造假，则不能发现风险。

（4）如果存在凭证真实、业务虚假的情况，只抽查凭证难以发现。

综上，检查记录和文件程序要与其他审计程序相结合。

4. 审计实践中存在的问题

（1）选择的样本没有针对性，样本无法代表整体。

（2）样本过少，抽查结果不能代表整体。

（3）样本选择没有目的，流于形式，如以下情况。

①对于应付职工薪酬凭证，只抽查计提凭证，不抽查发放凭证。

②对于成本费用凭证，抽查结转的凭证，不抽查业务发生时的原始凭证。

（4）没有结合被审计单位业务情况的具体判断标准抽查凭证，对于凭证齐全、业务虚假的情况难以发现。

（5）复印凭证代替抽查凭证。

（6）复印文件，但是不对有关文件的内容进行详细分析。

二、检查有形资产

1. 检查有形资产的概念

检查有形资产是指审计人员对资产实物进行审查，确认资产是否账实相符、资产质量是否达到要求，以及确认其他与审计相关的事项等。检查有形资产程序主要适用于存货、固定资产以及其他有形资产等，也适用于现金、有价证券、应收票据等。

一般来说，实物资产的盘点应由被审计单位进行，审计人员只进行现场监督；对于贵重物资，审计人员可抽查盘点。采用监督盘点的方法是为了确定被审计单位实物形态的资产是否真实存在并且与账面记录相符，查明有无短缺、毁损及贪污、盗窃等问题存在。但实物资产的盘点有其局限性，它不能保证被审计单位对资产拥有所有权，并且也不能对该资产的质量和完整性提供审计证据。因此，审计人员在监盘时应对实物资产的质量和所有权另行执行审计程序。

从【案例2-8】可以看出，盘点实物资产是确定实物资产是否存在、有关资产购置支出是否真实的审计程序之一，但是检查实物资产时，应该注意所见的实物资产是否与账面的资产是同一资产。

2. 检查有形资产的注意事项

（1）关于存货的盘点。

➢ 先检查被审计单位的存货记录，核对财务账与仓储账是否相符，了解存货基本情况，确定关注重点。

➢ 在不预先通知的情况下对特定存放地点的存货实施监盘，或在同一天对所有存放地点的存货实施监盘。

➢ 要求被审计单位在报告期末或临近期末的时点实施存货盘点，以降低被审计单位在盘点日与报告期末之间操纵存货数量的风险。

➢ 在观察存货盘点的过程中实施额外的程序，如更严格地检查包装箱中的货物、货物堆放方式（如堆为中空）或标记方式。

➢ 必要时要利用专家的工作。例如，对于液态物质（如香水、特殊化学物质）的质量特征（如纯度、品级或浓度），审计人员缺乏相关专业知识和经验，利用专家的工作可能在此方面有所帮助。

➢ 按照存货的等级或类别、存放地点或其他分类标准，将本期存货与前期存货进行比较，或将盘点数量与永续盘存记录进行比较。

➢ 利用计算机辅助审计技术进一步测试存货实物盘点目录的编制。例如，按标签号进行检索以测试存货的标签控制，或按照项目的顺序编号进行整理以检查是否存在漏记或重复编号。

➢ 在某些情况下，实施存货监盘是不可行的，这可能由于存货性质和存放地点等因素造成，如对审计人员的安全有威胁的地点。审计中的困难、时间和成本等事项本身，不能作为审计人员省略不可替代的审计程序或者满足于说服力不足的审计证据的正当理由。

➢ 对于由第三方保管和控制的存货，应该函证。

➢ 实施或安排其他审计人员实施对第三方存货的函证。

➢ 获取其他审计人员或服务机构审计人员针对用以保证存货得到恰当盘点和保管的内部控制的适当性而出具的审计报告。

➢ 检查第三方持有存货的相关的文件记录，如仓储单。

➢ 当存货被作为抵押品时，要求其他机构或者人员进行确认。

> 既要盘点余额大的存货，又要关注余额小的存货；既要防范存货安全问题，又要防范虚增销售的风险。

> 既要由账到实检查，又要由实到账检查。

【案例2-9】关于存货盘点的案例

　　A审计组对B公司进行财务审计，因为B公司账面存货余额为0，故未实施存货抽查盘点程序。审计组成员了解到的情况是，B公司为了压缩存货占用资金，加强存货管理，与供应商进行信息系统整合，B公司收到订单后，供应商根据订单数量为B公司提供原材料，B公司通过这种方式，将账面存货清零。

　　审计结束两个月以后，B公司员工举报，B公司管理层为完成集团公司利润指标以及"两金"压减任务，在年终将存货全部做销售处理，账面存货清零，导致主营业务收入、主营业务成本、利润均虚增，而实际上，在A审计组审计时，很多存货都堆在仓库里。

通过以上案例，我们的反思如下。

第一，实务中确定抽盘范围时，全部监盘不切实际（特别是存货分布广时），对未抽盘的存货进行分析复核或实施其他替代程序时，仅仅检查原始单据（出库单和销售发票）是有风险的。

第二，抽盘范围的选择要兼顾"发生额大但余额小甚至为0的存货"，并结合收入、应收账款的函证，对期后应收账款回款情况进行验证。

第三，虚构销售的产品实际仍在仓库里，因此利润虚增后，次年只有做销售退回处理才能做平。所以，要注意次年的销售退回情况。

（2）关于固定资产、在建工程等的实际踏勘。

凡涉及实物资产的，一定要现场察看，如在建工程等。

对于隐蔽工程和出于审计人员安全考虑无法盘点的项目要有替代程序，替代程序不能取得可靠证据的，考虑出具保留意见、无法表示意见审计报告。

如果相关实物资产的造价对审计结论重要，考虑取得相关专业造价工程师的帮助。

【案例2-10】关于在建项目现场察看的案例

　　A审计组对B上市公司进行审计，审计人员花了大量时间检查了重要的支出凭证、合同等，并未发现异常，审计的突破口就是在建项目。

　　（1）审计人员在现场检查在建项目时，发现有些账面支出上亿元的在建项目现场根本不存在，没有实物。

　　（2）有些在建项目有实物，但是以审计人员的经验来看，项目施工的规模和建设标准不可能产生账面上记录的那么大的成本。

如果这些在建项目的投资虚假，那么这些资金的真实去向是什么呢？审计人员以在建项目为突破口，发现被审计单位通过一系列关联方交易，虚构了收支和利润，粉饰了报表。审计人员发现，该公司七成以上的收入为虚构，为与收入配比，相应的成本费用也为虚构，虚构的资金以货款收回的方式入账，又以采购、建设项目工程款等方式流出，虚构利润分布于预付账款、在建工程等科目；并且这些假账涉及的所有收支都有合法的票据，内部审批流程完备。

通过以上案例，我们的反思如下。

第一，假账易做，但现场无法造假，所以审计过程中，看实物、看现场很重要。

第二，被审计单位的凭证、合同以及其他与经济活动有关的文件，都有造假的风险，所以不能过于依赖记录和文件证据得出审计结论，应该辅以其他的审计程序和证据。

3. 检查有形资产程序的局限

（1）只能确定相关资产的存在性，不能确定产权及是否不存在产权纠纷。对于有产权证明的资产，应该检查相关权证，并检查有无抵押、担保等事项，检查有无产权纠纷。对于尚未取得产权证的在建项目，应以取得有关的批文（包括可研报告、立项报告、初步设计审批、承包合同等），确定是否拥有产权。

（2）只能确定相关资产存在，不能确定造价以及有无减值。要确定造价及减值事项，应该利用专家工作。

4. 审计实践中存在的问题

（1）审计实践中，很多审计人员偏重于对书面资料的检查，对实物资产予以关注的意识淡薄，往往不重视对实物资产的察看和对现场的察看。

（2）对于存货、固定资产等，不履行严格的监盘程序，被审计单位盘点完后，也没有抽查盘点情况。

（3）取得被审计单位的明细表或者盘点表代替监盘、抽盘。

（4）只对办公用电子设备等进行简单盘点，忽略单位价值大的资产，盘点流于形式。

（5）只是由账到实检查，没有由实到账检查。

（6）盘点过程中没有关注相关资产的减值迹象。

（7）对于条件限制不能盘点的资产，没有实施替代程序，或者在没有取得有说服力的证据的情况下，得出审计未发现异常的结论。

（8）盘点表与账面分类没有清晰的对应关系，盘点无法证明账面记录的完整、正确。

三、观察

1. 观察的概念

观察是审计人员对被审计单位的经营场所、实物资产和有关业务活动及其内部控制的执行情况等进行的实地察看。

观察有利于审计人员了解被审计单位的基本情况，获取被审计单位的经营环境、资产状况、业务运转情况及有关内部控制制度的执行情况等第一手资料，为形成独立、客观的审计结论提供依据。

与检查有形资产一样，观察也是重要的审计程序，企业的账面资料、合同协议等容易造假，但是实物资产、管理现场、生产现场造假相对困难。

2. 观察程序的局限

观察提供的审计证据仅限于观察发生的时点，并且在相关人员已知被观察时，相关人员从事活动或执行程序可能与日常的做法不同，从而会影响审计人员对真实情况的了解。因此，审计人员有必要获取其他类型的佐证证据。

3. 审计实践中存在的问题

审计实践中，很多审计人员没有观察被审计单位内部控制运行情况以及生产经营现场的意识，不重视观察程序，几乎全部的时间都用来检查被审计单位的财务资料，全部的工作对象是财务资料，接触的人员也仅限于被审计单位财务人员。这会导致没有对被审计单位的生产经营情况形成直观认识，对财务资料中的异常也不敏感，不利于控制审计风险。

【案例 2-11】关于观察经济活动的案例

> 某施工企业内审部门对该施工企业成本核算情况及材料管理情况进行审计。该施工企业按完工百分比法确定收入、成本，以实际发生的总成本占预算总成本比例确认完工百分比。审计人员检查账面资料并未发现异常，所有成本项目的凭证合法，审批流程合规，手续齐备。审计人员到现场观察施工情况，发现了异常：现场堆放着大量材料和设备，审计人员找施工管理人员了解有关情况，这些材料于上年 12 月 31 日之前就已经领用，只是一直放在现场，没有使用。审计组组长老李意识到，这些已领未用的材料、设备，在财务账面已经列入施工成本核算，而按企业会计准则的规定，已领未用的材料、设备是不能计入工程成本的。审计人员对这些材料、设备进行清点，并以账面单价测算，这个施工现场多列材料和设备成本 5 400 万元，导致完工成本多算 10%，导致收入多计 8 200 万元，利润多计 2 800 万元。

老李进而意识到，不管是被审计单位故意调节利润，还是无意的错误，这个工地出现的情况，很可能别的工地也存在。

于是，老李组织审计组对被审计单位所有的施工项目现场进行检查，果然发现其他工地也存在这种情况。经对各施工现场的完工百分比、收入、成本、利润进行测算，发现该企业上年合计多计收入 12.3 亿元，多计成本 9 亿元，多计利润 3.3 亿元。审计调整后，该企业由盈利 1.2 亿元变为亏损 2.1 亿元，该企业没有完成集团下达的收入、利润、国有资产保值增值等一系列任务指标，相应地，该企业管理人员相应的绩效工资、绩效奖励等都应该调减。

通过以上案例，我们的反思如下。

（1）财务账面数据是对业务活动的反映，要核算其是否真实正确，只有通过与业务情况进行对比。不对业务情况进行检查，只审核财务数据，是难以发现异常的。在本案例中，如果不观察施工现场，审计人员很可能意识不到被审计单位可能存在已领未用材料和设备的问题，而已领未用材料列作成本核算，会虚增完工百分比，从而导致收入、成本、利润都虚增。

（2）被审计单位的凭证、合同以及其他与经济活动有关的文件都有造假的风险，而生产经营现场难以伪造，所以不能过于依赖文件和记录证据得出审计结论，审计人员必须看现场、看实物。

四、询问

1. 询问的概念

询问是指审计人员以书面或口头方式，向被审计单位内部或外部的知情人员获取财务信息和非财务信息，并对答复进行评价的过程。

通过询问，可以获得新的信息，获得对已有的信息进行佐证的信息，获得与原有认知存在重大差异的信息，在此基础上，规划进一步的审计程序。

询问结果一般不能作为审计证据，但是可以作为审计人员规划进一步审计程序的线索。

【案例 2-12】关于通过询问得到审计线索的案例

某审计组对 B 公司进行经济责任审计，审计过程中，项目组组长老王在浏览账面资料后，花很多时间与工人闲聊，从球星到影星，看似与工作不相关。聊了几天后，老王列出几个审计重点，组织项目组集中落实。最后的审计结论证明，老王列出的几个重点都发现了严重的问题。而这些问题，就是老王在与不同层面的人闲聊过程中得到的信息反映的。比如，工人在与老王聊天过程中提到，收入不高，下班后还得和老婆摆摊卖烧烤，不可能像老王一样悠闲地看球追星。老王顺便问了他一月收入多少，那工人说不超过 3 000 元，而老王在看账过程中发现，账面记载工人的平均工资都在 5 000 元以上。按着这个线索进一步查证，发现 B 公司存在虚列工资支出套取资金的问题。同样，根据聊天过程中发现的若干线索，又发现了一些其他严重问题。

以上案例说明，审计工作发现问题需要线索，而对线索的挖掘，账面不是唯一途径，多与业务人员沟通交流，了解业务的实际情况，发现业务部门实际情况与账面信息的矛盾，是高效的审计方法之一。

当然，询问不局限于看似无意的聊天，也包括正式的访谈，可以询问有关经济事项的实际情况。

2. 询问的注意事项

（1）询问广泛用于了解被审计单位基本情况、风险评估以及实质性审计程序的各个阶段。

（2）询问对象不应局限于审计人员经常接触的财会人员，还应该包括技术人员、业务人员等；不应该局限于管理层，还应该包括普通工人等；不应局限于被审计单位内部人员，还应该包括外部人员，如供应商、客户等。

（3）询问对象如果属于被审计单位的内部人员，则其独立性不足，询问的正面结果不足以作为证明财务报表没有问题的审计证据，但是询问的负面结果必然影响审计人员采取进一步审计程序。

（4）重要的询问内容要形成记录，请询问对象签字。

（5）询问要采用特殊疑问句，不要采用一般疑问句，要让询问对象做填空题，不要做选择题。

【案例2-13】关于询问不同人得出不同结论的案例

ZZD 上市公司扇贝事件。2014 年 ZZD 公司公告称，受"冷水团"影响，公司决定对 105.64 万亩海域成本为 7.35 亿元的底播虾夷扇贝存货放弃本轮采捕，进行核销处理，对 43.02 万亩海域成本为 3 亿元的底播虾夷扇贝存货计提跌价准备 2.83 亿元。公司表示，此次灾情受影响的主要是 2011 年度底播海域及部分 2012 年度底播海域。

某财经专题报道组成员来到海域现场，尝试从现场挖掘有价值的线索。在 ZZD 公司捕捞队的靠岸码头，多位身着公司捕捞队统一服装的船员向记者透露，ZZD 公司对外宣称的所谓遭遇"冷水团"这一说法虚假，公司 2009—2011 年年底播苗种存在大量掺杂沙子和瓦块的情况，而且虚报数量，致使当年的收获季没有扇贝可捕。而前述船员认为，ZZD 公司根本不是受灾，是投苗造假所致。他认为 2009 年、2010 年、2011 年三年是 ZZD 公司造假最严重的年份，三年一收成，2013 年就感觉扇贝收成明显不好了。以前，比如 10 多年前，扇贝一天 6 船都拉不完，每天 100 万斤（1 斤 =0.5 千克）都没问题。现在每天只有 5 万 ~8 万斤的量。

　　ZZD 公司扇贝事件，众说纷纭。管理层声明，由于几十年不遇的"冷水团"导致三年前种下去的虾夷扇贝苗绝收，而有的工人说"冷水团"不会对扇贝的收成产生那么大的影响，三年前种下去的就不是扇贝苗，而是沙子、石头。后来一两千人签名的举报信表明，扇贝事件就是提前采捕和播苗造假的结果，并非自然灾害。

反思：不同的人，立场不同，反映的情况就不同，审计要慎重！

3. 审计实践中存在的问题

（1）询问的审计人员或者经验、能力不足，或者询问之前没有做足功课，对相关的业务、基本会计制度、基本会计核算等没有了解，导致询问没有针对性，没有重点，不能与相关人员进行很好的沟通。

（2）询问局限于被审计单位委托的审计联络人员或者财务人员，对业务人员、技术人员接触不足；或者局限于管理人员，对工人或者类似一线员工接触不足。

（3）按审计工作底稿模板或者有关调查问卷的提示询问，询问内容不符合被审计单位的实际情况，或者干脆将这些底稿模板交给被审计单位填列，询问流于形式。

（4）对询问的信息没有采取进一步审计程序证实，直接采信，减免很多必要的审计程序。

4. 询问程序的局限

（1）询问需要很高的沟通技巧。

（2）询问对象出于对审计人员的防范，可能拒绝提供相关信息，或者提供与真实情况相反的信息，对审计人员形成误导。

（3）询问得到的信息主要依赖于询问对象的主观认识，有时不可以直接作为审计证据，需要取得进一步的客观证据，证实询问得到的信息。

【案例 2-14】关于将询问结果用作审计证据的案例

　　某审计组对 B 公司财务收支进行审计。在审计过程中，B 公司员工找到审计组人员举报 B 公司管理层，说 B 公司管理层存在贪污行为，B 公司财务账面计发工资每人每月达到 5 000 元，这些工人的实际工资没有超过 3 000 元。审计组小刘将这些工人反映的情况做了记录，并让这些工人签字。在被要求签字时，这些工人有些迟疑，但是也签字了。小刘将这个记录作为审计证据，定性为 B 公司存在虚列支出套取资金的问题。审计结束，审计人员与 B 公司交换意见时，B 公司不承认存在这种问题，对于那份记录，B 公司的反馈是这几个工人几年前因为打架斗殴被开除，3 000 元的工资水平还是被开除时的事。

小刘无法判断 B 公司的说法是否真实，他更相信那些工人的话，但是，这时已经撤离现场，无法找到那几个工人了。

上述案例中，小刘将来自工人的主观证据当作唯一证据，没有取得更确凿的客观证据，一旦工人反悔或被审计单位不认可，审计人员极易陷入被动。对于以上案例，审计人员应该以工人提供的信息为线索，检查被审计单位发放工资的银行资金流，如果银行资金流存在问题，被审计单位是无法抵赖的。

五、函证

1. 函证的概念

函证（即外部函证），是指审计人员直接从第三方（被询证者）获取书面答复并将其作为审计证据的过程，书面答复可以采用纸质、电子或其他介质等形式。例如对应收账款余额或银行存款的函证。通过函证获取的证据的可靠性较高，因此，函证是受到高度重视并经常被使用的一种重要审计程序。

常见的函证程序主要适用于对往来账、投资、融资、建造合同等与其他外部单位的交易事项的审计。

【案例 2-15】通过函证发现异常线索的案例

某内部审计组对 B 公司进行财务审计，在审计过程中了解到，B 公司主要资产就是存货，除生产经营场所的仓储部门储存大量存货外，还在外地租用场所存储大量的存货。而审计组进点之前已经收到举报，说 B 公司存在舞弊违法行为，但是，对违法行为的具体情况又语焉不详。审计人员决定对存货进行全面盘点，但是问题来了，那些存储在外的存货的盘点成本太高，因为库点多，分布在全国各地，审计资源有限，无论从时间、人员、费用哪方面考虑，都是无法在规定的时间内完成的。

但是，资源有限并不是省略审计程序、不取得审计证据的理由，而且，对 B 公司舞弊的举报已经产生了不好的影响，如果不查清，无法对 B 公司的各级领导和员工交代。

审计组决定对这些存储在外的存货进行函证。

经过函证，发现以下问题。

（1）联系不上部分租赁企业的负责人，经企查查、天眼查、当地工商部门查询等，有的没有相应公司，如 XY 租赁公司，有的早些年就注销了。

（2）部分租赁企业回函不承认 B 公司租赁仓库的事。

（3）部分企业回函向 B 公司出租仓库了，但是存货的数量、品种对不上，如 MN 公司，回函表示 B 公司存储的存货数量为 1 000 吨，而 B 公司账面为 15 000 吨。

审计人员将上述情况汇总，认为情节严重，由集团公司纪检监察部门介入，查清 B 公司是否存在大量舞弊违法行为。

2. 函证的注意事项

（1）对银行存款、借款和往来账应该履行函证程序。

审计人员应当对银行存款、借款（包括零余额账户和在本期内注销的账户）及与金融机构往来的其他重要信息实施函证程序，除非有充分证据表明某一银行存款、借款及与金融机构往来的其他重要信息对财务报表不重要且与之相关的重大错报风险很低。如果不对这些项目实施函证程序，审计人员应当在审计工作底稿中说明理由。

审计人员应当对应收账款实施函证程序，除非有充分证据表明应收账款对财务报表不重要，或函证很可能无效。

如果认为函证很可能无效，审计人员应当实施替代审计程序，获取相关、可靠的审计证据。

如果不对应收账款实施函证程序，审计人员应当在审计工作底稿中说明理由。

（2）控制函证过程。

实施函证程序时，审计人员应当对询证函保持控制，具体如下。

①确定需要确认或填列的信息。

②选择适当的被询证者。

③设计询证函，包括正确填列被询证者的姓名和地址，以及被询证者直接向审计人员回函的地址等信息（不可以是被审计单位的地址）。

④发出询证函并予以跟进，必要时再次向被询证者寄发询证函。

（3）回函可能不可靠时的恰当处理。

回函不可靠的情形包括：审计人员间接收到回函、回函看起来不是来自预期的被询证者。审计人员可以与被询证者联系以核实回函的来源及内容，重新评估舞弊风险。

（4）未回函情况的恰当处理。

如果存在未回函的情况，审计人员应该再次函证，或者履行替代审计程序；如果实施替代审计程序还不能取得充分适当的审计证据，根据重要性水平，考虑是否出具保留意见或者无法表示意见的审计报告。

替代审计程序是指能替代函证的审计程序。

替代的审计证据，是指实施替代程序取得的其他证明审计事项完整、正确的证据。

一般来说，应收账款的替代审计程序是检查期后收款、货运单据及临近期末的销售；应付账款的替代审计程序是检查期后付款或者与供应商往来函件、其他记录，如货物收讫凭证。

（5）函证样本选择范围。

函证时应选择以下样本：金额大的，账龄长的（若账龄长的难以取得回函，则要分析减值迹象，确认是否按会计政策计提了坏账准备），期末余额小但交易频繁的，关联方账户，重大或异常账户，可能存在争议、舞弊或错误交易的账户。

（6）函证的适用范围。

所有资产、负债涉及与外部交易的账户，包括余额、发生额等，都适用函证程序。

3. 审计实践中存在的问题

（1）不重视函证程序。

很多内部审计部门以及会计师事务所对于除财务报表审计外的其他审计，不重视函证程序，不履行函证程序，审计程序仅仅局限于主要检查内部凭证、账簿、业务资料等。

【案例 2-16】函证程序缺失导致审计风险的案例

　　　　某内部审计组，多次对 B 集团公司下属 B1 公司进行审计，除内部控制或者流程问题外，未发现实质性问题。2019 年 5 月，B1 公司财务总监因犯贪污罪被判刑。B1 公司账面上一直不少于 5 000 万元的一个账户的钱早就没了，两年间，账户资金被该财务总监分次挪用，主要进行炒股等投资。此时，人们开始反思：多次的审计为什么没有发现这个问题？审计人员回忆，每次对银行存款进行审计，只是将银行对账单与银行账户进行核对，每次都是核对相符，财务总监出事后，经追查发现，那些银行对账单都是财务总监一个人伪造的。

　　　　其实，审计人员只要向银行发个函证，并控制函证过程，就会发现这个问题，就不会审计失败，不会让企业的损失越来越大。

（2）不控制函证过程。

函证由被审计单位财务人员或者审计联络人员进行。对若干上市公司审计案例进行观察可以发现，导致审计失败的重要原因在于审计人员不控制函证过程，交由被审计单位财务人员进行，导致回函虚假，未能发现造假的情况。

【案例 2-17】不控制函证过程导致审计失败的案例

案例 1：函证缺失的案例

　　某会计师事务所在审计 B 公司首次公开募股（Initial Public Offering，IPO）财务报表过程中，未对 B 公司 2008 年末、2009 年末的银行存款、应收账款余额进行函证，也未执行恰当的替代审计程序。银行存款函证程序的缺失，导致该会计师事务所未能发现 B 公司虚构某县农信社银行账户的事实。B 公司

2008年以该银行账户虚构资金发生额2.86亿元，其中包括虚构收入回款约1亿元。应收账款函证程序的缺失，导致会计师事务所未能发现万福生科2008年、2009年虚增收入的事实。

案例2：未控制函证过程的案例（1）

某会计师事务所在对B公司2010年年末和2011年6月30日的往来科目余额进行函证时，未对函证实施过程保持控制。会计师事务所审计工作底稿中部分询证函回函上的签章并非被询证者本人的签章。上述程序缺陷导致会计师事务所未能发现B公司2010年、2011年上半年虚增收入和采购的事实。

案例3：未控制函证过程的案例（2）

会计师事务所在B公司IPO审计过程中，未对所发出的询证函汇总并进行有效控制。会计师事务所对B公司实际控制的几家壳公司进行函证，回函的地址相近，时间是同一天，由同一个邮局发出，信封的编号都是连续的。两家回函的公司不是一家公司，但是字迹一模一样。

分析以上案例可发现，实施函证程序可能存在的问题是函证程序缺失或没有有效控制函证；函证过程中，审计人员要关注各种细节：函证地址必须是对方的办公地址或注册地址，回函时要保留信封或快递存根，关注函证的地址、时间、联系人、联系电话、签字、快递编号等。

（3）对回函差异处理不当。

对于回函不符的情况，不落实差异原因；或者落实差异原因，但是简单地定位于未达账项，未对未达账项的形成过程进行深入分析，对被审计单位提前或推迟确认收入、成本的情况难以发现。

【案例2-18】回函差异处理不当导致审计失败的案例

某审计组对集团子公司B进行财务审计。

对应收账款的函证，大部分取得回函，但是存在很多回函不符的情况。审计人员选择差额比较大的几笔款项落实原因，被审计单位会计人员的解释都是入账时间差引起的，调节以后相符。比如，对XYZ公司的应收账款3 500万元的函证，XYZ公司回函说明，截至2019年12月31日，欠B公司货款为0元，2020年2月，货物验收后，欠B公司货款为3 500万元。

负责应收账款审计的人员检查了XYZ公司的验货凭证，验货果然发生在2020年2月，认为该笔不符款项确实是入账时间不一致引起的差额，调节后相符，不存在什么异常。

但是审计结束后，会计师事务所收到对B公司的一封匿名举报信，举报B公司管理层为了全额拿到绩效工资，存在提前确认收入的情况，以使收入、利润等各项指标达到任务书的要求。

　　会计师事务所质量控制部门检查了审计组的审计工作底稿，发现审计组的询证函以及取得的客户验收凭证，其实已经证明了 B 公司收入存在提前入账的情况，审计人员当时只是想到了调节以后相符，但是忘记了收入应该计入恰当的会计期间这一会计核算要求。虽然应收账款调节相符了，但是属于 2020年的收入 3 500 万元都计入了 2019 年，虚增了 2019 年的收入和利润。

（4）对函证对象没有选择。

对函证对象没有选择主要表现为：随机选取函证对象；只选择期末余额大的进行函证，忽略余额小、交易频繁的；对集团内部往来、关联方往来事项，以关联方为由，不进行函证。

（5）不重视债务函证。

有的审计人员只对债权进行函证，以被审计单位不会高估负债为由，不对债务进行函证。审计实践中发现，有些会计做假账也越来越"严谨"，收入成本配比，收入造假，成本当然也会造假，成本造假，采购、生产可能都会造假，应付账款以及其他负债的造假就是很可能的事了，所以债务的函证和债权的函证同样重要。

（6）对未回函情况处理不当。

在审计实践中，有的审计人员对于未回函的情况，没有实施进一步的审计程序或者替代程序，未取得有说服力的审计证据，或者只是复印业务发生时的原始凭证，将其作为"替代程序"。业务发生时的原始凭证至多只能证明业务发生时的情况，证明不了其后应收账款是否存在。考虑到被审计单位舞弊风险的存在，业务发生时的原始凭证甚至证明不了业务发生的真实性。

【案例 2-19】未回函事项处理不当导致审计失败的案例

　　某审计组对 B 公司进行财务审计。其中 5 笔应收账款合计 32 000 万元，从 2015 年这 5 笔销售业务发生开始，审计组一直未能联系上对方单位进行函证，只好复印当时的销售发票、合同、出库单等作为取证资料。2019 年，B公司管理层因为贪污销货款被举报判刑，办案人员查阅审计工作底稿发现，连续几年的审计工作底稿中证明这 5 笔应收账款存在的都是 2015 年的发票、合同、出库单。实际上，这些销货款早就收回，且进入了 B 公司总经理爱人开的 C 公司的账户。款项之所以能进 C 公司账户，是因为 B 公司总经理利用公章管理混乱的问题，起草了一个三方债务重组协议，让这些货款直接进入 C公司账户，抵顶 B 公司对 C 公司的欠款（实际 B 公司没有欠 C 公司任何款项），而这 5 家客户在不知情的情况下，按协议将货款转入 C 公司账户。

反思以上案例，销售发生时的原始凭证只能证明销售发生当时的真实性（如果被审计单位存在销售造假的风险，可能连当时的真实性也证明不了），无法证明以后这笔应收账款还存在。审计人员如果只是抱着机械取证的心态，是无法控制审计风险的。

4. 函证程序的局限

如果被审计单位虚构交易并且控制客户、供应商，从购到销虚构完整的业务，审计人员通过函证可能难以发现问题。或者被审计单位在行业中处于主导地位，对上、下游的供应商和客户有控制能力，也可能导致回函不客观。

审计人员如果认为回函存在不客观的风险，则需要进一步履行关联方相关审计程序。例如，取得并分析被审计单位供应商、客户的工商资料，现场察看客户、供应商场所等，确定这些供应商和客户是否真实存在、有无能力与被审计单位发生账面记录的交易、是否存在异常等。如果客户和供应商为正常经营的企业，则通过访谈等程序，了解客户和供应商与被审计单位的交易有无异常，关注交易是否可能不真实。

5. 函证过程中的异常及应对

函证是重要的审计程序，是取得外部审计证据的重要方法，但是在审计实践中，由于审计人员在履行函证程序过程中一些关键工作做不到位，对一些异常迹象缺乏足够的职业警觉，从而导致审计失败的案例十分常见。

审计实践中，审计人员履行函证程序而遇到的异常情况如下。

（1）管理层对函证工作不当干预。

①管理层不允许寄发询证函。

②管理层提前要求获悉函证样本，协助发出询证函，帮助催促回函等。

③管理层试图干预、拦截、篡改询证函或回函，如坚持以特定的方式发送询证函。

④管理层提供的内部信息含糊、矛盾、不完整或有缺失。

⑤管理层要求被询证者将回函寄至被审计单位，被审计单位将其转交注册会计师。

（2）回函信息异常。

①注册会计师跟进访问被询证者，发现回函信息与被询证者记录不一致。

②从私人电子信箱发送的回函。

③收到同一日期发回的、相同笔迹的来自不同被函证方的多份回函。

④位于不同地址的多个被询证者的回函邮戳显示的发函地址或时间相同。

⑤收到不同被询证者用快递寄回的回函，但快递的交寄人或发件人是同一个人或是被审计单位的员工，或者虽然寄件人名字不同，但手机号相同，或者不同被询证者回函单号相连或相近。

⑥回函上的签名与被询证者的公司印鉴不符，或印鉴缺失。

⑦回函邮戳显示的发函地址与被审计单位记录的被询证者的地址不一致。

（3）不正常的回函率。

①回函率异常偏高或偏低，或回函率有重大变动。

②过于完美的回函，即所有函证均能收回且表明没有差异。

（4）被询证者缺乏独立性。

被审计单位及其管理层具有强大的背景和地位，能够对被询证者施加重大影响，存在被询证者向注册会计师提供虚假或误导信息的可能性。

（5）对函证所涉及的内控或者信息的态度异常。

①管理层对与函证所涉及财务报表项目相关的内部控制缺陷长期不予改正，尤其是财务报表期间截止日前后的控制缺陷。

②管理层不愿意提高函证所涉及信息（如抵押、担保等信息）的披露质量，不愿意使其更为完整透明。

（6）其他舞弊迹象。

为控制函证过程中的舞弊风险，审计人员可以实施的应对程序如下。

①验证被询证者是否存在、是否与被审计单位之间缺乏独立性，其业务性质和规模是否与被询证者和被审计单位之间的交易记录相匹配，分析是否存在舞弊风险。

②将与从其他来源得到的被询证者的地址（如与被审计单位签订的合同上签署的地址、网络上查询到的地址、被审计单位收到或开具的增值税发票中的对方单位地址）相比较，验证回函地址的有效性。

③将被审计单位档案中有关被询证者的签名样本、公司公章与回函核对。

④要求与被询证者相关人员直接沟通讨论询证事项，考虑是否有必要前往被询证者工作地点以验证其是否存在。

⑤分别在期中和期末寄发询证函，并使用被审计单位账面记录和其他相关信息核对相关账户的期间变动。

⑥考虑从金融机构获得被审计单位的信用记录，加盖该金融机构公章，并与被审计单位会计记录相核对，以证实是否存在被审计单位没有记录的贷款、担保、开立银行承兑汇票、信用证、保函等事项。

⑦根据金融机构的要求，注册会计师获取信用记录时可以考虑由被审计单位人员陪同前往。在该过程中，注册会计师需要确认该信用记录没有被篡改。

⑧根据实际情况采取的其他审计程序。

六、重新计算

1.重新计算的概念

重新计算是基本的审计程序，审计离不开计算。重新计算是审计人员对被审计单位原始凭证及会计记录中的数据进行验算或另行计算。审计人员在进行审计时往往需要对被审计单位的凭证、账簿和报表中的数字进行重新计算，以验证其是否正确。审计人员的计算并不一定要按照被审计单位原先的计算形式和顺序进行；在计算过程中，审计人员不仅要注意计算结果是否正确，而且要对某些其他可能的差错（如审查计算的过程和转账有误等）予以关注。

一般来说，重新计算不仅包括对被审计单位的凭证、账簿和报表中有关数字的验算，还包括对会计资料中有关项目加总或进行其他运算。在财务收支审计中，内部审计人员往往需要大量运用加总技术来获取必要的审计证据。

2. 重新计算的注意事项

（1）扩大电子表格运算知识面，提高工作效率。

（2）充分利用与计算机相关的技术，扩大重新计算范围。

（3）在计算之前，检查运算基数是否正确。比如，在对累计折旧进行测算之前，应该分类检查折旧年限、残值率等是否正确。

七、重新执行

重新执行是指审计人员以人工方式或使用计算机辅助审计技术，重新独立执行作为被审计单位内部控制组成部分的程序或控制。

【案例 2-20】重新执行发现会计造假的案例

某审计组对 B 公司进行财务审计。审计人员利用被审计单位的银行存款日记账和银行对账单，重新编制银行存款余额调节表，并与被审计单位编制的银行存款余额调节表进行比较。审计人员在编制银行存款余额调节表的过程中发现，银行对账单中共 12 笔业务，合计 280 万元，转入后又转出，都没有在银行存款日记账中反映。因为这些业务借贷金额相等，都在月末之前转出，所以月末银行存款日记账余额与对账单余额相等。审计人员查清这些银行存款来源与去向之后，发现这些款项是废料销售款，因为是边角废料，高层领导不重视，对其导致的收入的增减不怎么关注，所以出纳人员将其转出用于炒股。

八、分析程序

1. 分析程序的概念

分析程序是审计人员对被审计单位重要的比率或趋势进行的分析，包括调查异常变动以及这些重要比率或趋势与预期数额和相关信息的差异。

对于异常变动项目，审计人员应重新考虑其采用的审计程序是否恰当。必要时，应当追加适当的审计程序。通常，在整个审计过程中，审计人员都将运用分析程序。

【案例 2-21】**通过分析程序发现异常的案例**

　　某审计组对 B 公司进行审计，经了解，B 公司工资实行计件工资制度。按该公司的工资制度，审计人员测算（用效益工资总额除以计件单价）出当年的生产量应该是 12 万件，但是账面记录的当年产量只有 5 万件，远低于审计人员的测算数，其被审计组视为重大异常。审计组索取计件工资的计算资料，经过详细计算发现，实际的产量基本与审计人员测算数相符，超过账面数的 7 万件产品的生产和销售都没有入账，形成账外循环。

【案例 2-22】**未利用分析程序发现异常导致审计失败的案例**

　　在 B 公司审计事件中，相关人士发现被审计单位审计年度产量大幅度提高，但是电费反而下降。B 公司主要下属子公司 B1 的产量远高于其生产线的生产能力，即使全年全天不停生产，也生产不出来当年的产量。但是，当时的审计人员没有发现这些异常，导致没有发现会计造假，审计失败。

2. 分析程序的注意事项

　　（1）分析程序不局限于审计工作底稿模板，要灵活、广泛地应用于审计各个阶段。

　　（2）分析程序不局限于会计信息之间，也可以应用于会计信息与非会计信息之间。

　　（3）如果被审计单位经营多种业务，或者经营多种产品，对不同业务、不同的主要产品应分别分析，否则，分析结果与哪种产品或者业务都不可比，分析失去意义。

　　（4）对于分析出来的比率或者异常波动，应该落实原因，如果管理层对波动原因给出解释，应该取得证据，证明管理层的解释客观真实。

　　（5）分析程序有时不能代替其他实质性程序，对于分析发现的异常，应该采取其他审计程序搞清真实情况。

3. 审计实践中存在的问题

　　（1）机械填列工作底稿模板中各种分析类表格，对其他可分析的要素不予考虑。（比如，案例 2-22 中的产量与电量的关系。）

　　（2）被审计单位经营多种业务，或者经营多种产品，但没有对不同业务或者产品分别分析，而是混合填列一张分析表格，导致利用分析结果时发现不了异常。

　　（3）对于分析出来的比率或者异常波动，没有任何进一步的审计程序。

　　综上，每种审计程序都有不可替代的作用，每种审计程序都有局限，不是全能的。审计实践中，审计人员应该根据项目的实际情况，综合运用不同审计程序，以取得相关且可靠的审计证据，得出正确的审计结论。

九、其他审计方法

以上审计方法是有关准则、教材普遍认可的审计方法，但是审计人员的思路不应该局限于这些审计方法，应根据被审计事项的实际情况，在遵守法律法规的前提下，采取各种取证方法。

【案例2-23】北斗可参与审计[①]

"扇贝大逃亡"真相出来了！ZZD公司董事长、高管等3人全辞职！扇贝：终于还我清白了……

导读：中国证券监督管理委员会（以下简称"证监会"）出动北斗找扇贝，ZZD公司谎言终于败露！

据悉，ZZD公司董事长、总裁，海外贸易业务群执行总裁，证券事务代表3人已提交辞职申请。

自2014年起，ZZD公司的扇贝就过得很惨，不是"跑路"就是"死亡"，在几年间一再上演曲折惊奇、来来回回的"精彩续集"。

ZZD公司的所谓"扇贝跑路死亡"事件为何一再发生？

证监会是如何调查的？

调查人员又是如何认定ZZD公司的违法违规行为的？

A股ZZD公司终于迎来"扇贝去哪儿了"最终季。

证监会果断出手，借助北斗卫星导航系统（简称"北斗"）破解"扇贝之谜"，一连串弥天大谎被揭开！

2020年6月24日晚，ZZD公司发布公告，内容如下。

公司收到证监会《行政处罚决定书》和《市场禁入决定书》：

对ZZD公司给予警告，并处以60万元罚款，对15名责任人员处以3万元至30万元不等罚款，对4名主要责任人采取5年至终身市场禁入措施。

公司同时公告：

公司董事长、总裁，海外贸易业务群执行总裁，证券事务代表辞职。

证监会表示，ZZD公司每月虾夷扇贝成本结转的依据为当月捕捞区域，在无逐日采捕区域记录可以核验的情况下，证监会借助卫星定位数据，对公司27条采捕船只、数百万条海上航行定位数据进行分析，委托两家第三方专业机构运用计算机技术还原了采捕船只的真实航行轨迹，复原了公司最近两年真实的采捕海域，进而确定实际采捕面积，并据此认定ZZD公司成本、营业外支出、利润等存在虚假。

---

① 该案例改编自某相关报道。

随着大数据、云计算等技术的广泛应用，证监会稽查执法工作将更加智慧、更加高效、更加精准，证券市场违法违规行为必将无处遁形。

ZZD 公司的谎言是如何败露的？

证监会出动北斗找扇贝！

从 2014 年 ZZD 公司发生所谓的"冷水团"事件，到 2019 年董事长表示因海水温度变化等扇贝再次大量损失，6 年 4 次"扇贝大逃亡"使 ZZD 公司一再引发外界对其的关注。2018 年，证监会正式启动对 ZZD 公司的调查。

ZZD 公司的所谓"扇贝跑路死亡"事件为何一再发生？调查人员又是如何认定 ZZD 公司的违法违规行为的？

问题：肆意操纵财务报表，寅吃卯粮。

2016 年，ZZD 公司已经连续两年亏损，当年能否盈利直接关系到公司是否会被暂停上市。为了达到盈利目的，ZZD 公司利用底播养殖产品的成本与捕捞面积直接挂钩的特点，在捕捞记录中刻意少报采捕面积，通过虚减成本的方式来虚增 2016 年利润。

调查发现，ZZD 公司捕捞面积的多少由公司负责捕捞的人员按月提供给财务人员，整个过程无逐日客观记录可参考，财务人员也没有采取有效手段核验，公司内控严重缺失。可实际上公司采捕船去过哪些海域、停留了多长时间，早已被数十颗北斗卫星组成的"天网"记录了下来。

调查人员正是利用客观的卫星定位数据，还原了 ZZD 公司采捕船实际捕捞轨迹图。

通过对比可以看出明显出入，说明 ZZD 公司并没有如实记录采捕海域。

调查人员还聘请了两家专业的第三方机构分别对卫星定位数据进行作业状态分析，对捕捞轨迹进行还原并计算面积，三方分别还原出来的捕捞航行轨迹高度一致。

对比发现：2016 年，公司实际采捕的海域面积比账面记录多出近 14 万亩，这意味着实际的成本比账面上要多出 6 000 万元，这 6 000 万元成本都被 ZZD 公司隐藏了起来。

以上案例说明，随着科学技术的发展，审计的手段也不断增多，审计人员需要了解、学习、掌握更多的审计手段，丰富和提高自己的知识和能力，只懂会计政策显然是力有不逮了。

【案例 2-24】 浑水做空瑞幸咖啡的手段

2020 年 2 月 1 日，著名调查机构浑水公司（以下简称"浑水"）收到了一份来自匿名者的做空报告，这份长达 89 页的报告直指瑞幸咖啡（LK.US）正在捏造公司财务和运营数据。浑水收到报告后认为所指控的瑞幸咖啡造假事实成立，并在社交媒体上表示已做空该股。消息公布后，瑞幸咖啡股价短线下跌超过20%。截至周五收盘，瑞幸咖啡股价跌幅缩窄至近11%，报32.49美元。

做空和审计目的不同。做空是为了将目标公司名声搞坏，目标公司股票大跌，做空机构则大赚；而审计的目的是提高公司的管理水平。但是，它们共同的直接目的都是确认目标公司有无舞弊违法行为、会计信息是否真实。两者还有一个不同之处是，做空机构的做空行为比审计难度大得多。审计受法律保护，履行审计程序、取得审计证据，被审计单位必须配合；而做空机构没有这么好的条件，只能暗中进行，所以做空机构证实被审计单位存在舞弊违法行为的手段、方法更值得审计人员学习。

这里仅仅摘录了做空报告中的几段笔者认为审计人员可以借鉴的调查方法。

（1）真真实实的现场数量统计。

"我们动员了92名全职和1 418名兼职人员在现场进行监控，成功记录了981家门店每日的客流量，覆盖了620家门店100%的营业时间。""在我们追踪的981家门店中，我们的员工通常都坐在门店里，可以直接观察收款柜台的动向，在记录视频的同时，计算取走瑞幸咖啡产品的顾客数量。如果交付订单的是外卖配送人员，我们则计算瑞幸咖啡纸袋的数量，知道每个人员都可以一次接多个订单（一个订单可以包含多个包，所以我们预估数量可能超过订单的数量）。顾客数量和配送人员取走纸袋的数量的总和可以很好地代表每天每家门店的订单总量。将订单数量乘以每个订单1.14的商品数量，就得到了要验证的关键指标——每家门店每天的销量。"

这应该是审计方法中的"观察"，但是，比"观察"的标准要高得多。通过这个方法，浑水取得了瑞幸咖啡销售情况的第一手资料。

（2）App、微信这些目标单位的经营工具，也变成了获取信息的工具。

"我们的追踪从2019年第四季度开始。为了比较我们的追踪结果和瑞幸咖啡第三季度的结果，我们使用瑞幸App的日活跃用户（Daily Active User，DAU）作为同一时期每家门店每天订单的代理数量。DAU来自Quest Mobile，虽然瑞幸咖啡只报告季度门店数量，但我们从瑞幸咖啡的微信官方账号发布的文章中得到了每周的门店数量（它每周发布新开门店的名单）。

"在我们的2019年第四季度到2020年1月的跟踪期间，瑞幸咖啡App每家门店的平均DAU为590，而瑞幸咖啡App 2019年第三季度和2019年第四季度每家门店的平均DAU比我们的跟踪期间低11%和0。我们的跟踪结果很可能低估了瑞幸咖啡2019年第三季度和2019年第四季度每家店的日销售额。"

App 和微信都是与目标单位业务相关的工具，此时也成了调查工具，调查人员通过这些工具搜集与销售情况相关的信息。

（3）下订单也成了调查的方法。

"为了了解线上订单被夸大的规模，我们随机选取了 151 家线下跟踪店来跟踪其线上订单。我们在门店营业时间的开始和结束时分别下了一份订单，以获得当天的在线订单数量。我们发现，同一家门店同一天的在线订单数量夸大范围为 34~232 个，相当于平均每天 106 个订单或 72% 的平均线下订单量。"

通过开始和结束的订单，推论出实际订单情况，从而发现数量夸大的情况，这个不是前面审计方法中的任何一个，如果硬要往上靠，可能也只是"观察"能靠得上。

以上三个细节，说明了审计的措施、方法是可以根据实际情况随机应变的，关键是客观、真实、能留下证据。而且，一定要在遵守所在地相关法律、社会公序良俗的前提下进行。

十、审计方法的选择

审计有多种方法，对同一经济事项，我们应该采用哪种审计方法，怎么选择审计方法才能既保证审计效率，又保证审计质量呢？

关于审计方法的选择，应该是在了解被审计单位的情况、被审计经济事项的情况、会计核算情况、管理情况等多方面信息的基础上，根据被审计经济事项的特征和风险评估结果，选择适用的审计程序，取得相关且可靠的审计证据，求证有关经济事项合法合规，会计核算真实、完整、正确。

按一般情况来看，检查记录和文件、询问、观察、重新计算适用于所有的经济事项；监盘、检查有形资产，适用于涉及实物资产的经济事项；函证适用于往来账、货币资金、金融资产以及其他与外部独立主体发生交易的经济事项；分析程序适用于几乎所有经济事项。

第三章
良好管理的标准

前面阐释过，审计的终极目的不是查出来多少严重的问题，而是通过对问题的发现和整改，完善制度，提高管理水平，让业务和经济在规范管理这条轨道上健康地发展。那么，怎么样管理才算是规范，有没有标准？有。规范管理的标准，就是国际、国内有关机构制定的一系列内部控制规范，这些内部控制规范从多个角度提出了系列管理原则，审计人员做审计业务，必须掌握这些内部控制规范，否则，就无法从"初级境界"向"理想境界"发展，审计事业就没有生命力。

【案例3-1】会计造假深层原因分析

如【案例2-20】，审计人员通过重新编制银行存款余额调节表，发现出纳人员将废料销售款280万元不入账，转出炒股。审计人员小王认为这个问题事实清楚、证据充分，且被审计单位出纳人员已经签字确认了审计工作底稿，认可了审计结论。项目组组长老王审核了审计工作底稿后，认为这个事项离得出结论还有很长一段距离，没有解决的问题还很多。

第一个问题：出纳通过多次转账将280万元废料销售款转出，为什么这件事情一直没有人发现？

小王通过调查得出以下结论。

（1）这个单位的公章、财务章、法人章、网银U盾等都由出纳一个人保管，网银登录密码、资金支付密码也都由出纳一人掌握，不需要其他人配合。

（2）每月银行存款余额调节表由出纳一人编制，没有其他人复核。这违反了内部控制制度不相容职务分离的原则。由出纳编制银行存款余额调节表，如果出纳本身存在错误或者舞弊，是不能被发现的。

老王认为，得出内部控制存在问题的结论还不够，还要继续调查。

第二个问题：出纳为什么有这么大胆子，他是怎么来到被审计单位的，是通过公开招聘还是通过关系？

第三个问题：B公司平时有没有守法教育、职业道德教育？

第四个问题：B公司内审部门为什么没有发现这些问题？

第五个问题：B集团公司前几年就在推行全面风险管理，近来按国务院国有资产监督管理委员会（以下简称"国资委"）相关要求推行合规管理，B公司是否按B集团公司要求落实到位？

小王调查后，对以上问题得出以下结论。

第二个问题答案：B公司没有按集团公司相关制度规定制定自身的人力资源方面的内部控制制度。该出纳的录用，违反了集团公司人力资源制度相关规定。

该出纳是B公司总经理的亲属，靠与总经理的关系到B公司任职。B公司没有明确的人力资源政策，没有明文规定员工必须公开招聘、竞争上岗，对于用人岗位的资格条件等也没有明确规定。

第三个问题答案：B公司平时没有员工岗位培训、轮岗等制度，虽然上级公司有这方面的规定，但是B公司人少，业务繁忙，做不到上级单位相关制度要求的培训、轮岗、多设置岗位相互监控等。B公司只有一个会计、一个出纳，会计人员为外聘，总经理更相信出纳，因为他是"自己人"。所以，会计人员即使知道这些内部控制缺陷，也并没有明确提出。

第四个问题答案：B公司并没有专职的内审部门，内审工作是由企业管理科的人员兼职，而企业管理科的人员也忙于业务，没有时间进行经常性内审；而且，企管科人员反映："业务上的事情还忙不过来，哪有时间做那些'虚事'。何况，谁都知道，出纳是总经理亲属，主动搞内审怕总经理不痛快，如果总经理不安排，谁会去找这种事。"

总经理也存在认识误区：将业绩搞上去，创收、增加利润、开拓市场、每年完成任务指标，这才是硬道理，其他不重要。至于出纳的事，他表示没有想到，这个孩子一直很老实、很听话，当时好几个亲戚的孩子都想来B公司，最终选择了他，就是看他老实。

结论：B公司内部控制制度严重不健全，在财务管理、人力资源管理、培训制度、内部审计、风险管理等方面，或者是有制度不执行，或者是制度流于形式，不适合公司具体情况。对于全面风险管理、合规管理等，B公司只是派人到集团公司开会，并将制度链接转发给公司员工，至于大家是否学习、理解、接受相关制度，并没有人进行后续落实，更谈不上后续执行。

审计组通过与B公司管理层沟通，管理层最终认可了审计组的意见，认识到了内部控制的重要性，总经理发出感慨："管理，最终应该靠制度，而不是人品。"

审计结束后，B集团公司针对B公司存在的问题，发现对内部管理制度的落地还需要加大监督力度，决定加大对内部管理制度落实情况的审计力度，将内部管理制度的完善落实情况作为对领导人业绩考核的指标之一。

该案例充分诠释了审计的"理想境界","理想境界"的标准则是国际、国内有关机构、部门出台的一系列法规、规章、制度等。

第一节 内部控制制度

内部控制制度包括《财政部 审计署 中国保险监督管理委员会 中国银行业监督管理委员会 中国证券监督管理委员会关于印发〈企业内部控制基本规范〉的通知》（财会〔2008〕7号）、《企业内部控制应用指引第1号——组织架构》等18项应用指引、《企业内部控制评价指引》和《企业内部控制审计指引》等。很多行业、部门等都根据本行业、本系统的业务情况，制定了相应的内部控制规范，各单位一般应该按照上级主管单位的制度要求，结合本单位业务情况制定适合本单位的内部控制制度。审计人员在审计之前，必须掌握被审计单位所在行业的内部控制规范，被审计单位所属上级单位，被审计单位根据所在行业、系统、本单位的业务实际情况制定的一系列内部控制制度。在对业务、财务进行审计的同时，审计人员要关注内部控制制度设计是否合理、执行是否有效，如果审计发现问题，审计人员要进一步追查内部控制制度存在哪些问题，为什么没能防止、发现、纠正错误或者舞弊。审计人员要一步步查出内部控制缺失方面的根本原因，找到问题根源，提出有针对性的解决方案，使提出的管理建议适合被审计单位的实际情况，并得到执行。

第二节 与企业管理相关的其他制度

除了内部控制制度外，国务院以及其他部门、机构推行了其他管理制度。例如，为改进国有企业法人治理结构，完善国有企业现代企业制度，国务院办公厅印发《关于进一步完善国有企业法人治理结构的指导意见》（国办发〔2017〕36号）；为推动中央企业全面加强合规管理，加快提升依法合规经营管理水平，着力打造法治央企，保障企业持续健康发展，国资委制定了《中央企业合规管理指引（试行）》（国资发法规〔2018〕106号）；为进一步规范上市公司运作，提升上市公司治理水平，保护投资者合法权益，促进我国资本市场稳定健康发展，证监会修订了《上市公司治理准则》；此外，针对特定经济业务，国家会出台一系列与具体经济业务相关的管理制度，包括资金管理制度、会计核算制度等。我们日常应该搜集、学习、掌握这些制度，吸收、学习这些先进管理理念，以使我们在审计过程中能够全面诊断企业存在的问题，并提出符合有关法规制度的管理建议、解决方案等。

第四章
关联方

第一节 企业会计准则对关联方的界定

关联方及其交易是审计风险高发领域，无论是上市公司粉饰财务报表、大股东及关联方占用资金，还是非上市公司的其他舞弊违法行为，很多时候离不开关联方的"默契配合"。笔者在审计实践中发现的很多问题，都与关联方相关，所以关联方及其交易对于审计人员控制审计风险，是一个必须重视的领域。

《企业会计准则第36号——关联方披露》对关联方的范围进行了具体阐释，规定下列各方构成企业的关联方。

（1）该企业的母公司。

（2）该企业的子公司。

（3）与该企业受同一母公司控制的其他企业。

（4）对该企业实施共同控制的投资方。

（5）对该企业施加重大影响的投资方。

（6）该企业的合营企业。

（7）该企业的联营企业。

（8）该企业的主要投资者个人及与其关系密切的家庭成员。主要投资者个人，是指能够控制、共同控制一个企业或者对一个企业施加重大影响的个人投资者。

（9）该企业或其母公司的关键管理人员及与其关系密切的家庭成员。关键管理人员，是指有权力并负责计划、指挥和控制企业活动的人员。与主要投资者个人或关键管理人员关系密切的家庭成员，是指在处理与企业的交易时可能影响该个人或受该个人影响的家庭成员。

（10）该企业主要投资者个人、关键管理人员或与其关系密切的家庭成员控制、共同控制或施加重大影响的其他企业。

第二节　会计和审计实践中的误区

一、对关联方界定的误区

会计和审计实践中，对关联方的认定往往只包括前述（1）、（2）、（4）、（5）、（6）、（7）几项，对于其他几项，会计人员往往不会在报表附注中进行披露，审计人员在审计中往往也不加关注。究其原因，主要在于（1）、（2）、（4）、（5）、（6）、（7）涉及的关联方在企业账面核算，包括股权投资、实收资本、股本等，对于其他未在账内核算的关联方，在不了解企业基本情况时很难发现，所以会计人员和审计人员会有意无意地忽略。

二、制度规定的局限性

笔者认为，《企业会计准则第 36 号——关联方披露》对关联方的界定不够全面，除了和企业有股权关系的关联方外，个人关联方仅限于企业主要投资者个人、关键管理人员或与其关系密切的家庭成员。而实践中，这些主要投资者个人、关键管理人员可能还有与个人关系密切的同学、朋友等其他社会关系，这些人对主要投资者个人和关键管理人员的影响可能不逊于关系密切的家庭成员，如果存在舞弊或者违法交易，也可能有这些人的参与。当然，虽然法律、制度对关系密切的同学、朋友等其他社会关系难以界定边界，会计披露也没有操作标准，但是，审计人员在审计过程中应该关注这些难以界定的社会关系。

【案例 4-1】没有家庭成员关系的关联方

瑞幸咖啡的全部故事情节，请大家搜索并阅读《瑞幸遭做空报告全文：欺诈＋基本崩溃的业务》，其中的几段话，有助于我们了解与瑞幸咖啡相关的关联方。

在瑞幸咖啡股东中，我们再次看到熟悉的"金三角"——陆正耀、黎辉、刘二海，他们一起持有瑞幸咖啡 46% 的股份，当时价值 58 亿美元。"金三角"曾套现神州租车 11 亿美元，未来会对瑞幸咖啡做出什么，不言而喻。

刘二海与王百因是同窗。王百因和陆正耀在 2006 年到 2008 年是北京大学国家发展研究院 EMBA 的同学。

危险信号三：通过收购宝沃汽车交易，瑞幸咖啡董事长陆正耀从神州优车转让了 1.37 亿元人民币到他的关联方——王百因。优车、宝沃和王百因延期支付超过 12 个月，将向北汽福田汽车支付 59.5 亿元人民币。王百因新成立的咖啡供应商在瑞幸咖啡总部隔壁。

在浑水做空瑞幸咖啡的众多文章中，有一篇标题为《瑞幸咖啡背后："铁三角"陆正耀、刘二海、黎辉的资本游戏》，该文章主要内容概括了"铁三角"在神州租车和瑞幸咖啡中的投资关系，如图 4-1 所示。

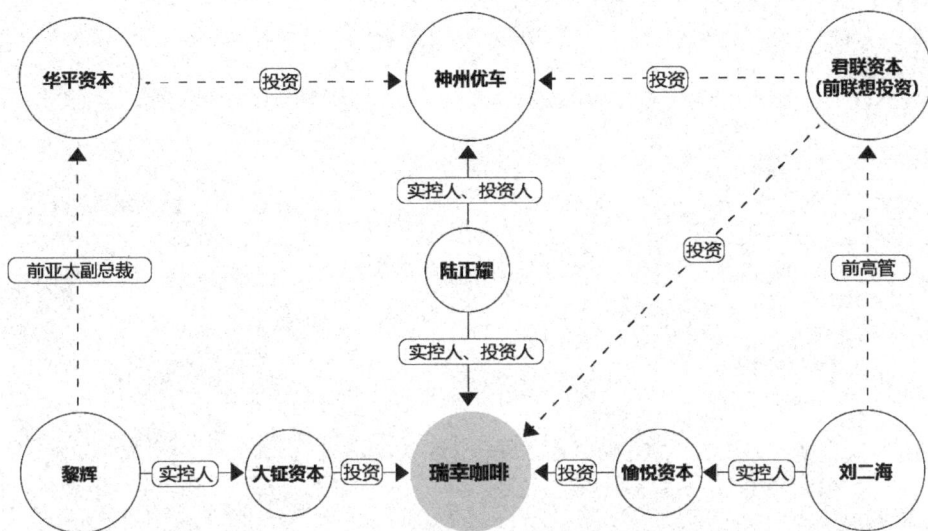

图 4-1　瑞幸咖啡背后的"资本游戏"

以上信息表明，陆正耀、黎辉、刘二海、王百因几人，并没有什么亲密的家庭成员关系，但是他们合作"默契"，阅读报告全文可以看出，王百因深得陆正耀信任。按我国企业会计准则的规定，他们之间不属于关联方关系，但是审计人员如果不对他们的"亲密"关系进行关注，不对他们"合作"的历史进行关注，就不能发现异常。事实上，虽然他们之间没有亲属关系，但是他们是实质上的关联方，他们之间发生了多次"割韭菜"的合作。如果审计人员审计瑞幸咖啡时忽略了这些信息，就难以注意到可能存在的舞弊和风险。

综上，审计人员在审计实践中对关联方的认定，要根据实际情况进行分析确认，而不是刻板地套制度。

第二部分

风险评估

"知己知彼，百战不殆。"这句话对审计也适用。按现代审计理论，审计的基本流程应该是了解企业方方面面的情况，在这个基础上评估风险，针对风险评估结果制定风险应对措施，履行审计程序，从而实现质量和效率的平衡，做到既控制审计风险，又兼顾资源限制和成本控制。无论是内部审计准则，还是注册会计师审计准则，都强调了风险导向审计的理念，为了深刻地理解这个理念，我们不妨再看一下浑水做空瑞幸咖啡的案例。

【案例】对基本情况了解的重要性

在浑水做空瑞幸咖啡的案例中，第一个值得借鉴的地方是一丝不苟地天天实地观察咖啡营业情况，第二个值得借鉴的地方就是对瑞幸咖啡的全面调查。

（1）调查掌握了瑞幸集团董事长陆正耀以及他的朋友王百因等人的不良历史记录。瑞幸集团董事长陆正耀和同一批关系密切的私募股权投资者从神州租车套现 16 亿美元，而少数股东损失惨重；瑞幸咖啡的独立董事邵孝恒曾是一些在美国上市的非常可疑的中国公司的董事，这些公司的公开投资者蒙受了重大损失；瑞幸咖啡的联合创始人兼首席营销官杨飞曾是北京口碑互动营销策划有限公司（以下简称"口碑公司"）的联合创始人兼总经理，曾因非法经营罪被判处 18 个月监禁；之后口碑公司与北京氢动益维科技股份有限公司（以下简称"氢动益维"）成为关联方。氢动益维是神州租车的分支机构，并且正在与瑞幸咖啡进行关联方交易。浑水通过了解他们的相互关系、曾经经历，判断出他们很可能配合默契地对"韭菜"们再次布局下手。

（2）对与产品相关的饮食文化的了解。瑞幸咖啡针对核心功能性咖啡需求的主张是错误的。我国人均每天 86mg 的咖啡因摄入量与其他亚洲国家类似，其中 95% 的咖啡因摄入量来自茶。我国的核心功能性咖啡产品市场很小，仅有适度增长。

（3）对顾客的了解。瑞幸咖啡的客户对价格高度敏感，而留存率则受到价格促销的推动。公司试图降低折扣水平（即提高有效价格）并同时增加同一门店的销售额是不可能的。

（4）对行业的了解。瑞幸咖啡的梦想"从咖啡开始，成为每个人的日常生活的一部分"不太可能实现，因为公司缺乏其他有竞争力的非咖啡产品。购买瑞幸产品的大多数是机会主义者，没有品牌忠诚度。瑞幸咖啡省力轻便的储藏模式仅适用于制造已投放市场十多年的"1.0 代"茶饮料，而领先的新鲜茶生产商在五年前就推出了"3.0 代"产品。

（5）对行业有关法规的了解。瑞幸咖啡小鹿茶的特许经营业务合规风险高，没有按照法律要求在相关部门进行登记，因为小鹿茶在 2019 年 9 月开始经营特许经营业务时，没有达到至少有两家直营店运营至少满一年的要求。

（6）对业务流程的了解。由于瑞幸咖啡所有的订单都是在线下单和支付，线下提货，所以下单时会生成一个三位数的提货号码和一个二维码，方便在店内提货。有些人可能注意到，三位数的提货号码在每家门店内每天都是连续的，并由取件单和送货单共享。浑水将其作为一个"晴雨表"，通过在门店的开门和关门时间下订单来跟踪门店的每日订单量。

以上是从《瑞幸遭做空报告全文：欺诈＋基本崩溃的业务》中随机摘录的内容。如果审计人员在审计过程中了解到这些信息，就能得出审计风险很高的结论，就能产生警觉，并采取级别较高的风险应对措施，以控制审计风险。

风险导向审计是当今主流的审计方法，它要求审计人员全面了解被审计单位的基本情况，在此基础上，识别和评估错误和舞弊风险，设计和实施进一步审计程序，以应对错误和舞弊风险。

第五章
风险识别和评估

第一节　风险识别和评估的概念

　　所谓风险识别和评估，就是在了解被审计单位基本情况的基础上，评估风险较高领域，以及可能存在的错误和舞弊，从而有针对性地计划和履行审计程序。被审计单位的基本情况，包括被审计单位所处的外在环境，以及内部的各方面基本情况。

　　在风险导向审计模式下，审计人员以重大错报风险的识别、评估和应对为审计工作的主线，最终将审计风险控制在可接受的低水平。风险的识别和评估是审计风险控制流程的起点。风险识别和评估，是指审计人员通过实施风险评估程序，识别和评估被审计单位业务和财务存在的舞弊风险和重大错报风险。其中，风险识别是指找出业务和财务的重大错报风险，风险评估是指对重大错报发生的可能性和后果严重程度进行评估。

第二节　风险识别和评估的作用

　　审计人员应当了解被审计单位及其环境，以充分识别和评估被审计单位财务和业务可能存在的舞弊风险和重大错报风险，设计和实施进一步审计程序。

　　了解被审计单位及其环境是风险评估的必要程序，能为审计人员在下列关键环节做出职业判断提供重要基础。

　　（1）确定重要性水平。重要性水平即可容忍误差，包括数量和性质两个方面。

　　（2）考虑会计核算、内部管理是否适当。

　　（3）识别需要特别考虑的领域，包括关联方交易、交易是否具有合理的商业目的、企业持续经营是否不存在不确定性等。

（4）确定在实施分析程序时所使用的预期值。

（5）设计和实施进一步审计程序，以将审计风险降至可接受的低水平。

（6）评价所获取审计证据的充分性和适当性。

在笔者看来，审计的过程就是对被审计单位各种情况了解的过程。随着对被审计单位了解的程度加深，了解的信息增多，被审计单位存在的问题自然就会凸显出来。审计人员的难点在于怎样才能对被审计单位环境及其基本情况有充分的了解。

【案例 5-1】 对被审计单位基本情况的了解是发现问题的突破口

A 集团公司的纪检监察处不止一次收到对其子公司 B 公司的匿名举报，主要内容是 B 公司的管理层存在贪污、盗窃等违法行为。A 集团公司派出了审计组对 B 公司进行财务审计，审计组的负责人是张一。

但是从审计结论上看没有发现什么问题，B 公司严格执行集团公司的内部控制制度，所有支出的发票、合同等一应俱全，审批过程也无懈可击。

可是审计报告出具后不到一个星期，纪检监察处就又收到了举报信。集团公司又派出了审计组，这次的项目负责人是李二。

李二在出发之前，就详细了解了 B 公司的各方面情况，以及其所在行业的相关法律规定。其中的一个重要信息是，B 公司经营的产品 XXB，属于国家限制类产品，经营该产品要取得国家的专营许可证，并且产品 XXB 的原辅材料也都纳入专营许可管理，要取得专营许可证。李二所在审计组到了 B 公司后，只花了很短的时间看账，果然如张一所在审计组所说，B 公司的会计凭证、账本处理没有任何问题。李二所在审计组了解了会计账簿记录的主要客户和主要供应商的情况。

然后，李二所在审计组对 B 公司的各部门人员开展访谈，了解公司各方面的情况。通过访谈，审计组了解到，B 公司的原材料主要供应商是 C 和 D，这就和审计组从账面了解到的情况有了差异，账面上原材料供应商主要是 C、D、E、F 四家。

审计人员进一步向 B 公司索取 C、D、E、F 四家公司的专营许可证，但是 B 公司只提供了 C、D 公司的专营许可证。

审计人员通过企查查、天眼查等途径调查 E 公司和 F 公司的股东和高管，发现这两个公司的股东和高管基本都是相同的，两个股东分别是姚某慧和孟某香，从姓名上来看，主要高管可能是姚某慧和孟某香的亲属。

审计人员在与工人闲聊时，貌似无意地提起了这两个人。而工人也貌似无意地透露姚某慧和孟某香是 B 公司总经理的妻子和亲属，真相呼之欲出。审计组全面检查了 B 公司与 E 公司和 F 公司的交易凭证，发现了不公允的关联方交易——同一种材料，从 E 公司和 F 公司购买的价格，要远超其他非关联方的价格，而销售给 E 公司和 F 公司的产成品的价格则又远低于其他关联方。

B 公司管理层的以上问题，违反了中共中央办公厅 国务院办公厅印发的《国有企业领导人员廉洁从业若干规定》第六条"国有企业领导人员应当正确行使经营管理权，防止可能侵害公共利益、企业利益行为的发生。不得有下列行为：（一）本人的配偶、子女及其他特定关系人，在本企业的关联企业、与本企业有业务关系的企业投资入股……（三）利用职权为配偶、子女及其他特定关系人从事营利性经营活动提供便利条件……（五）本人的配偶、子女及其他特定关系人投资或者经营的企业与本企业或者有出资关系的企业发生可能侵害公共利益、企业利益的经济业务往来；（六）按照规定应当实行任职回避和公务回避而没有回避……"

当然，李二所在项目组还发现了 B 公司一些其他舞弊违法行为。

而取得这些突破性进展的关键，就是对 B 公司所在行业、法规、基本情况的了解，如所在行业实行专营许可管理，E 公司和 F 公司的股东、高管是 B 公司主要领导人亲属等。如果不了解这些必要情况，只是机械地检查凭证、合同，是难以发现问题的。

第六章
对被审计单位及其环境的了解

审计人员能否控制审计风险，发现被审计单位存在的问题，取决于几个因素：一是审计人员对法规制度的了解，二是审计工作经验，三是严谨的工作作风，四是对被审计单位及其环境的了解。前三项需要长期的积累和实践，这里只讨论最后一项。

审计人员应当从下列方面了解被审计单位及其环境：（1）相关行业状况、法律环境和监管环境及其他外部因素；（2）被审计单位的性质；（3）被审计单位对会计政策的选择和运用；（4）被审计单位的目标、战略以及可能导致重大错报风险的相关经营风险；（5）对被审计单位财务业绩的衡量和评价；（6）被审计单位的内部控制。

第一节　对行业状况、法律环境和监管环境及其他外部因素的了解

一、行业状况

了解行业状况有助于审计人员识别与被审计单位所处行业有关的重大错报风险。

审计人员应当了解被审计单位的行业状况，主要包括：（1）所处行业的市场与竞争，包括市场需求、生产能力和价格竞争；（2）生产经营的季节性和周期性；（3）与被审计单位产品相关的生产技术；（4）能源供应与成本；（5）行业的关键指标和统计数据。

具体而言，审计人员可能需要了解以下情况。

（1）被审计单位所处行业的总体发展趋势是什么。

（2）被审计单位处于哪一发展阶段，如起步、快速成长、成熟或衰退阶段。

通过（1）和（2）项，可以了解被审计单位所处行业的发展趋势，可以了解被审计单位是否有发展前景，经营情况是否良好，进而了解其可持续经营能力是否存在重大疑

虑等。

（3）被审计单位所处市场的需求、市场容量和价格竞争如何。

（4）该行业是否受经济周期波动的影响，以及被审计单位采取了什么行动使波动产生的影响最小化。

通过（3）和（4）项，可以对被审计单位的经营情况、收入、利润等形成合理预期，进而判断被审计单位的账面收入、利润等是否与预期相符，有无重大异常。

（5）该行业受技术发展的影响程度如何。

（6）被审计单位是否开发了新的技术。

通过（5）和（6）项，可以对被审计单位的技术进步情况做出判断，如果该行业是技术先进行业，被审计单位的技术水平直接影响市场开发、收入、持续经营能力等方面。

（7）能源消耗在成本中所占比重，能源价格的变化对成本的影响。

能源价格变化可以影响成本、利润，甚至持续经营能力，特别是在当前国家结构调整政策下，还可能影响能源消耗比重大的企业的持续经营能力。

（8）谁是被审计单位最重要的竞争者，它们各自所占的市场份额是多少。

（9）被审计单位与其竞争者相比主要的竞争优势是什么。

（10）被审计单位业务的增长率和财务业绩与行业的平均水平及主要竞争者相比如何，存在重大差异的原因是什么。

（11）竞争者是否采取了某些行动，如购并活动、降低销售价格、开发新技术等，从而对被审计单位的经营活动产生影响。

通过（8）、（9）、（10）、（11）项，审计人员可以对被审计单位的收入、市场等形成合理预期，进而对被审计单位账面的收入、利润、市场等做出判断，发现重大异常。强势的竞争者甚至会影响被审计单位的持续经营能力。

【案例 6-1】 对行业情况和竞争对手情况进行了解的案例

关于对被审计单位所处行业的了解，我们再分析一下浑水对瑞幸咖啡的调查。

在 2020 年 1 月初，上市仅 8 个月后，瑞幸咖啡又筹集了 8.65 亿美元的新资本，目的是在 2021 年安装两种"无人零售"机器：1 万台瑞幸咖啡速卖机和 10 万台瑞幸 pop 迷你机。

从本质上看，这些产品是自动售货机。管理人员表示，咖啡速卖机的价格每台是 12 万元人民币，每台 pop 迷你机的价格是 1.5 万元人民币。该计划旨在将瑞幸咖啡的在线流量引导到这些自动售货机上。由于成本较低，管理层预计这些自动售货机的盈利能力将比线下门店更高。咖啡的平均售价预计为 16 元/杯，成本最低为 6 元 / 杯（假设每天销售 80~100 杯），回收期预计只有 6~12 个月。

浑水推理，"这更可能是管理层从公司吸走大量现金的便捷方式。"而这个推理结论，离不开浑水对咖啡这个行业情况的了解。

（1）对竞争对手同样实践情况的了解。

瑞幸咖啡的竞争对手已经安装了大量的咖啡自动售货机，尽管以便宜得多的价格出售咖啡，却遭遇了显著的增长瓶颈。咖啡自动售货机运营商——友咖啡的营销材料显示，其已经安装了近 2 000 台咖啡自动售货机，其中有 770 台在北京，230 台在深圳，180 台在广州，120 台在上海，以及 120 台在天津。平均每天每台机器的销售量只有 6.5 杯，平均售价约 8 元人民币。另外两家主要的咖啡商也以相似的平均售价提供每日个位数的咖啡销量。这些运营商的机器成本只有 2 万 ~3 万元，远远低于瑞幸咖啡。

从对瑞幸咖啡的主要竞争对手的经营情况的了解来看，瑞幸咖啡要达到平均售价预计为 16 元 / 杯是不现实的。

（2）对竞争对手采取行动的了解。

如果自动售货机像管理层宣称的那样成功，瑞幸咖啡的竞争对手只需在同一地点安装一台咖啡机。更糟糕的是，这些自动售货机的竞争对手已经打算蚕食瑞幸咖啡的实体店。它们计划在瑞幸咖啡的高流量门店周围安装 20 台自动售货机，并通过低价竞争来打击瑞幸咖啡的客户群。

（3）对行业普遍情况的了解。

更广泛的"无人零售"市场在过去 2~3 年里也已经出现了创业公司破产的情况。"无人零售"曾是我国风险投资行业的一个流行概念，但无人零售初创企业的实际表现相当糟糕。无人经营零售商需要在设备和库存上投入大量资金，并且仍然依赖工人完成产品供应和机器清洗 / 维护，因此它们不一定具有成本效益。来自现有便利店和有限的库存量单位的竞争给无人零售网站的流量增长带来了压力。就连财力雄厚、在线流量巨大的电商巨头"京东"也在 2018 年底退出了无人零售集装箱业务市场。

（4）对关联方的了解。

根据管理层及关联方的记录，关联方 Baiyin Wang 拥有一家咖啡机供应商，该供应商于 2019 年 8 月刚刚成立。考虑到咖啡 / 自动售货机的巨额资本支出计划（未来两年将达 27 亿元人民币）以及远高于市场的机器成本，瑞幸咖啡的做法无法让人不产生怀疑。

综合以上几项，瑞幸咖啡明知是赔本的买卖还要做，目的究竟是什么？浑水的推理，或者叫作风险评估，显然是有理有据的。假使审计人员在审计的过程中不考虑其他信息，只考虑这些行业信息，也应该意识到异常了。

二、法律环境和监管环境

审计人员了解法律环境与监管环境的主要原因在于：（1）某些法律法规或监管要求可能对被审计单位经营活动有重大影响，如不遵守将导致停业等严重后果；（2）某些法律法规或监管要求（如环保法规等）规定了被审计单位某些方面的责任和义务；（3）某些法律法规或监管要求决定了被审计单位需要遵循的行业惯例和核算要求。

审计人员应当了解被审计单位所处的法律环境与监管环境，主要包括：（1）会计原则和行业特定惯例；（2）受管制行业的法规框架；（3）对被审计单位经营活动产生重大影响的法律法规，包括直接的监管活动等；（4）税收政策（关于企业所得税和其他税种的政策）；（5）目前对被审计单位开展经营活动产生影响的政策，如货币政策（包括外汇管制）、财政政策、财政刺激措施（如政府援助项目）、关税或贸易限制政策等；（6）影响行业和被审计单位经营活动的环保要求。

通过对以上信息的了解，审计人员可以在审计过程中关注被审计单位是否遵守了这些法律法规，有无违规受处罚的风险。而对于规定核算要求的法律法规，如果审计人员不了解，审计当然无法进行。

【案例6-2】了解法规要求对审计的影响（1）

某审计组对B公司进行财务审计，根据对B公司所在行业的了解，B公司处于国家重点扶持行业，财政部门会根据B公司的业务量给予财政补贴。审计人员在评估过程中，评估B公司可能会存在夸大或者虚构业务量，骗取更多财政补贴的风险。审计人员采取了检查基础资料，分析运费、交易量数据等审计程序，果然发现了被审计单位存在骗取补贴的行为。根据审计结果，有关人员被移送司法机关处理。

【案例6-3】了解法规要求对审计的影响（2）

某审计组对B公司进行财务审计，了解到根据国家法律和行政法规等规定，B公司核电站核设施应该承担环境保护和生态恢复等义务所确定的支出，即弃置费用。而对于弃置费用，会计核算相关制度规定，应该确定未来弃置义务的金额，并折算为现值，将现值与固定资产的取得成本合并计入固定资产原值，并随固定资产一起折旧。审计人员检查被审计单位核设施的固定资产造价，发现被审计单位并没有考虑弃置费用，导致固定资产少计，折旧费用少计，成本费用少计，利润多计。

三、其他外部因素

审计人员应当了解影响被审计单位经营的其他外部因素，主要包括总体经济情况、利率、融资的可获得性、通货膨胀水平或币值变动等。

具体而言，审计人员可能需要了解以下情况。

（1）当前的宏观经济状况以及未来的发展趋势如何。

（2）目前国内或本地区的经济状况（如增长率、通货膨胀率、失业率、利率等）怎样影响被审计单位的经营活动。

（3）被审计单位的经营活动是否受到汇率波动或全球市场力量的影响。

【案例6-4】根据对宏观经济状况的了解，判断审计异常

　　某审计组对下属子公司AAA培训中心进行内部审计。审计组发现在2020年1—6月，培训中心账面没有收入，但是发生了大量的成本费用。2020年上半年，由于疫情影响，餐饮行业大部分企业没有营业，没有收入很正常。但是大量的成本费用又是怎样发生的？审计人员检查有关明细账和凭证，发现相关支出都是采购食材支出、差旅费支出、办公费支出等，除购买食材支出没有发票外，其他支出都有发票。审计人员开展了培训中心员工访谈，对象包括厨房工作人员，据员工们反映，2020年上半年大家都严格按当地政府有关规定没有上班，培训中心也不能对外营业。这些情况和审计人员掌握的情况一致。那么，财务账面上的支出是怎么发生的呢？审计人员询问财务人员，财务人员迟疑后解释说是以前的支出，经手人当时没有报销，之后统一报销。

　　审计人员检查有关原始凭证，发现这些车票、购买食材的白条等大部分凭证的时间都在2020年1月1日之后，审计人员将购买食材的凭证拍照，请有关经手人确认是否购买过相应食材，经手人语焉不详，说天天采购，记不得哪些材料是什么时候买的。审计人员要求经手人陪同走访销售食材的商家，商家反映，确实经常卖给培训中心食材，但是那都是2020年春节之前的事，春节之后一直没有开张做生意。经手人不得不承认，2020年确实没有采购过食材，但是财务账上做了，即使不明白领导是什么意思，也不敢乱说。

　　审计人员检查其他凭证，发现火车票、机票的乘车人、乘机人也不是培训中心员工，出租车票存在大量车票连号、同一出租车打印大量车票的情况。同时，审计人员发现所有报销都是以现金的形式报销的。目前，除了不能使用手机的老年人外，几乎所有的结算都是银行转账或者支付宝、微信结算，这些零星费用支出凭证的报销，也应该是由培训中心账户转入报销人个人账户，而不可能是现金报销。

　　审计组人员就这些疑点与培训中心主任沟通，培训中心主任无法自圆其说，只好承认那些凭证记录的交易都不是真实的。真实的情况是：培训中心以报销费用的名义套取资金，给疫情期间值班的员工发补贴，审计人员进一步通过检查打卡记录等方式找到三名疫情期间值班的员工，这三名员工承认，除基本工资外，每天领 50 元的补贴。审计人员计算了一下，这三名员工 6 个月一共领了 27 000 元的补贴，与账面发生的各种费用总和 130 万元对比还是有较大差距。

就这样，培训中心主任几番找理由，审计人员几番调查，都不能证明培训中心主任说法的真实性、合理性。培训中心主任最终承认，2020 年上半年，真实的费用只有 10 多万元，其他的是给领导发的"补贴"，而所谓的领导，其实只有培训中心正、副主任和财务主任，三人分得资金分别为 50 万元、30 万元、30 万元。

培训中心领导层的工资由集团公司核定，并且几年来，他们的年薪都没有超过他们这次给自己发的"补贴"，他们没有权利给自己发补贴，这是纯粹的贪污行为。

审计组组长表示，对当前经济形势的充分了解，是审计组发现这些费用支出异常的根本原因。如果是没有疫情的正常时期，无论审计人员想象力多丰富也不会想到几乎所有的支出都为虚假支出。审计人员了解 2020 年上半年全国的抗疫情况，知道没有收入是正常的，同样也不应该有太多支出，而这个培训中心恰恰发生了太多支出，这就反常了。审计人员判断，按当时的情况，绝大多数支出都不是真实的。审计人员的几乎全部工作，都是证明自己的风险评估结论，证明这些支出不是真实发生的。

第二节　对所有权结构、治理结构、组织结构的了解

一、所有权结构

对被审计单位所有权结构的了解有助于审计人员识别关联方关系并了解被审计单位的决策过程。审计人员应当了解被审计单位所有权结构以及所有者与其他人员或实体之间的关系，考虑关联方关系是否已经得到识别，以及关联方交易是否得到恰当核算和披露。

审计人员可能需要对其控股母公司（股东）的情况做进一步的了解，包括以下情况：控股母公司的所有权性质、管理风格及其对被审计单位经营活动及财务报表可能产生的影响；控股母公司与被审计单位在资产、业务、人员、机构、财务等方面是否分开，是否存在占用资金等情况；控股母公司是否施加压力，要求被审计单位达到其设定的财务业绩目标。

【案例6-5】了解被审计单位所有权结构对审计的影响

某国企集团公司 A 委托审计组对合营企业 B 公司进行财务收支审计，审计期间为 5 年。

审计之前，审计组进行审前调查，了解 B 公司各方面的情况，关于 B 公司的股权结果，审计组了解到以下信息。

B 公司由 A 集团出资 50%，另一个民营企业兴旺集团出资 50%。按公司成立时的协议，B 公司董事长刘吉由 A 集团派出，派刘吉为 B 公司董事长的原因之一是刘吉在当地颇有社会关系，有利于开拓市场。B 公司总经理刘兴由兴旺集团派出。

兴旺集团的董事长刘隆，也是兴旺集团的大股东，对兴旺集团持股 95%，兴旺集团下属有 12 家子公司，又通过 12 家子公司间接控股 8 家子公司。

审计组进一步了解 B 公司的日常经营情况，发现董事长刘吉很少在公司上班，公司日常经营都由总经理刘兴负责。

审计组觉得兴旺集团公司的名称，以及刘兴、刘隆、刘吉这几个人的姓名，风格寓意相仿，是不是有什么关系？审计组进一步调查发现，刘兴与刘隆是亲兄弟，与刘吉是堂兄弟。根据企业会计准则对关联方的定义，刘兴、刘隆、刘吉以及兴旺集团及下属 20 家子公司，都是 B 公司的关联方。

但是，这些关联方关系和交易，并没有在每年的报表附注中披露。

审计人员根据了解到的情况，决定重点检查 B 公司与兴旺集团及下属子公司的交易。

从 B 公司审计截止日的报表来看，B 公司连续 5 年盈利，但是 40% 的资产是应收账款，审计截止日，应收账款余额达到 5 亿元，主要集中在兴隆经贸公司、吉祥经贸公司两家，余额分别为 3.2 亿元和 1.5 亿元，而且，近两年对这两家公司的应收账款只增不减。这表明，B 公司与这两家公司的业务只是不停销售，没有收回货款，这严重违反了 A 集团公司的销售信用政策。巧合的是，兴隆经贸公司、吉祥经贸公司就在这 20 家兴旺集团子公司名单中。

审计人员询问有关销售人员，销售人员的说法是对方单位都是多年老客户，发生坏账可能性不大，而且为了完成集团公司的经营任务指标，这是没办法的事。审计人员认为这种说法是不全面的，集团公司确实有销售任务指标，可是也有"两金"压控任务指标，不及时收回应收账款可能存在问题。B 公司对这些应收账款的收回有没有风险考虑不周，即使没有风险，也存在无偿占用资金的嫌疑，对于 B 公司来说也是损失。

审计人员进一步调查了解兴隆经贸公司、吉祥经贸公司的情况，发现这两家公司已于不久前注销，且没有进行清算，也就是说，这些应收账款不能收回，将形成重大损失。

审计人员进一步检查 B 公司采购支出情况，发现 B 公司主要与兴旺集团下属公司交易，这些支出存在以下几类主要问题。

①采购价格远高于同类商品的市场价格。

②一些采购支出没有合理商业理由，所采购商品与 B 公司经营无关。

③一些支出没有合法票据，无法证明支出的真实性。

综上，B 公司存在通过关联方交易向兴旺集团转移资金的行为。

审计人员总结这次审计，认为如果不是提前对 B 公司的股东、股东的股东、股东投资的企业等复杂关系进行梳理和了解，可能就注意不到应收账款长期不能收回的问题，以及不公允的关联方交易问题，不能发现 B 公司这个连年盈利的公司实际上已经资不抵债。因为兴旺的关联方与 B 公司没有投资关系，账面上发现不了这些关联方，也就发现不了关联方及关联方交易没有充分披露的问题。

【案例 6-6】金亚科技所有权结构对公司治理的影响

金亚科技内部治理结构不平衡，周某始终是金亚科技中掌握最多股权，实际拥有控制权的股东，这一不平衡的治理结构难以发挥监管公司经营管理的效用。

绝大多数公司董事都存在身兼多职的情况，董事是财务负责人、总经理或其他职务，这使董事会难以发挥其对高管的约束控制。

监事会共有三名监事，两名是内部职员，受高管的直接领导，这使监事会失去对高管的监控作用，成为虚设。

【案例 6-7】绿大地所有权结构对公司治理的影响

绿大地公司治理结构单一，内部控制部门形同虚设，公司 30% 的股权集中在董事长何某身上，股权过度集中，而且董事长何某同时也担任总经理，二者之间的监督关系形同虚设。资料显示，财务舞弊案发前，绿大地公司 2010 年共召开 18 次董事会，作为独立董事的郑某被认为管理经验和专业知识都过硬，在其出席的 16 次会议和委托出席的 2 次会议上，从未投过一次反对票或弃权票。从以上事实可以看出：绿大地缺乏有效的内部监督机制，独立董事、监事会形同虚设。

二、治理结构

良好的治理结构可以对被审计单位的经营和财务运作实施有效的监督，从而降低发生重大错报和舞弊的风险。审计人员应当了解被审计单位的治理结构。例如，董事会的构成情况、董事会内部是否有独立董事；治理结构中是否设有审计委员会或监事会；审计委员会或监事会的运作情况。审计人员应当考虑治理层是否能够在独立于管理层的情况下对被审计单位事务（包括财务报告）做出客观判断。

【案例6-8】了解被审计单位治理结构对审计的影响

【案例2-23】中ZZD公司的扇贝，上演了几年跑来跑去的闹剧，从"旅行扇贝"到"跑路扇贝"，又变"飞天神贝"，最终被证监会动用卫星系统才还原真相。扇贝从2014年跑到2020年，具体故事情节请读者在网上搜索，这里只分析ZZD公司案例的根本性问题之一——治理结构问题。

ZZD公司2006年招股说明书显示，公司的前身为ZZD渔业集团，为集体企业，于1992年成立；在1998年从ZZD渔业集团依法改制为大连ZZD渔业集团有限公司。2001年4月，大连ZZD渔业集团有限公司正式变更为股份有限公司，在2002年ZZD公司向吴某刚进行定向增资848万股，作价共计1075.26万元，由此吴某刚持有ZZD公司10%的股份，成了ZZD公司第三大股东。

ZZD公司财报显示，截至2019年第三季度末，吴某刚持股比例仅为4.12%，为第五大股东，此前进行了多次减持，套现超4亿元。

关键关系：吴氏家族。

在完成改制、成为ZZD公司董事长后，吴某刚的多位亲属也陆续进入公司，这引起了ZZD村民的不满。这一不满在随后爆发的多次扇贝事件中被村民屡屡提及，更被认为是导致ZZD公司一路下滑的主要原因。

多位村民证实，招股说明书上的吴某敬、吴某国、吴某岩、吴某元（现已去世）均系吴某刚的亲属。但ZZD公司招股说明书并未说明上述人员和吴某刚具体的亲属关系。

知情人士透露，其中的吴某敬系吴某刚胞兄。招股说明书显示，吴某敬彼时任ZZD长岛分公司负责人，该公司经营海参、鲍鱼底播、虾夷扇贝等浮筏养殖；吴某国则系鱼类养殖分公司负责人，该公司主要经营鱼类养殖，海螺采捕；吴某岩则担任过ZZD育苗三厂副经理，海珍品育苗二厂经理、职工代表监事；吴某元则任ZZD公司副总经理。

对于吴某元的任职，村民异议不大，当时吴某元是大耗岛（系ZZD的一个附属岛屿）的一把手。

但吴某刚的胞弟吴某记却并不得人心。据共事过的村民回忆，在2012年之前，吴某记掌管着虾夷扇贝的收苗工作，之后由于举报，吴某记于2012年不再负责ZZD公司的收苗工作。"由于异议太大，2012年之后董事长吴某刚的多个亲属陆续从公司离职。"ZZD 多位村民说。

若按照村民所言，吴某记为 ZZD 公司收苗工作的一把手，但却并未在 ZZD 公司招股说明书以及 2012 年之前的年报中发现吴某记的名字。

"虽然 2012 年从 ZZD 公司离职，但吴某记之后便成立了自己的公司，其公司业务就与 ZZD 公司有联系。ZZD 公司用的东西就从吴某记的公司采购，人家光明正大地采用。"多位 ZZD 村民表示。

…… ……

如果以上内容真实，ZZD 公司出问题就不是偶然的。这表明 ZZD 公司的治理结构有问题。从有关人物姓名来看，吴某敬、吴某国、吴某岩、吴某元和吴某记等，这些人应该都是吴某刚或远或近的亲属，ZZD 公司成了家族企业，董事会和管理层之间，一直没有监督约束机制，所谓的监事，也不可能起到监事的作用，不可能存在有效的内部控制，也就防范不了舞弊违法行为。

所以，对 ZZD 公司进行年报审计的会计师事务所如果提前了解一下这家公司的历史，就应该感受到该公司存在严重的审计风险。但是，ZZD 公司的扇贝自由自在地"跑"了这么多年，最终还是证监会查清了真相。

三、组织结构

复杂的组织结构可能导致某些特定的重大错报风险。审计人员应当了解被审计单位的组织结构，考虑复杂组织结构可能导致的重大错报风险。

例如，对于在多个地区拥有子公司、合营企业、联营企业或其他成员机构，或者存在多个业务分部和地区分部的被审计单位，不仅编制合并财务报表的难度增加，还存在其他可能导致重大错报风险的复杂事项，包括对子公司、合营企业、联营企业和其他股权投资类别的判断及其会计处理等。

第三节　对经营活动的了解

审计，应该落实到具体的经济业务上，了解有关业务是否合法合规，通过对业务的了解，与财务记录对照，从而判断应该取得的收入是否全部收回、全部入账，相关支出是否真实合法，会计核算和披露是否符合相关的会计制度。

对业务的了解，是制定审计计划和审计策略的基础。在了解被审计单位业务的基础上，评估错误或者舞弊的风险，然后针对风险领域形成审计策略，制定审计计划，履行审计程序，取得审计证据。

了解和收集与经营活动有关的各种信息，也是进一步发现被审计单位经营方面的风险的基础工作。

审计人员应当了解被审计单位的经营活动，主要包括以下几个方面。

（1）主营业务的性质。

不同的主营业务，要遵守不同的行业法规，有不同的会计核算方法。审计人员只有了解主营业务，才能判断被审计单位的会计制度是否与企业会计准则相符。

【案例6-9】了解被审计单位主营业务性质对审计的影响

某集团审计组对下属子公司B公司进行财务收支审计。在审前调查过程中，审计组了解到B公司是施工企业，审计组组长张一根据经验判断，施工企业的收入成本核算很容易出现问题。审计组询问B公司会计部门对施工项目的核算情况，果然不出张一所料。

审计组根据B公司的情况，调整审计策略，在会计的协助下，清理了B公司审计期间的全部施工项目，包括各项目所开具的全部发票、收款、结转成本等。

清理完毕，审计组发现B公司账面对建设项目的核算是混乱的，有些收入比例达到原合同金额的十几倍，有些收入远低于成本，有些款项长期不能收回。这些毛利异常的项目，被审计组作为高风险领域进行重点检查。

审计人员进一步调查收入比例远高于合同金额的项目的原因，发现B公司存在为客户虚开发票的行为，从而虚增了收入。

对于早已完工，收入远低于成本的项目，存在虚列成本，套取资金的问题。

对于应收账款长期收不回来的情况，经审计人员调查，发现很多是应收账款收回不入账，形成账外资金导致。

此外，审计人员还查出了很多其他问题。

针对会计核算存在的问题，审计人员进一步深挖在其他方面内部控制制度存在的问题。

一是人力资源管理方面存在的问题。B公司没有通过严格的人力资源管理程序，保证财务人员的业务水平满足工作要求。

二是内部审计工作方面存在问题。B公司的内审部门多年来没有发现和提出B公司会计核算方面存在的问题，主要原因是内审部门徒有其名，几乎没有进行过内审工作。

三是B公司内审工作管理机制存在问题。B公司的内审部门隶属于财务部门，不能独立地开展内审工作并提出财务工作存在的问题。

四是B公司内部控制环境存在问题。B公司董事长、总经理等主要领导对财务工作和内部审计工作并不重视。他们认为业务部门是创收部门，是保证公司生存和发展的关键部门，财务部门是后台服务部门，是为业务部门服务的，是被业务部门"养活"的。

能发现以上一系列问题的根本原因，在于审计组人员关注被审计单位关于收入确认的会计制度是否符合企业会计准则的规定，以会计制度存在的问题为突破口开展审计。审计实践中，很多审计人员并不是很关心会计制度问题，而只片面地关心资金问题，关注重大损失等，这样反而容易导致审计结论片面，不能发现全部问题，导致审计风险。

（2）与生产产品或提供劳务相关的市场信息。

与生产产品或提供劳务相关的市场信息包括主要客户和合同、付款条件、利润率、市场份额、竞争者、出口、定价政策、产品声誉、质量保证、营销策略和目标等。

对市场信息的了解和掌握，可以帮助审计人员初步判断被审计单位账面的经营情况是否真实。如【案例6-1】，瑞幸咖啡要投资"无人零售"机器，但竞争对手的"无人零售"机器已经进入发展瓶颈，瑞幸咖啡远高于竞争对手的单价和销量是不现实的，当然也就是不真实的。

（3）业务的开展情况。

业务的开展情况包括业务分部的设立情况，产品和服务的交付、衰退或扩展的经营活动的详情等。对业务开展情况的了解，会让审计人员对收入情况、经营风险有初步预期和判断，对异常的收入及成本费用情况有所警觉。

（4）联盟、合营与外包情况。

通过对联盟、合营与外包情况的了解，审计人员会对有关经营收入、支出、经营风险有初步预期和判断，对长期投资、收益收回的会计核算有初步判断。

（5）从事电子商务的情况。例如，是否通过互联网销售产品、提供服务、从事营销活动。

电子商务属于高风险领域，审计人员可能存在专业上的短板，如果被审计单位从事电子商务业务，审计人员应该了解详细情况，并考虑是否利用专家工作。

（6）地区分布与行业细分。

对于地区分布与行业细分，审计人员主要了解被审计单位是否涉及跨地区经营和多种经营，各个地区和各行业分布的相对规模以及相互之间是否存在依赖关系。

（7）生产设施、仓库和办公室的地理位置，存货存放地点和数量。

【案例6-10】了解被审计单位生产设施、仓库等硬件设施对审计的影响

某集团公司的内部审计组对下属子公司B公司进行例行财务审计，几年来一直没发现存货有任何异常，审计组每次都要对存货进行抽查盘点，盘点

的结果与仓库账和财务账相符。后来B公司的管理层被投诉举报，而举报的主要原因是B公司存在资金体外循环情况，即存在账外原材料、账外产成品，销售不入账等情况，形成账外资金。这些账外原材料和账外产成品，都存储在另外的仓库中。审计人员对B公司主要生产设施和主要仓储设施了解不详细，导致主要仓储地点和设施没有受到应有关注，也就未能发现账外原材料、账外产成品的存在。

（8）关键客户。

对于关键客户，审计人员主要了解销售对象是少量的大客户还是众多的小客户，是否有被审计单位高度依赖的特定客户（如超过销售总额10%的客户），是否有造成高回收性风险的若干客户或客户类别（如正处在一个衰退市场中的客户），是否与某些客户达成了不寻常的销售条款或条件。

（9）货物和服务的重要供应商。

对于货物和服务的重要供应商，审计人员主要了解是否签订长期供应合同、原材料供应的可靠性和稳定性、付款条件，以及原材料是否受重大价格变动的影响。

【案例 6-11】 通过了解被审计单位的主要客户和供应商分析经营风险

某集团公司的内部审计处派出审计组对下属子公司甲公司进行财务审计，审计组对甲公司的主要客户和供应商往来进行了函证，没有发现任何异常。但是审计组组长老王认为工作做得远远不够，他认为应该进一步调查了解甲公司主要客户和供应商的情况。甲公司的主要客户包括A、B、C、D、E 5家，5家合计的销售额占甲公司总销售额的80%以上。其中最大的两个客户A和B，属于国家去产能政策涵盖的产业范围，按所在省的工作计划，应该在两年内关停并转，A和B占据甲公司55%的销售额，如果关停并转，那么就严重影响到甲公司的持续经营能力，但是甲公司并没有在财务报表中对持续经营能力的不确定性进行充分披露。并且，甲公司对A和B的应收账款余额合计为5.96亿元，占资产总额的30%以上，账龄在3年以上，A和B如果关停并转，这部分货款有不能收回的风险，甲公司没有计提充分的坏账准备。

乙公司是甲公司的主要原材料供应商，乙公司的生产过程对周边环境形成污染，如果乙公司不能在规定的期限内整改完毕，将面临被注销的风险。如果乙公司被注销，甲公司找不到替代的原材料供应商，那么甲公司的持续经营能力将受到严重的威胁。据了解，乙公司筹集不到足够的资金购置符合国家标准的排污设施，所以乙公司在规定的期限内整改完毕的可能性不大。这也导致了甲公司持续经营能力的重大不确定性，甲公司对这个不确定性也没有在财务报表中充分披露。

所以审计组认为，对于甲公司来说，开拓市场以弥补 A 和 B 带来的市场缺口，和寻找、研究替代原材料是要解决的重大问题，否则，甲公司将难以为继，对整个集团公司来说，也将造成重大损失。

（10）劳动用工安排。

对于劳动用工安排，审计人员主要了解分地区用工情况、劳动力供应情况、工薪水平、退休金和其他福利、股权激励或其他奖金安排以及与劳动用工事项相关的政府法规。通过了解这些信息，可以分析被审计单位可能存在的与劳动用工相关的经营风险，也可以对与劳动用工有关的支出规模形成初步预期，以应对有关支出存在舞弊的风险。

（11）研究与开发活动及其支出。

（12）关联方交易。

对于关联方交易，审计人员主要了解有些客户或供应商是否为关联方，对关联方和非关联方是否采用不同的销售和采购条款，还存在哪些关联方交易，对这些交易采用怎样的定价政策。

第七章
通过对被审计单位的了解关注异常

会计错报有两种，一种是无意的错误，另一种是有意的舞弊。

在审计实践中，被审计单位由于无意的失误或者对会计制度掌握不到位等引起的错误，相对容易识别，而人为的造假、欺瞒等舞弊行为，审计人员相对难以发现。

但是，无论是错误还是舞弊，都是会计核算或披露的结果不符合实际情况，可能存在各种矛盾和异常，而这些矛盾和异常，就是审计人员进一步发现错误或者舞弊的风向标，标志着审计的高风险领域。审计人员为控制审计风险，提高审计质量和效率，应该在详细了解被审计单位相关情况的基础上，关注被审计单位各方面的异常，评估可能存在的舞弊风险，并采取有针对性的应对措施。

以下是笔者多年的审计经验以及审计同行在审计实践中总结出来的各种异常情况，一定程度上是发现舞弊的风向标。舞弊的情况千差万别，存在的异常迹象也不可尽数，以下异常情况并不是全部。

第一节　财务指标及会计信息的异常

一、自身财务指标异常

1. 货币资金异常

①货币资金余额不合理，或者表现为与业务规模不相匹配。

②高现金与高负债并存。

2. 应收账款和存货异常

①应收账款、存货异常增加。

②应收账款增幅大于收入的增幅。

③应收账款计提巨额的坏账准备。上市公司如果计提了巨额的坏账准备，可能意味着其收入确认政策极端不稳健或在以前年度确认了不实的销售收入。

④应收账款周转率或存货周转率持续下降。

⑤存货周转率逐年下降，毛利率却逐年上升。

⑥产量不切实际。

3. 预付账款、在建工程以及其他长期资产异常

①预付账款（包括预付原材料采购款和工程款）变动趋势异常，与历史数据对比，存在新增大额预付账款或者逐年增大，并且与其商业习惯或者同行业企业商业习惯不同，而被审计单位无法提供具有商业逻辑的合理解释。

②在建工程趋势以及进展不合理，如存在扩建即将完工的工程，大幅提高预算数，导致在建工程进度倒退，以及尽量拖延从在建工程转入固定资产的时间等。

4. 偿债能力指标异常

资产负债率、流动比率、速动比率异常，显示偿债能力低，或者与同行业企业相比异常。

5. 收入及收入来源异常

①收入异常增加。

②收入主要来自对关联方的销售。

③与客户发生套换交易。例如，上市公司在向其客户销售产品或提供劳务的同时，在缺乏正当商业理由的情况下又大量向客户购买产品或接受劳务，且交易价格具有显失公允或对等特性。

④收入很大一部分来自临时的一次性收入。比如，有些公司总是通过出售资产、下属企业来增加收入，那么这些公司的可持续性经营能力可能存在问题。

6. 收入与其他财务指标矛盾

①销售收入与生产能力比例失调。

②收入规模持续扩大或出现较大增长，但销售费用或管理费用却持续下降或出现较大降幅，且无合理解释。

③成本明显偏低。

7. 毛利率异常

①毛利率异常偏高、毛利率发生大的波动，甚至大起大落。

②连续多年毛利率或主营业务利润率畸高，且无合理解释。

③毛利率高而现金循环周期较长。

④低周转率和高毛利率多年持续并存。

8. 财务及经营数据出现相互矛盾的现象

①产品竞争力未见明显提升，但经营业绩逐年提升。

②利润指标多年表现不错，但多年不进行现金分红，且多年并无实际再投资。

③营业利润和投资收益经常呈现良好的反向互补性，即当营业利润不佳的时候，投资收益往往出现较好情况，而当营业利润改善之后，投资收益又变得较差。

④主营业务利润与其他业务利润严重不成比例，甚至是其他业务利润高于主营业务利润。

9. 现金流量异常

①利润数据缺乏现金流量的支持，营业利润明显高于经营现金流量净额，甚至在财务报表显示盈利或利润增长的情况下，经营活动产生的现金流量经常出现负数，或经营活动不能产生现金流入。

②虽然经营活动现金流量表净额为正，但主要是因为应付账款和应付票据的增加。

③现金净流量长期低于净利润。

④经营现金流量净额多年持续大额为正，同时投资现金流量净额多年持续大额为负。

⑤估算的应交所得税余额与实际余额相比相差甚远。

⑥突然出现主业以外的较大收益。

二、与同行业对比财务指标异常

（1）营收发展趋势与同行业经济形势对比异常。

（2）对标同行业趋势、行业环境，业绩变动以及销售收入变动趋势不合理，逆势而行，不受经济周期波动的影响。

（3）营收逐年快速增长，毛利率、净利率稳定，或者远高出同行。

（4）主要材料、产品价格低于或者高于同期市场价格。

（5）应收账款周转率、存货周转率、总资产周转率、资产负债率、流动比率、速动比率等与同行业相比相差很大。

三、会计记录中的异常

（1）对交易的记录不完整或不及时，或对交易的金额、会计期间、分类或被审计单位会计政策的记录不恰当。

（2）账户余额或交易缺乏证据支持或未经授权。

（3）在最后时间编制对财务成果产生重大影响的调整分录。

（4）有证据表明员工对系统或记录的访问权限不符合其职权范围。

（5）向注册会计师传递的有关舞弊指控的消息或投诉。

（6）调节表中包含无法解释的重大项目。

（7）应收账款记录中存在大量的贷方分录和其他调整。

（8）应收账款明细账与总账或客户对账单与应收账款明细账之间存在难以解释的或解释不当的差异。

（9）会计政策似乎与行业惯例存在差异。

（10）会计估计变更频繁，且似乎并非由所处环境的变化所致。

第二节　非财务信息显现出来的异常

一、非财务信息异常

（1）高级管理人员频繁变动。

（2）过度外包，销售依赖代理或收入通过中间商，无法查清业务运作情况。

（3）超过商业实际需要的复杂的公司结构。

（4）大股东或高管不断减持公司股票。

（5）资产重组和剥离频繁。

二、管理层对审计工作不够配合

（1）频繁更换会计师事务所。

（2）注册会计师与管理层之间的关系紧张或异常。

（3）管理层不愿意让注册会计师与治理层单独会谈。

（4）管理层不允许注册会计师接触可能提供审计证据的某些记录、设备、特定员工、客户、供应商或其他人员。

（5）管理层对解决复杂或有争议的问题施加不合理的时间限制。

（6）管理层对审计工作的开展表示不满，或威胁审计组成员，特别是有关注册会计师对审计证据做出的关键评价或与管理层之间潜在意见分歧的解决等事项。

（7）被审计单位在向注册会计师提供其要求的信息时发生不正常的拖延。

（8）管理层不愿意配合注册会计师接触重要的电子文档，使其不能运用计算机辅助审计技术进行测试。

（9）管理层不允许注册会计师接触关键的信息技术操作人员（包括系统安全、系统操作和系统开发人员）及设备。

（10）管理层不愿意对财务报表披露做出补充或修改，以使其更加完整、易懂。

（11）管理层不愿意及时处理已识别出的内部控制缺陷。

第三节　其他异常

（1）与经济活动相关的文件丢失。

（2）与经济活动相关的文件存在改动迹象。

（3）预期存在文件原件的情况下，仅能获取复印件或电子版本。

（4）管理层或员工对注册会计师的询问或实施分析程序的结果做出的答复或解释不一致、含糊不清或不合理。

（5）被审计单位的记录与询证函回函之间存在异常差异。

（6）作废的支票或支票存根丢失或根本不存在，而通常情况下，被审计单位会对作废的支票或支票存根实施某些控制或存在其他支持性文件。例如，作废的支票与银行单据一起被退回至被审计单位，或者在作废的支票存根上注明"作废"标记，或者将作废的支票存根与作废的支票保存在一起。

（7）大额存货或实物资产丢失。

（8）难以获取电子证据或电子证据缺失（不符合被审计单位的记录保存惯例或政策）。

（9）无法为本期的系统变更和系统配置工作提供关键的系统开发、程序变更测试以及系统实施活动方面的证据。

第三部分

舞弊的审计应对

第八章
审计与舞弊相关的责任

第一节　财务报表审计与舞弊相关的责任

关于舞弊，有些审计人员有错误的观念，认为只要自己没有参与舞弊，认为只要按审计准则的规定履行了审计程序，即使审计没有发现舞弊，也不应该被追究责任。这个想法是不是有道理，是不是正确呢？实践已经给出答案。

【案例8-1】财务报表审计中审计人员对发现舞弊的责任

KDX 因虚增利润 119 亿元，并存在涉嫌违规担保、未如实披露募资情况等违法行为，被处以 60 万元罚款，单位实际控制人、时任董事长钟某被处以 90 万元罚款并终身禁入证券市场。

RH 会计师事务所已连续多年为 KDX 出具标准无保留意见审计报告，直到 2018 年 KDX 深陷危机、回天乏力，才出具无法表示意见审计报告。

2019 年 7 月 28 日，RH 会计师事务所在其官方网站上公布《RH 会计师事务所关于 KDX 项目 2015—2018 年年报审计主要工作情况的说明》。以下是粗略总结的观点。

我们尽力了，但是没发现造假，我们很无辜。

结局呢？ RH 会计师事务所还是被处罚了。

结论：若被审计单位或者项目存在舞弊行为，审计人员有责任发现。

如果审计人员对于发现舞弊没有责任，审计就失去意义。

《中国注册会计师审计准则第 1141 号——财务报表审计中与舞弊相关的责任》规定了注册会计师在财务报表审计中对舞弊应承担的责任，部分条款如下。

第六条　在按照审计准则的规定执行审计工作时，注册会计师有责任对财务报表整体是否不存在由于舞弊或错误导致的重大错报获取合理保证。

由于审计的固有限制，即使注册会计师按照审计准则的规定恰当计划和执行了审计工作，也不可避免地存在财务报表中的某些重大错报未被发现的风险。

第十二条 注册会计师的目标是：

（一）识别和评估由于舞弊导致的财务报表重大错报风险；

（二）通过设计和实施恰当的应对措施，针对评估的由于舞弊导致的重大错报风险，获取充分、适当的审计证据；

（三）恰当应对审计过程中识别出的舞弊或舞弊嫌疑。

第十三条 按照《中国注册会计师审计准则第 1101 号——注册会计师的总体目标和审计工作的基本要求》的规定，注册会计师应当在整个审计过程中保持职业怀疑，认识到存在由于舞弊导致的重大错报的可能性，而不应受到以前对管理层、治理层正直和诚信形成的判断的影响。

第二节 其他专项审计与舞弊相关的责任

对于除财务报表审计以外的其他审计，审计人员有没有发现并披露舞弊的责任呢？

【案例 8-2】其他专项审计中审计人员对发现舞弊的责任

委托方投资损失 3 300 万元，三名注册会计师受刑事处罚。

某刑事判决书的内容如下。

公诉机关 A 市人民检察院。

被告人毛××，GLHT 会计师事务所所长、注册会计师，因涉嫌犯出具证明文件重大失实罪，于 2019 年 8 月 22 日被 A 市公安局刑事拘留，于 2019 年 9 月 27 日被执行逮捕，于 2019 年 12 月 13 日被 A 市人民检察院取保候审。

被告人李××，被告人迟××，情况基本同上。

经审理查明：2015 年 5 月，GT 公司欲收购 BD 公司。被告人毛××、李××、迟××作为 GLHT 会计师事务所注册会计师，在受 GT 公司委托，对被收购方 BD 公司的资产、债务、债权等进行审计过程中，严重不负责任，未严格依照《中华人民共和国注册会计师法》和注册会计师审计准则进行函证，在对 2015 年 4 月 30 日 BD 公司对 ZXHG 酒精销售业务虚增的人民币 6 501.8 万元应收款未确认是否真实的情况下，即出具正式的审计报告，致使 BD 公司的净资产虚增 6 501.8 万元，给收购方 GT 公司造成损失 3 315.918 万元。

被告人毛××、李××、迟××对指控的事实、罪名及量刑建议没有异议，同意适用认罪认罚从宽制度，其在开庭审理过程中亦无异议。

（1）被告人毛××犯出具证明文件重大失实罪，判处有期徒刑一年，缓刑一年，并处罚金人民币一万元。（缓刑考验期限，从判决确定之日起计算）

（2）被告人李××……

《中国注册会计师审计准则第1141号——财务报表审计中与舞弊相关的责任》应用指南的相关规定如下。

对公共部门实体的特殊考虑。

从事公共部门实体审计的注册会计师与舞弊相关的责任，可能取决于适用于公共部门实体的法律法规或其他监管要求，或由授权审计的文件单独进行规定。因此，从事公共部门实体审计的注册会计师的责任可能不限于考虑财务报表重大错报风险，还可能包括考虑舞弊风险。

《第2204号内部审计具体准则——对舞弊行为进行检查和报告》第五条规定了内部审计对舞弊的一般原则："内部审计机构和内部审计人员应当保持应有的职业谨慎，在实施的审计活动中关注可能发生的舞弊行为，并对舞弊行为进行检查和报告。"

综上，审计针对的就是错误和舞弊，发现舞弊是审计的责任。

实践中，审计人员要关注形形色色的舞弊。如经济责任审计，要关注对党和国家方针政策、决策部署未完成假报完成的舞弊；要关注重大决策不规范的舞弊；要关注廉洁从业方面的问题，而廉洁从业方面的问题，很多离不开舞弊。

错误是被审计单位人员无意行为造成的，相对容易发现，舞弊比较隐蔽，相对很难发现。但是，这不是审计人员不对发现舞弊负责的理由。

第三节　与财务报表审计有关的舞弊概念

《中国注册会计师审计准则第1141号——财务报表审计中与舞弊相关的责任》对财务报表审计舞弊的相关规定如下。

第四条　舞弊是一个宽泛的法律概念，但注册会计师关注的是导致财务报表发生重大错报的舞弊。

与财务报表审计相关的故意错报，包括编制虚假财务报告导致的错报和侵占资产导致的错报。

第十条　舞弊，是指被审计单位的管理层、治理层、员工或第三方使用欺骗手段获取不当或非法利益的故意行为。

财务报表的错报可能由于舞弊或错误所致。舞弊和错误的区别在于，导致财务报表发生错报的行为是故意行为还是非故意行为。

第四节　广义的舞弊概念

舞弊指使用欺骗的手段做违法乱纪的事。

财务舞弊是指被审计单位的管理层、治理层、员工或第三方使用欺骗手段获取不当或非法利益的故意行为。

非财务舞弊包括：落实党和国家方针政策、决策部署未完成但假报完成，如高校假造毕业生就业指标；以权谋私，通过各种手段为自己、家人、朋友谋取私利；重大人事任免过程中舞弊；等等。

第九章
应对舞弊的一般策略

被审计单位可能处于各种各样的行业，舞弊的目的和舞弊的手段形形色色，审计实践中应对的策略也各有不同，这里概括其中共同的基本原理。

可能很多人认为书本上的内容都是老生常谈。可是，林林总总的审计失败案例，恰恰说明审计人员对这些"老生常谈"的内容掌握不到位，没有按这些"老生常谈"的规定履行审计程序，取得审计证据，从而导致审计失败，甚至被处罚，同时监管部门的行政处罚却是依据这些"老生常谈"的规定来进行的。

第一节　知识积累

审计人员应积累以下知识：与被审计单位行业与业务有关的会计制度、与行业相关的法律法规、行业可能存在的问题、专业知识（专业知识是个难点，如果力有不逮，就应利用专家工作）。

【案例 9-1】知识积累的重要性

　　某审计组在对某公司进行财务收支审计过程中，发现科研支出存在舞弊行为。而发现问题的突破口，并不是账簿、凭证、合同等，而是科研成果。审计项目组组长利用自己的化学知识，明白亚硫酸钠、硫酸氢钠、亚硫酸、硫酸是四种完全不同的东西，分子式都是不一样的。但是，这个科研专项的预算、任务书、成果文件，恰恰混淆了这四种物质的概念，科研项目明显虚假。

　　审计是对业务的审计，是业务与财务的对照，如果对实际业务不了解，审计的质量就会打折扣。

【案例9-2】高精设备，难以识别的真相

某内部审计组为某投资项目进行绩效评价审计。

该设备成本为上千万元，在有关人员的配合下，审计人员检查了一系列前期可行性研究、集体决策、招投标、询比价等资料，得出的审计结论是：该项投资前期决策规范、采购手续齐全、管理过程规范、实现预期效益等。

实际情况是，该设备看起来实用，其实就是一堆废铁，因为缺少核心组件。该核心组件才是该设备实现功能的关键，也是价值最大的部分。

有关教授、科研人员懂，但是不会说（或者不敢说）。

有关财务人员、审计人员真心想确认投资过程是否真实合法，但是，不懂。

第二节　了解被审计单位及其环境

"知己知彼，百战不殆。"开展审计业务与打仗一样，能否取胜，取决于对敌、对己的了解。

按照《中国注册会计师审计准则第 1211 号——通过了解被审计单位及其环境识别和评估重大错报风险》的规定，审计人员应该了解被审计单位及其环境、了解内部控制。通过对这些的了解，评估审计风险，制定审计计划。

一、应该了解被审计单位及其环境的以下信息

1. 相关行业状况、法律环境和监管环境及其他外部因素，包括适用的会计准则和相关会计制度。

2. 被审计单位的性质，包括经营活动、所有权和治理结构、正在实施和计划实施的投资的类型（包括对特殊目的实体的投资）、组织结构和筹资方式。了解被审计单位的性质，可以使注册会计师了解预期在财务报表中反映的各类交易、账户余额和披露。

3. 被审计单位对会计政策的选择和运用，包括变更的原因。注册会计师应当评价被审计单位的会计政策是否适合其经营活动，并与适用的会计准则和相关会计制度、相关行业使用的会计政策保持一致。

4. 被审计单位的目标、战略以及可能导致重大错报风险的相关经营风险。

5. 对被审计单位财务业绩的衡量和评价。

二、应该了解内部控制情况

对内部控制的了解包括了解控制环境、风险评估、控制活动、信息与沟通和内部监

督等几个方面的情况。

良好的内部控制制度可能意味着被审计单位较高的管理水平，意味着较低的审计风险。当然，如果管理层凌驾于控制之上，无论多高明的内部控制制度，也可能无法防止、发现和纠正舞弊风险。

第三节　风险评估程序和相关活动

关于风险评估相关活动，中国注册会计师审计准则及指南给出了详尽的指导和建议。

按照《中国注册会计师审计准则第 1211 号——通过了解被审计单位及其环境识别和评估重大错报风险》的规定，注册会计师应当在财务报表层次和各类交易、账户余额、披露的认定层次识别和评估由于舞弊导致的重大错报风险。

在识别和评估由于舞弊导致的重大错报风险时，注册会计师应当基于收入确认存在舞弊风险的假定，评价哪些类型的收入、收入交易或认定导致舞弊风险。如果认为收入确认存在舞弊风险的假定不适用于业务的具体情况，从而未将收入确认作为由于舞弊导致的重大错报风险领域，注册会计师应当按照规定形成相应的审计工作底稿。

当按照《中国注册会计师审计准则第 1211 号——通过了解被审计单位及其环境识别和评估重大错报风险》的规定实施风险评估程序和相关活动，在了解被审计单位及其环境时，注册会计师应当实施以下审计程序，以获取用以识别由于舞弊导致的重大错报风险所需的信息。

（1）询问相关人员。

（2）分析程序。

（3）观察和检查。

观察和检查程序可以支持对管理层和其他相关人员的询问结果，并可以提供有关被审计单位及其环境的信息，注册会计师应当实施下列观察和检查程序。

①观察被审计单位的经营活动。例如，观察被审计单位人员正在从事的生产活动和内部控制活动，增加注册会计师对被审计单位人员如何进行生产经营活动及实施内部控制的了解。

②检查文件、记录和内部控制手册。例如，检查被审计单位的经营计划、策略、章程，与其他单位签订的合同、协议，各业务流程操作指引和内部控制手册等，了解被审计单位组织结构和内部控制制度的建立健全情况。

③阅读由管理层和治理层编制的报告。例如，阅读被审计单位年度和中期财务报告，股东大会、董事会会议、高级管理层会议的会议记录或纪要，管理层的讨论和分析

资料，对重要经营环节和外部因素的评价，被审计单位内部管理报告以及其他特殊目的的报告（如新投资项目的可行性分析报告）等，了解自上一期审计结束至本期审计期间被审计单位发生的重大事项。

④实地察看被审计单位的生产经营场所和厂房设备。现场访问和实地察看被审计单位的生产经营场所和厂房设备，可以帮助注册会计师了解被审计单位的性质及其经营活动。在实地察看被审计单位的厂房和办公场所的过程中，注册会计师有机会与被审计单位管理层和担任不同职责的员工进行交流，可以增强注册会计师对被审计单位的经营活动及其重大影响因素的了解。

⑤追踪交易在财务报告信息系统中的处理过程（穿行测试）。这是注册会计师了解被审计单位业务流程及其相关控制时经常使用的审计程序。通过追踪某笔或某几笔交易在业务流程中如何生成、记录、处理和报告，以及相关控制如何执行，注册会计师可以确定被审计单位的交易流程和相关控制是否与之前通过其他程序所获得的了解一致，并确定相关控制是否得到执行。

（4）职业怀疑。

按照《中国注册会计师审计准则第 1101 号——注册会计师的总体目标和审计工作的基本要求》的规定，注册会计师应当在整个审计过程中保持职业怀疑，认识到存在由于舞弊导致的重大错报的可能性，而不应受到以前对管理层、治理层正直和诚信形成的判断的影响。

除非存在相反的理由，注册会计师可以将文件和记录作为真品。但如果在审计过程中识别出的情况使注册会计师认为文件可能是伪造的或文件中的某些条款已发生变动但未告知注册会计师，注册会计师应当进一步调查。

如果管理层或治理层对询问的答复相互之间不一致或与其他信息不一致，注册会计师应当对这种不一致加以调查。

（5）项目组内部的讨论。

按照《中国注册会计师审计准则第 1211 号——通过了解被审计单位及其环境识别和评估重大错报风险》的规定，项目组成员之间应当进行讨论，并由项目合伙人确定将哪些事项向未参与讨论的项目组成员通报。

项目组内部讨论的重点应当包括财务报表易于发生由于舞弊导致的重大错报的方式和领域，包括舞弊可能如何发生。

内部讨论有三个作用：①集合团队智慧和经验，扫描风险领域；②信息共享，审计团队成员在讨论过程中，能更加充分地分享信息，增加对被审计单位的了解；③统一团队思路。

在讨论过程中，项目组成员不应假定管理层和治理层是正直和诚信的。

第四节　恰当应对舞弊风险

在针对评估的由于舞弊导致的财务报表层次重大错报风险确定总体应对措施时，注册会计师应当做到以下几点。

（1）在分派和督导项目组成员时，考虑承担重要业务职责的项目组成员所具备的知识、技能和能力，并考虑由于舞弊导致的重大错报风险的评估结果，分派具有专业胜任能力的人员。

（2）评价被审计单位对会计政策（特别是涉及主观计量和复杂交易的会计政策）的选择和运用，是否可能表明管理层通过操纵利润对财务信息作出虚假报告。

【案例9-3】施工企业可能存在的会计制度错误

实践中部分施工企业收入按所开发票确认，这不符合收入准则的要求。这往往伴随着会计制度的选择错误，会存在故意调节报表、拦截收入、转移资金等各种各样的问题。

（3）在选择审计程序的性质、时间安排和范围时，增加审计程序的不可预见性。

审计程序的不可预见性，是指让被审计单位的有关人员对审计人员行动不可预见，否则，被审计单位对审计人员的每一行动都掌握，都能有所准备、有所应对，审计人员则无从控制审计风险。

【案例9-4】被利用的套路

A公司的上百家销售公司，利用审计盘查存在的固有缺陷（各个会计师事务所的要求一般是抽查比例为30%以上），虚开了数额巨大的货物出库单和销售发票，将仓库的存货清零（实际上这些货物期末时仍在公司仓库里），使之不被列入审计人员的存货抽盘范围。而审计人员也果然中了圈套，一看账面存货极少或者为零，就没有严格履行存货监盘、抽盘程序，导致审计失败。

在本案例中，审计人员的审计程序对于被审计单位人员来讲，不具有不可预见性，对于审计人员的"套路"，被审计单位都清楚。或者审计人员本身就没有让审计程序"不可预见"的意识，结果只能是失败了。

（4）审计人员应当设计和实施进一步审计程序，审计程序的性质、时间安排和范围应当能够应对评估的由于舞弊导致的认定层次重大错报风险。例如，针对由于舞弊导致的认定层次重大错报风险，注册会计师应当考虑实施函证程序以获取更多的相互印证的信息。

【案例 9-5】对风险的无效应对

RH 会计师事务所对 A 上市公司 2013 年及 2014 年财务报表进行审计时，将存货评估为存在舞弊风险，将存货和营业成本评估为存在重大错报风险，并将存货评估为存在特别风险。

但是，实际执行的审计程序不能有效应对所评估的风险。

其一，盘点程序不到位。审计人员在监盘过程中，在 A 上市公司的存货密集堆放，各垛物品间没预留可查看空间的情况下，只对顶层、侧面以及外围的存货进行抽样检查，未对垛中心存货进行检查。

其二，账账核对程序没有执行。RH 会计师事务所在总体审计策略中提出，核对库房进销存账与财务账是否一致，但实际未执行。

其三，对函证过程没有控制。RH 会计师事务所将向销售客户的询证函交由 A 上市公司的工作人员代发。A 上市公司工作人员将询证函替换为新年贺卡寄送给外国客户，并把询证函另外邮寄给外国朋友，请其伪造客户签字后将虚假回函寄回 RH 会计师事务所。RH 会计师事务所未对函证保持控制，未充分关注函证回函的疑点，未能发现 A 上市公司以虚增出口销售单价方式虚增利润的行为。

以上案例说明 RH 会计师事务所虽然评估出了风险，但是有关审计程序或者没有执行，或者执行不到位，或者违反了审计程序执行要求，导致审计失败。

（5）考虑管理层凌驾于控制之上的风险。

管理层处于实施舞弊的独特地位，其原因是管理层有能力通过凌驾于控制之上操纵会计记录并编制虚假财务报表，使这些控制看似在有效运行。

尽管管理层凌驾于控制之上的风险水平因被审计单位而异，但所有被审计单位都存在这种风险。

由于管理层凌驾于控制之上的行为发生方式不可预见，这种风险属于由于舞弊导致的重大错报风险，从而也是一种特别风险。

（6）基本审计程序。

无论对管理层凌驾于控制之上的风险的评估结果如何，审计人员都应当设计和实施审计程序，用于以下目的。

①测试日常会计核算过程中编制的会计分录以及编制财务报表过程中做出的其他调整是否适当。

②复核会计估计是否存在偏向，并评价产生这种偏向的环境是否表明存在由于舞弊导致的重大错报风险。

③对于超出被审计单位正常经营过程的重大交易，或基于对被审计单位及其环境的

了解以及在审计过程中获取的其他信息而显得异常的重大交易，评价其商业理由（或缺乏商业理由）是否表明被审计单位从事交易的目的是对财务信息作出虚假报告或掩盖侵占资产的行为。

④应当评价在临近审计结束时实施的分析程序，是否表明存在此前尚未识别的由于舞弊导致的重大错报风险。

（7）审计发现错报或舞弊的处理。

如果识别出某项错报，审计人员应当评价该项错报是否表明存在舞弊。

如果存在舞弊的迹象，鉴于舞弊不太可能是孤立发生的事项，审计人员应当评价该项错报对审计工作其他方面的影响，特别是对管理层声明可靠性的影响。

如果识别出某项错报，并有理由认为该项错报是或可能是由于舞弊导致的，且涉及管理层，特别是涉及较高层级的管理层，无论该项错报是否重大，审计人员都应当重新评价对由于舞弊导致的重大错报风险的评估结果，以及该结果对旨在应对评估的风险的审计程序的性质、时间安排和范围的影响。

在重新考虑此前获取的审计证据的可靠性时，审计人员还应当考虑相关的情形是否表明可能存在涉及员工、管理层或第三方的串通舞弊。

如果确认财务报表存在由于舞弊导致的重大错报，或无法确定财务报表是否存在由于舞弊导致的重大错报，审计人员应当评价这两种情况对审计结论的影响。

第十章
舞弊风险因素

舞弊通常都很隐蔽，因而发现舞弊相对困难。然而，审计人员应识别出表明可能存在舞弊的动机或压力，或者为实施舞弊提供机会的事项或情况（舞弊风险因素）。

第一节　与编制虚假财务报告导致的错报相关的舞弊风险因素

一、动机或压力

（1）动机或压力的概念。

"不图三分利，不起早五更。"这句话就是对动机的表述。对舞弊风险因素的分析，也就是要分析探索对被审计单位管理层来说的"三分利"是什么。

①为满足第三方的预期以获得额外的权益性融资，可能产生实施舞弊的压力。

实践中，很多的舞弊案例都源于这个动机或者叫作压力。

②达到不切实际的利润目标可以获得大额奖金，可能是实施舞弊的动机。

（2）与舞弊动机或压力有关的法规示例。

某上市公司舞弊的动机或压力主要来自上市可以获得融资，但是上市或者不被退市要满足一定的条件，如下。

①《上海证券交易所股票上市规则》（2020年12月修订）13.2.1。上市公司出现下列情形之一的，本所决定终止其股票上市：

（一）在本所仅发行A股股票的上市公司，连续120个交易日通过本所交易系统实现的累计股票成交量低于500万股，或者连续20个交易日的每日股票收盘价均低于人民币1元；

（二）在本所仅发行B股股票的上市公司，连续120个交易日通过本所交易系统实现的累计股票成交量低于100万股，或者连续20个交易日的每日股票收盘价均低于人民币1元；

（三）在本所既发行 A 股股票又发行 B 股股票的上市公司，其 A、B 股股票的成交量或者收盘价同时触及本条第（一）项和第（二）项规定的标准；

（四）上市公司股东数量连续 20 个交易日（不含公司首次公开发行股票上市之日起 20 个交易日）每日均低于 2 000 人；

（五）上市公司连续 20 个交易日在本所的每日股票收盘总市值均低于人民币 3 亿元；

（六）本所认定的其他情形。

前款规定的交易日，不包含公司股票全天停牌日。

②《公司债券发行与交易管理办法》第十八条。资信状况符合以下标准的公司债券可以向公众投资者公开发行，也可以自主选择仅面向合格投资者公开发行：（一）发行人最近三年无债务违约或者迟延支付本息的事实；（二）发行人最近三个会计年度实现的年均可分配利润不少于债券一年利息的 1.5 倍；（三）债券信用评级达到 AAA 级；（四）中国证监会根据投资者保护的需要规定的其他条件。

③《首次公开发行股票并上市管理办法》第二十六条。发行人应当符合下列条件：

（一）最近 3 个会计年度净利润均为正数且累计超过人民币 3 000 万元，净利润以扣除非经常性损益前后较低者为计算依据；（二）最近 3 个会计年度经营活动产生的现金流量净额累计超过人民币 5 000 万元；或者最近 3 个会计年度营业收入累计超过人民币 3 亿元；（三）发行前股本总额不少于人民币 3 000 万元；（四）最近一期末无形资产（扣除土地使用权、水面养殖权和采矿权等后）占净资产的比例不高于 20%；（五）最近一期末不存在未弥补亏损。

实践中，很多上市公司舞弊案例的压力主要来自满足有关证券法规的要求以达到不被退市或者符合融资条件。

非上市公司也存在完成考核指标的压力，如果不能完成考核指标，可能会影响管理层有关人员的年薪、考核、晋升等利益，故也存在操纵财务报表造假的可能性。

【案例 10-1】A 公司财务造假案

某上市公司进行资产重组，重组完成后更名为 A 公司，该公司由此成为上市公司全资子公司。重组协议约定，A 公司在 2011 至 2014 年度实际净利润应不低于预测水平，否则 A 公司原股东需向 B 公司原股东进行补偿。经查，为保证业绩承诺完成，A 公司以少计主营业务成本、销售费用等方式，在 2013 年、2014 年合计虚增利润 1.98 亿元。

"重组协议约定，A 公司在 2011 年至 2014 年度实际净利润应不低于预测水平，否则 A 公司原股东需向 B 公司原股东进行补偿。"就是 A 公司进行财务造假的动机或压力。

【案例 10-2】JY 科技财务造假案

证监会调查发现，JY 科技为达到上市条件，通过虚构客户、虚构业务、伪造合同、虚构回款等方式虚增收入和利润，骗取 IPO 核准。其中 2016 年、2017 年 1 月至 6 月虚增利润金额分别达到 3 736 万元、2 287 万元，分别占当期公开披露利润的 85%、109%。

"JY 科技为达到上市条件"为 JY 科技进行财务造假的动机。

【案例 10-3】KM 机床厂财务造假案

自 2012 年起，国内机床工具行业便承受空前的下行压力，在此背景下，KM 机床厂也持续面临经营业绩大幅下滑、管理成本居高不下、产品结构调整缓慢、历史包袱重大等经营困境。为了避免退市，时任董事长王某主导策划并组织实施了一系列的财务造假行为。

2017 年 3 月 20 日，KM 机床厂发布《关于在 2016 年年度报告审计过程中发现以往年度可能涉嫌财务违规的重大风险公告》，称公司可能涉嫌财务违规，同时控股子公司存在多账套及票据涂改等问题。

"自 2012 年起，国内机床工具行业便承受空前的下行压力，在此背景下，KM 机床厂也持续面临经营业绩大幅下滑、管理成本居高不下、产品结构调整缓慢、历史包袱重大等经营困境。为了避免退市"是 KM 机床厂进行财务造假的动机或压力。

【案例 10-4】YBT 股份财务造假案

YBT 股份受宏观经济及下游行业需求放缓、市场竞争更加激烈等因素的影响，2014 年经营业绩不甚理想，净利润较前期大幅下滑。

在此背景下，2015 年 9 月 YBT 股份以 27 亿元估值借壳 ZL 电气，并做出业绩承诺：2015 年、2016 年、2017 年扣非净利润不低于 2.55 亿元、3.61 亿元和 4.71 亿元。

为完成业绩承诺，YBT 股份于 2015 年至 2016 年 9 月通过虚构境外工程项目、虚构国际贸易和境内贸易等手段，累计虚增营业收入约 5.8 亿元，虚增利润近 2.6 亿元，其中 2015 年虚增利润占当期利润总额约 73%。

为了完成业绩承诺，YBT 股份虚增收入，否则要用股份进行赔偿，这是 YBT 股份舞弊的动机或压力之一。

（3）上市公司可能存在的舞弊动机示例如下。

①上市公司财务稳定性或盈利能力受到以下经济环境、行业状况或经营情况的威胁，上市公司为了保壳、避免退市或被进行退市风险警示，往往会通过造假的方式来使

得自己"盈利"。

a. 竞争激烈或市场饱和，且伴随着利润率的下降。

b. 难以应对技术变革、产品过时、利率调整等因素的急剧变化。

c. 客户需求大幅下降，所在行业或总体经济环境中经营失败的情况增多。

d. 经营亏损使被审计单位可能破产、丧失抵押品赎回权或遭恶意收购。

e. 新发布的会计准则、法律法规或监管要求。

②管理层为满足第三方要求或预期而承受过度的压力，这些压力来源于以下方面。

a. 投资分析师、机构投资者、重要债权人或其他外部人士对盈利能力或增长趋势存在预期（特别是过分激进的或不切实际的预期），包括管理层基于过于乐观的新闻报道和年报信息中作出的预期。

b. 需要进行额外的举债或权益融资以保持竞争力，包括为重大研发项目或资本性支出融资。

c. 满足交易所的上市要求、偿债要求或其他债务合同要求的能力较弱。

d. 报告较差财务成果将对正在进行的重大交易（如企业合并或签订合同）产生可察觉的或实际的不利影响。

③获取的信息表明，由于下列原因，管理层或治理层的个人财务状况受到被审计单位财务业绩的影响。

a. 在被审计单位中拥有重大经济利益。

b. 其报酬中有相当一部分（如奖金、股票期权、基于盈利能力的支付计划）取决于被审计单位能否实现激进的目标（如在股价、经营成果、财务状况或现金流量方面的目标）。

c. 个人为被审计单位的债务提供了担保。

d. 管理层或经营者为实现治理层制定的财务目标（包括销售收入或盈利能力等激励目标）而承受过度的压力。

④以下明显不良企图。

a. 大股东或一致行动人、高管、战略投资者减持股票。

b. 炒股票，公司配合主力通过操纵股价来获得收益。

二、机会

以下为编制虚假财务报告舞弊可能的机会因素。

（1）被审计单位所在行业或其业务的性质为编制虚假财务报告提供了机会，这种机会可能来源于以下几个方面。

①从事超出正常经营过程的重大关联方交易，或者与未经审计或由其他会计师事务所审计的关联企业进行重大交易。

②被审计单位具有强大的财务实力或能力，使其在特定行业中处于主导地位，能够对与供应商或客户签订的条款或条件作出强制规定，从而可能导致不适当或不公允的交易。

③资产、负债、收入或费用建立在重大估计的基础上，这些估计涉及主观判断或不确定性，难以印证。

④从事重大、异常或高度复杂的交易（特别是临近期末发生的复杂交易，对该交易是否按照"实质重于形式"原则处理存在疑问）。

⑤在经济环境及文化背景不同的国家或地区从事重大经营或重大跨境经营。

⑥利用商业中介，而此项安排似乎不具有明确的商业理由。

⑦在属于"避税天堂"的国家或地区开立重要银行账户或者设立子公司或分公司进行经营，而此类安排似乎不具有明确的商业理由。

（2）对管理层的监督由于以下原因失效。

①管理层由一人或少数人控制（在非业主管理的实体中），且缺乏补偿性控制。

②治理层对财务报告过程和内部控制实施的监督无效。

（3）组织结构复杂或不稳定，体现在以下几个方面。

①难以确定对被审计单位持有控制性权益的组织或个人。

②组织结构过于复杂，存在异常的法律实体或管理层级。

③高级管理人员、法律顾问或治理层频繁更换。

（4）内部控制要素由于以下原因存在缺陷。

①对控制的监督不充分，包括自动化控制以及针对中期财务报告（如要求对外报告）的控制。

②由于会计人员、内部审计人员或信息技术人员不能胜任而频繁更换。

③会计系统和信息系统无效，包括内部控制存在值得关注的缺陷的情况。

三、态度或借口

态度是人们在自身道德观和价值观基础上对事物的评价和行为倾向。

借口：（1）以（某事）为理由（非真正的理由）；（2）假托的理由。

说到审计，可以通过被审计单位有关管理层对待事务的行为倾向，评估审计风险。

【案例 10-5】瑞幸咖啡股东及高层的态度

关于态度或者借口的风险因素，瑞幸咖啡仍旧是一个典型的案例。我们继续来看浑水做空报告中的相关内容。

危险信号 1：神州租车陷阱。瑞幸集团董事长陆正耀和同一批关系密切的私募股权投资者从神州租车套现 16 亿美元，而导致少数股东损失惨重。

　　危险信号2：通过收购宝沃汽车，陆正耀转移了1.37亿元人民币给其关联方（朋友兼同学）王百因。宝沃、神州以及王百因将在未来12个月内向北京汽车集团有限公司支付59.5亿元人民币。王百因拥有一家新成立的咖啡机供应商，该供应商位于瑞幸总部隔壁。

　　危险信号3：瑞幸咖啡的独立董事邵孝恒曾是一些在美国上市的非常可疑的中国公司的董事，这些公司的公开投资者蒙受了重大损失。

　　危险信号4：瑞幸咖啡的联合创始人兼首席营销官杨飞曾是北京口碑互动营销策划有限公司（以下简称"口碑公司"）的联合创始人兼总经理，曾因非法经营罪被判处18个月监禁。之后口碑公司与北京氢动益维科技股份有限公司（以下简称"氢动益维"）成为关联方。氢动益维是神州租车的分支机构，并且正在与瑞幸进行关联方交易。

　　以上选自《瑞幸遭做空报告全文：欺诈＋基本崩溃的业务》，一系列的不良记录说明了有关股东、董事及高管等一向的"态度"，进而说明了瑞幸咖啡很可能存在的舞弊，即这些股东、董事及高管的历史记录显示的"态度"就是舞弊的风险因素。

【案例10-6】某企业管理层对内审与财务不重视的态度

　　某企业的有关领导对财务工作一向不重视，常说的话就是："你们财务部门没有什么，是业务人员在养着你们，你们要摆正你们的位置。"所以，财务人员一向不认为自己有地位，对工作一向糊弄，并不在乎会计工作质量，不在乎会计核算是否完整正确、是否符合会计制度、是否账实相符。

　　审计发现，该公司货币资金存在几亿元的账实不符、缺口挂账的情况，大量的未达账项混乱不清，存在严重虚增收入的情况。

　　有关领导的"态度"导致财务工作很可能存在严重问题，领导的"态度"，就是舞弊存在的风险因素。

以下为与管理层态度或借口相关的风险因素。

（1）管理层未能有效地传递、执行、支持或贯彻被审计单位的价值观或道德标准，或传递了不适当的价值观或道德标准。

（2）非财务管理人员过度参与或过于关注会计政策的选择或重大会计估计的确定。

（3）被审计单位、高级管理人员或治理层存在违反证券法或其他法律法规的历史记录，或由于舞弊或违反法律法规而被指控。

（4）管理层过于关注保持或提高被审计单位的股票价格或利润趋势。

（5）管理层向分析师、债权人或其他第三方承诺实现激进的或不切实际的预期。

（6）管理层未能及时纠正发现的值得关注的内部控制缺陷。

（7）为了避税，管理层表现出有意通过使用不适当的方法使报告利润最小化。

（8）高级管理人员缺乏士气。

（9）业主兼经理未对个人事务与公司业务进行区分。

（10）股东人数有限的被审计单位股东之间存在争议。

（11）管理层总是试图基于重要性原则解释处于临界水平的或不适当的会计处理。

（12）管理层与现任或前任注册会计师之间的关系紧张，表现为以下几个方面。

①在会计、审计或报告事项上经常与现任或前任注册会计师产生争议。

②对注册会计师提出不合理的要求，如对完成审计工作或出具审计报告提出不合理的时间限制。

③对注册会计师接触某些人员、信息或与治理层进行有效沟通施加不适当的限制。

④管理层对注册会计师表现出盛气凌人的态度，特别是试图影响注册会计师的工作范围，或者影响对执行审计业务的人员或被咨询人员的选择和保持。

第二节　与侵占资产导致的错报相关的舞弊风险因素

根据舞弊发生时通常存在的三种情况，与侵占资产导致的错报相关的舞弊风险因素也分为三类：动机或压力、机会、态度或借口。当发生由于侵占资产导致的错报时，可能同时存在一些与编制虚假财务报告导致的错报相关的舞弊风险因素。

以下列示了与侵占资产导致的错报相关的舞弊风险因素。

一、动机或压力

（1）如果接触现金或其他易被侵占（通过盗窃）资产的管理层或员工负有个人债务，可能会产生侵占这些资产的压力。

（2）接触现金或其他易被盗窃资产的员工与被审计单位之间存在的紧张关系可能促使这些员工侵占资产。例如，以下几种情形可能产生紧张关系。

①已知或预期会发生裁员。

②近期或预期员工报酬或福利计划会发生变动。

③晋升、报酬或其他奖励与预期不符。

以上内容摘自注册会计师审计准则指南。实践中，实施严重的侵占资产舞弊的个人可能不负个人债务，与单位没有什么紧张关系，很可能是职务级别很高的人员。他们有很高的职级、拥有很好的个人收入、拥有优越的家庭经济环境，导致他们侵占单位资产舞弊的动机很可能不是债务或者与单位关系紧张，而是与生俱来的贪念。他们的舞弊行为造成的损失，一般要比低层员工的舞弊造成的损失严重得多。

二、机会

人性很可能经不起诱惑，舞弊的机会多了，舞弊的可能性就大了。审计人员在审计过程中，要了解被审计单位的管理架构、内部控制制度、财产管理等情况，关注有无舞弊的机会，评估舞弊的风险。

（1）资产的某些特性或特定情形可能增加其被侵占的可能性。例如，当存在下列资产时，舞弊的机会将增加。

①持有或处理的大额现金。

②体积小、价值高或需求较大的存货。

③易于转手的资产，如无记名债券、钻石或计算机芯片。

④体积小、易于销售或不易识别所有权归属的固定资产。

（2）与资产相关的不恰当的内部控制可能增加资产被侵占的可能性。例如，以下情形可能导致资产被侵占。

①职责分离或独立审核不充分。

②对高级管理人员的支出（如差旅费及其他报销费用）的监督不足。

③管理层对负责保管资产的员工的监管不足（如对保管处于偏远地区的资产的员工监管不足）。

④对接触资产的员工选聘不严格。

⑤对资产的记录不充分。

⑥对交易（如采购）的授权及批准制度不健全。

⑦对现金、投资、存货或固定资产等的实物保管措施不充分。

⑧未对资产进行完整、及时的核对调节。

⑨未对交易进行及时、适当的记录（如销货退回未进行冲销处理）。

⑩对处于关键控制岗位的员工未实行强制休假制度。

⑪管理层对信息技术缺乏了解，从而使信息技术人员有机会侵占资产。

⑫对自动生成的记录的访问控制（包括对计算机系统日志的控制和复核）不充分。

【案例 10-7】兄弟带来的机会："强悍"的保安

> 无效的控制环境可能产生实施舞弊的机会。
>
> 某工厂传达室保安人员通过卖废旧品，年收入超过一百万元。原因为该保安是总经理的亲大哥，该工厂的一切内部控制在该总经理面前都失效。凌驾于内部控制之上的总经理弟弟，就是保安哥哥的"机会"。

【案例 10-8】从某基建审计项目中发现的资产侵占

> 某基建项目的投资达几十亿元，审计人员自然认识到，对于如此大规模的

工程项目，很可能存在贪污挪用的舞弊行为。所以，审计人员对很可能产生舞弊的环节都进行了关注。对于工程项目来说，收入很少，主要是支出，支出是不是真实、是不是公允，就是审计求证的关键。而工程造价是否公允，是工程师要干的活。财务审计主要关注工程之外的其他财务支出是否真实、合法、相关。审计人员在审计过程中了解到，工程项目也不是绝对没有收入，是有收入的，即工程进行过程中的报废物资收入。审计人员分析，这个收入不是常规的收入，很可能没有严格的内部控制制度，而内部控制制度不严格，则存在很大的"跑冒滴漏"的可能性。

审计人员检查有关内部控制制度，发现该工程果然没有与报废物资管理相关的内部控制制度。

审计人员进一步调查有关报废物资的处理过程、管理部门等，发现有关收入达到 3 000 多万元，但没有入账，形成账外小金库。

针对报废物资的内部控制制度缺失，就是相关人员舞弊的机会。这很可能也是实践中一些单位和个人对完善内部控制态度不积极的原因。

三、态度或借口

态度或借口的主要表现如下。

（1）忽视监控或降低与侵占资产相关的风险的必要性。

（2）忽视与侵占资产相关的内部控制，如凌驾于现有的控制之上或未对已知的内部控制缺陷采取适当的补救措施。

（3）被审计单位人员的行为表明其对被审计单位感到不满，或对被审计单位对待员工的态度感到不满。

（4）被审计单位人员在行为或生活方式方面发生的变化可能表明资产已被侵占。

（5）容忍小额盗窃资产的行为。

【案例 10-9】不许财务人员将账做明白的领导

笔者曾受托对某国企进行专项审计，审计发现财务账面一团乱，很难搞清来龙去脉。询问会计，会计回答："领导不许做明白。"如果会计想将账做明白，领导会问："你做明白了想干什么？给我记黑账、整我？记着，我可以让你随时下岗。"

领导的态度说明这个公司存在舞弊风险，而领导进监狱的事实，已经证明了存在舞弊的事实。

第三节　编制虚假财务报告与侵占资产的关系

编制虚假财务报告与侵占资产有时是相互联系的。很多时候侵占资产的相关人员要通过做假账的手段来掩饰，让审计人员或者其他相关人员不能发现破绽；而编制虚假财务报告除了粉饰外，最终目标就是侵占资产。小到几百上千元的假发票套现，大到上市公司舞弊，基本逻辑莫不如是。

例如，多起上市公司造假案的主要流程就是通过编制虚假财务报告达到上市或者保持不被退市的目的，从而能够在股市上募集资金，控股股东或者关联方再通过各种方式占用资金、转移资金等，达到侵占资产的目的。

审计实践中发现，非上市公司同样存在有组织地进行侵占资产的舞弊案例。例如，下属若干三产、集体企业等名目的企业，账面上没有任何关联关系，实际上其与主业"一套人马多块牌子"，甚至将主业的资产、业务渐渐转入这些附属企业，由少数高管占有。但是，从报表上来看，都是"合法"的，非上市公司与这些企业表面上看没有任何关联关系，与这些下属企业交易所应具备的凭证也是一应俱全，做足了功课。

所以，在审计中，针对编制虚假财务报告与侵占资产两种舞弊，不应该作为两个截然分开的事物分别处理，而应该作为舞弊的两个方面综合评估风险，有针对性地采取审计措施应对审计风险、控制审计风险。

【案例 10-10】ZBW 公司侵占资产案例

有些企业利用对外投资或联营的名义，将企业的资金、资产转出，然后不将从接受资金、资产受益方收取的利息或投资收益入账，不确认投资收益。ZBW 公司于 20×4 年将 3 644 万元资金投入证券市场，共获投资收益 4 504 万元，对于以上投资及收益，ZBW 公司未对外披露。

收益不入账、不披露，说明报表虚假；收益不入账，脱离会计系统监控，则资产被侵占甚至私吞的可能性就很大了。

【案例 10-11】KDCX 公司挪用资产

2003 年 6 月，KDCX 公司投入 3 000 万元（占 2002 年年末净资产的18%），与深圳市 DCA 投资公司签订《资产委托管理合同》，根据 ×× 省公安厅经济犯罪侦查队于 2004 年 3 月 22 日出具的《"12·17"案件涉案资金情况说明》，该项委托理财金已被挪用，涉嫌犯罪人正是 KDCX 公司的总裁陆某和财务总监张某。

第十一章
编制虚假财务报告舞弊风险的应对

从审计实践来看，财务报告舞弊的损失一般远比侵占资产舞弊的损失严重，而通过财务报告舞弊实现侵占资产的目的的舞弊，其损失要远大于普通员工利用内部控制漏洞侵占资产，所以，本节主要以财务报告舞弊为例分析如何进行审计应对。

简单的财务报告舞弊，通过会计核算编制虚假财务报告。如某国企通过货币资金不入账、预收账款不转收入的形式隐藏利润；某国企通过下年收入提前入账的方式调节利润；某上市公司直接开发票，实现没有任何出入库手续的收入造假等。对于这些造假行为，可以通过检查凭证等发现，审计相对容易。

相对难以发现的舞弊，是组织通过虚构的或者真实的供应商和客户，或者明显的或者隐蔽的关联方，有看起来"真实"的资金流和物流，产、供、销过程完全符合内部控制有关规定，使审计人员难以发现破绽的造假。假的就是假的，过于逼真的造假必然在假的交易基础上，发生真实的税金以及其他造假成本，虚构的繁荣无法长期支撑这些真金白银的造假成本，破绽一定会有的，就看审计人员能否有发现破绽的眼睛。

不同的单位，不同的行业，不同的业务，不同的人，可能存在各种不同的舞弊动机或压力、机会、态度和借口，有各种不同的舞弊方式。本节将分析审计实践中一些典型舞弊案例，但不是全部的舞弊表现形式。审计中，需要审计人员根据被审计单位和业务的实际情况，分析评估可能存在的舞弊形式。

第一节　可能涉及舞弊的客户与供应商的身份识别

从若干造假案例来看，舞弊组织（涉及舞弊行为的单位可能是上市公司、非上市公司、行政事业单位或者其他组织，为表述方便，将存在舞弊行为的单位统称为舞弊组织）编制虚假财务报告可能通过虚构客户、供应商来进行，也可能利用能够控制的关联方来进行，也可能通过真实的客户和供应商来进行，也可能利用或者真实或者虚构的境外供应商和客户来进行，也可能同时利用前述几类客户或者供应商进行。

一、虚构客户和供应商

舞弊组织在虚构交易时，很可能成立一些空壳公司进行造假，如绿大地使用其员工或亲属的名义注册一些空壳公司并开立银行账户，这类空壳公司几乎没有正常的业务，其存在的价值就是在舞弊组织虚构经济业务造假过程中扮演客户或供应商的角色。由于这些空壳公司的公章、账簿等实际掌控在舞弊组织手中，所以造假极为便利。由于空壳公司的人员、注册资金、联系方式等各方面与舞弊组织存在较为明显的关联，加上业务比较单一，所以空壳公司与舞弊组织间的交易很容易被识别或者被认定为关联方交易。

【案例 11-1】 虚构法人客户造假的案例

案例 1：TFJN 公司虚构客户造假案

2010 年至 2012 年，TFJN 公司通过虚构客户、虚构销售业务等手段，虚构客户 103 家，包括 6 个自然人客户，虚增销售收入三年共计 9 256 万元，其中个人客户为 484 万元。

LAD 会计师事务所 2010 年函证的 20 家应收账款客户中有 1 家为虚假客户（即 TFJN 公司虚构的客户），10 家存在虚假销售（即 TFJN 公司以该客户名义虚构销售），IPO 审计工作底稿中留存了此 11 家客户中 7 家的询证函回函。2010 年，TFJN 公司虚增对上述 11 家客户的销售收入 1 079.61 万元，利润 390.49 万元，占当期利润总额的 13.47%。LAD 会计师事务所 2012 年函证的 51 家应收账款客户中有 5 家为虚假客户，2 家存在虚假销售，IPO 审计工作底稿中留存了这 7 家客户的询证函回函。2012 年，TFJN 公司虚增对上述 7 家客户的销售收入 495.64 万元，利润 165.15 万元，占当期利润总额的 2.33%。

LAD 会计师事务所人员所获取的多份客户回函寄件人姓名不同，但联系电话相同。该联系电话实际为 TFJN 公司销售员工的号码。LAD 会计师事务所未对函证保持控制，未充分关注函证回函的疑点，未能发现 TFJN 公司以虚构客户方式虚增收入的行为。

以上案例说明了什么？说明审计人员若控制函证过程，是能够发现虚构客户的舞弊行为的。

案例 2：绿大地造假案

绿大地共计注册过 35 家关联公司。这些关联公司有的是绿大地收购的公司，如鑫景园艺；有的是在绿大地公司员工不知情的情况下，使用公司员工的身份证注册的公司；甚至有关管理人员的保姆也在不知情的情况下，被冒名注册了公司。

通过实际控制的云南红星投资有限公司、昆明晓林园艺工程有限公司等35家公司，绿大地通过资金循环的方式，编造自己所需要的财务数据。一般的操作方法是：以土地款、灌溉系统工程款等各种名义转出资金，利用控制的账户流转资金，资金最终回到绿大地。

【案例 11-2】虚构自然人客户造假的案例

XDD 主要是通过虚构自然人客户的方式虚增销售收入，在 2009 年至 2011 年的前十大客户名单中，其自然人客户的单一销售金额非常高，为数十万元至 800 万元。其中，2010 年和 2011 年，XDD 的第一大客户林某，三年累计实现的销售金额高达 1 474 万元。在 XDD 的招股说明书中，林某为一家名为"广东粤青农副产品贸易有限公司"的法人代表，但是通过多方查询，无法找到此人。

为应对虚构客户身份的风险，审计人员可以选择以下审计程序。

（1）函证。审计人员注意控制函证过程，并关注有无异常，如不同客户或者供应商的联系人、联系电话相同等情况。

（2）通过企查查、天眼查等平台，查询主要客户、供应商的工商登记信息，关注有无被审计单位高管、员工等身影；分析有关工商登记信息有无异常，如营业范围是否与交易相关，通过注册资本等参数分析有关客户或供应商是否有能力与被审计单位发生账面记载的交易。

（3）关注主要客户和供应商生产经营现场，关注主要客户、供应商的生产运营情况，了解与被审计单位的交易情况，如主要商品交易量、交易价格等情况。客户为自然人的，设法找到相关自然人并进行访谈，了解有关自然人与被审计单位的交易情况，以及自然人的职业、专长等，确定是否具备与被审计单位交易的能力。

（4）关注主要客户、供应商相关资料有无矛盾或者异常，如发票、合同、工商注册资料、银行账户、招投标文件等记录的相关信息是否一致。

（5）关注其他资料有无异常信息，如被审计单位的经理办公会、董事会等会议纪要有无涉及主要客户或者供应商的信息，该信息是否说明主要客户或供应商本身存在异常。

（6）亲自去银行取得银行对账单，与账面销售回款、采购付款的银行结算凭证相核对，检查收款单位、付款单位等是否与账面一致。

（7）如果不能与至少占销售或者采购前若干名客户或者供应商取得联系，并无法确定客户或者供应商的身份无异常、交易无异常，则应考虑对审计意见的影响。

（8）实施其他审计程序。

二、或显或隐的关联方

舞弊组织在虚构交易时很可能使用实际控制人控制的关联公司，即关联方。关联方分为两类，一类是明显的关联方，另一类是隐蔽的关联方。

明显的关联方为从财务账面可以发现投资关系的关联方，如母公司、子公司、参股公司等，且被审计单位充分披露了这些关联方关系及交易。

隐蔽的关联方为账面没投资关系的关联方，而且被审计单位没有披露这些关联方，如由主要投资者个人、关键管理人员及其家庭成员控股或者控制的关联方。因为没有股权关系，这些关联方相对隐蔽，审计难以发现。无论是对于编制虚假财务报告还是侵占资产的舞弊，如何确认隐蔽的关联方，就是控制审计风险的关键点和难点。

【案例11-3】KDX同时以关联方及虚构客户造假的案例

KDX同时通过两种手段虚构收入：第一，通过关联方虚构销售业务，虚构大量应收账款；第二，通过虚构客户的采购金额进而虚构收入，并在年报中隐瞒前五大客户和供应商。

【案例11-4】通过隐蔽的关联方实施舞弊的案例

某审计组对某上市公司B公司进行经济责任审计，在审计中发现某经贸公司与B公司关系异常，主要表现在以下几个方面。

（1）在初步了解被审计单位基本情况阶段，审计组人员通过多份会议纪要了解到某经贸公司与被审计单位关系紧密，这些会议纪要很多内容都是探讨这个经贸公司的经营问题，包括日常工作的布置、主要管理人员任免事项。这说明B公司对该经贸公司存在控制权。

（2）B公司每月为经贸公司员工缴纳社会保险。

（3）审计人员到当地工商部门调阅经贸公司的工商登记资料，发现在两年前，B公司的董事长是经贸公司的法定代表人，做了工商变更，这信息也说明经贸公司两年前是B公司的关联方，但是B公司通过工商变更使关联方非关联化。

从这些信息来看，B公司对经贸公司存在控制权，但是B公司账面上没有对该经贸公司的投资，B公司也没有将该经贸公司纳入合并范围。经贸公司的存在引起了审计人员的重视，审计人员全面关注B公司与该经贸公司的交易，发现B公司存在通过与经贸公司严重不公允的关联方交易转移上市公司资产、资金的行为。

（1）隐蔽的关联方可能存在以下特征。

①交易对方曾经与公司或其主要控制人、关键管理人员等存在关联关系。

②交易对方注册地址或办公地址与公司或其集团成员在同一地点或接近。

③交易对方网站地址或其 IP 地址、邮箱域名等与公司或其集团成员相同或接近。

④交易对方名称与公司或其集团成员名称相似。

⑤交易对方主要控制人、关键管理人员或购销等关键环节的员工姓名结构与公司管理层相近。

⑥交易对方和公司之间的交易与其经营范围不相关。

⑦通过互联网难以检索到交易对方的相关资料。

⑧交易对方长期拖欠公司款项，但公司仍继续与其交易。

⑨交易对方是当年新增的重要客户或重要供应商。

（2）识别未披露关联方交易是审计人员识别未披露关联方关系的一个重要途径，未披露关联方交易通常具有以下一项或多项特征。

①交易金额通常较大，为公司带来大额利润。

②交易时间往往接近资产负债表日，发生频次较少。

③交易价格、交付方式及付款条件等商业条款往往与其他正常客户明显不同。

④交易一般不通过银行转账结算，而是采用现金交易或多方债权债务抵销方式结算。

⑤付款人与销售合同、发票所显示的客户名称不一致。

⑥与自然人发生的大额交易。

⑦与同一客户或其关联公司同时发生销售和采购业务。

⑧交易对象与交易对方的经营范围明显不符。

⑨交易规模与交易对方业务规模明显不符。

⑩合同条款明显不符合商业惯例或形式要件不齐备。

⑪实际履行情况与合同约定明显不符，如未按约定日期发货或未按结算期付款。

⑫交易形成的款项长期以债权债务形式存在，购销货款久拖不结。

⑬其他商业理由明显不充分的交易。

（3）为识别隐藏的关联方，审计人员可以选择以下审计程序。

①通过了解被审计单位及其环境识别和评估由于关联方关系及其交易导致的舞弊或错误使得财务报表存在重大错报的可能性。

②了解管理层建立的与关联方关系及其交易相关的内部控制，询问管理层和被审计单位内部的其他人员，实施其他适当的风险评估程序，以获取对相关控制的了解。

③向管理层了解被审计单位认定关联方的标准，以及审计期间存在的关联方、被审计单位和关联方之间关系的性质、关联方自上期以来发生的变化。

其中，关联方应该包括关键管理人员、主要投资者个人、与关键管理人员和主要投资者个人关系密切的家庭成员，以及这些家庭成员控制的企业。

④复核由治理层和管理层提供的所有已知关联方名称的信息，并针对信息的完整性实施下列审计程序：复核以前年度工作底稿，确认已识别的关联方名称；复核被审计单位识别关联方的程序；询问治理层和关键管理人员是否与其他单位存在隶属关系；复核投资者记录以确定主要投资者的名称；在适当情况下，从股权登记机构获取主要投资者的名单；查阅股东会和董事会的会议纪要，以及其他相关的法定记录；询问其他注册会计师或前任注册会计师所知悉的其他关联方；复核被审计单位向监管机构报送的所得税纳税申报表和其他信息。

⑤关注被审计单位披露的关联方名单与以前年度相比的变化情况，并了解变化原因，关注有无关联方非关联化的情况。

⑥关注被审计单位在本期是否与关联方发生交易，如发生，了解交易的类型、交易性质、定价政策和目的。

⑦关注主要客户和供应商以及交易量与以前年度相比的变化情况，关注有无可能存在未披露的关联方。

⑧关注显得异常的交易，考虑是否存在以前尚未识别出的关联方。这些交易主要包括：a.价格、利率、担保和付款等条件异常的交易；b.商业理由明显不合乎逻辑的交易；c.实质与形式不符的交易；d.处理方式异常的交易；e.与某些顾客或供货商进行的大量或重大交易；f.未予记录的交易。

⑨在审计过程中，审计人员实施的下列审计程序可能识别出关联方交易的存在：a.执行交易和余额的细节测试；b.复核大额或异常的交易、账户余额的会计记录，特别关注接近报告期末或在报告期末确认的交易；c.复核对债权债务关系的询证函回函，以发现担保关系和其他关联方交易；d.复核投资交易。

⑩如果识别出被审计单位超出正常经营过程的重大交易，审计人员应当向管理层询问这些交易的性质以及是否涉及关联方。

对于识别出的超出正常经营过程的重大关联方交易，审计人员应当检查相关合同或协议（如有），检查交易是否已经恰当授权和批准，进而评价。

评价交易的商业理由（或缺乏商业理由）是否表明被审计单位从事交易可能是为了对财务信息作出虚假报告或为了隐瞒侵占资产的行为；交易条款是否与管理层的解释一致；关联方交易是否已按照适用的财务报告编制基础得到恰当会计处理和披露。

⑪通过企查查、天眼查等查询平台，查询与被审计单位主要投资者个人、关键管理人员以及与被审计单位主要投资者个人和关键管理人员关系密切的家庭成员有关系的企业有哪些。这里的关系包括有关人员是这些企业的主要投资者或者高管人员。

关注以上查询到的企业是否包含在被审计单位提供的关联方清单之中。

关注被审计单位与以上查询到的企业是否存在交易，有关交易是否有正常的商业理由，有关交易的价格是否公允，与非关联方交易对比，差异是否重大。

⑫通过企查查、天眼查等查询平台，查询主要客户和供应商信息，检查主要客户和供应商有无被审计单位主要投资者个人、关键管理人员以及员工身影；检查主要客户和供应商的工商注册地址是否与被审计单位的生产经营场所相同或相近。

⑬关注主要客户和供应商生产经营现场，关注主要客户、供应商的生产运营情况，了解与被审计单位交易情况，如主要商品交易量、交易价格等情况。

⑭检查下列记录或文件，以确定是否存在管理层未识别或未向审计人员披露的关联方关系或关联方交易。

a. 实施审计程序时获取的银行询证函回函，关注其中担保事项、委托贷款等是否可能涉及关联方关系及交易。

b. 实施审计程序时获取的律师询证函回函。

c. 股东会和治理层会议的纪要。例如，被审计单位的经理办公会、董事会等会议纪要有无涉及主要客户或者供应商的信息，该信息是否说明主要客户或供应商很可能是关联方。

审计人员认为必要的其他记录或文件。

⑮如果识别出下列情形，判断是否存在具有支配性影响的关联方。

a. 疑似关联方否决管理层或治理层做出的重大经营决策，或者管理层或治理层能够否决疑似关联方的重大经营决策。

b. 重大交易需经疑似关联方的最终批准，或者疑似关联方的重大交易需经被审计单位批准。

c. 对疑似关联方提出的业务建议，管理层和治理层未曾或很少进行讨论；或者管理层和治理层对疑似关联方的业务建议，疑似关联方很少讨论而直接执行。

d. 对涉及关联方（或与关联方关系密切的家庭成员）的交易，极少进行独立复核和批准；疑似关联方在被审计单位的设立和日后管理中均发挥主导作用；或者被审计单位对疑似关联方的设立和日后管理发挥主导作用。

e. 其他可能表明存在对被审计单位具有支配性影响的关联方，或者被审计单位对其有支配性影响的关联方的情形。

⑯如果存在具有支配性影响的关联方，并识别出下列其他风险因素，判断是否可能存在由于舞弊导致的特别风险。

a. 异常频繁变更高级管理人员或专业顾问。

b. 利用中间机构从事难以判断是否具有正当商业理由的重大交易。

c. 有证据显示关联方过度干涉或关注会计政策的选择或重大会计估计的作出。

⑰审计人员亲自去银行取得银行对账单，与账面销售回款、采购付款的银行结算凭证相核对，检查收款单位、付款单位、收付金额等与账面是否一致，关注有无利用关联方假造资金流的情况。

⑱根据风险评估情况采取的其他审计程序。

三、真实的客户和供应商

利用真实的客户和供应商造假，存在以下情况。

（1）利用在行业中的主导地位，要求真实的客户或者供应商协助造假，真实的客户或者供应商同意配合。

使用真实的客户和供应商造假。一方面，客户与供应商是真实的，与被审计单位之间不存在关联关系，被审计单位与客户和供应商之间存在真实的经济业务往来。另一方面，被审计单位在真实交易基础上，伪造部分虚假交易，有的在交易数量上做文章，有的在交易价格上做文章。

造假过程中，部分客户、供应商与被审计单位之间可能存在串通，在资金划转、函证等方面为被审计单位提供便利。

这种造假方式很隐蔽，不易识别。由于这种造假方式往往需要客户和供应商的配合，造假成本比较高。

（2）利用真实的客户和供应商造假，但是客户或供应商不配合。

如果客户、供应商不配合，被审计单位往往通过自己的关联公司进行资金划转，并伪造合同、出入库单据及收付款记录掩盖真实的资金来源和去向。在客户和供应商不愿意配合的情况下，此种造假不能被识别的风险也比较高。

【案例 11-5】利用真实的客户或供应商造假的案例

A. 绿大地。

绿大地主要以现有客户的名义虚构销售合同。监管机构在监管检查中发现，一家名为生态技术的公司，在与绿大地销售合同中使用的公章与其年检资料中的公章不一致。经过询问，生态技术公司负责人称，该公司不认识销售合同中的绿大地公司代表，也没有使用过合同中的公章。同样，绿大地虚构合同中的昆明汇丰花卉园艺有限公司的情况也都是如此。

B. 万福生科。

在万福生科造假案例中，会计师事务所在 2011 年年报审计时对 8 036 万元预付设备款做了供应商访谈、函证和拍照，但事实证明这些审计程序都失败了，因供应商配合万福生科撒谎。

针对利用真实的客户和供应商进行的舞弊，审计人员可以采取以下审计程序控制舞弊风险。

（1）函证。对于客户或者供应商不配合被审计单位造假的情况，利用这种方式可能会发现舞弊的迹象。但是，在有关客户或供应商甘愿配合造假的情况下，函证程序可能会失灵。

（2）分析主要客户与供应商历年交易量变动情况，关注有无异常，落实交易量变动的主要原因，结合审计过程中了解到的环境因素、政策因素等，分析交易量的变动是否异常。

（3）关注与主要客户的交易单价、毛利有无异常变化，分析变化是否具有商业合理性。

（4）检查发运凭证、仓储部门出库凭证是否与销售数量相符，关注有无虚增销售数量的情况；检查销售价格与同期同种类商品是否相符，有无虚增销售价格的情况。

（5）详细核查重要交易合同，关注有无有条件确认收入实现的情况，如客户要在有关商品销售给第三方的情况下，才肯支付给被审计单位货款。

（6）开展法务部门访谈或者通过其他方式关注有无背后协议或者补充协议，了解这些协议对收入确认的影响。

（7）对于期后事项进行关注，关注有无期后退款退货等情况，期后的退款退货是否说明原收入入账的依据不充分。

（8）审计人员亲自去银行取得银行对账单，将与购销资金相关的收付凭证记载的金额、对方单位、账号等信息与银行对账单核对，关注有无账面记载与对账单记载的信息不一致的情况。

（9）走访有关客户和供应商，了解交易的真实情况。但是，在有关客户或供应商甘愿配合造假的情况下，走访程序可能会失灵。

（10）其他审计程序。

四、境外客户和供应商

实践来看，利用境外客户和供应商造假存在两种情况：一种情况是在境外成立关联公司或空壳公司，伪装成客户或供应商进行虚假交易；另一种情况是伪造与境外客户之间的合同，虚增销售价格，虚增的收入部分由境外关联方付款。

这种造假手法隐蔽性更强，识别难度更大，其原因如下。

一是境外合同与境内合同本身存在较大差别，难以识别真假。

二是实地访谈、工商资料调取成本等较高，审计人员难以采取实地核查程序，即使通过境外监管机构调取相关资料，也面临时间长、成本高、效果不理想等障碍。

三是审计人员往往会将海关走访或函证结果作为有力证据，而实际上被审计单位报关缴税时使用的就是虚增后的数据，这导致审计人员不仅发现不了问题，而且还可能受其误导。

那么，对于利用境外客户和供应商的舞弊，审计人员是否就束手无策呢？利用下面的案例来分析应对类似舞弊的策略。

【案例 11-6】YBT 境外业务造假案

一、YBT 基本情况

YBT 主要业务为矿用变压器、电线电缆的研发及销售，客户为国有大中型煤矿企业。

二、经济背景

受宏观经济及下游行业需求放缓、市场竞争更加激烈等因素的影响，2014年公司经营业绩不甚理想，净利润较前期大幅下滑。

在此背景下，2015 年 9 月 YBT 以 27 亿元估值借壳 ZLDQ，并做出业绩承诺：2015 年、2016 年、2017 年扣非净利润不低于 2.55 亿元、3.61 亿元和4.71 亿元。

三、舞弊情况

2015 年到 2016 年 9 月期间，YBT 累计虚增收入 5.8 亿元，虚增利润 2.6亿元。

主要情节是虚构境外和境内工程合同，通过采购原材料的名义预付账款给自己控制或安排的企业，再通过关联方做现金流水账以销售回款的方式流入上市公司，虚增营收利润和存货资产。

其中 2015 年境外 2.2 亿元项目造假的过程如下。

（一）假借 A 国项目虚构境外收入。A 国项目业主方为 A1，建设城市快速公交线，总投资超过 3.5 亿美元。A1 未与 YBT 签订任何合同，且在建的 A国快速公交项目的 11 个承包商中，只有一家中资公司，即 ZTYJ。

（二）YBT 找了一家境外公司虚构工程建设合同，回款主要来源于 YBT本身控制的公司，还有其他的一些我国境内的公司，资金来源没有 A 国的回款。

（三）YBT 向境外出口了一批建筑材料，宣称是用于 A 国公交车站的建设，但实际上货物没运到 A 国而是通过第三方公司又把材料进口，施工现场图片都是假的。

（四）为了以上造假，YBT 动用了 7 个国家或地区的 50 多个公司走账，利用超过 100 个银行账户进行资金划转，而且经常通过银行票据和第三方支付划转，渠道复杂。YBT 仅在上海一间 20 平方米的小屋就完成了如此浩大的工程。

YBT 以虚假采购的方式将资金转入其控制的 SHYP、SHXY 等关联公司，再通过 SHGL、SHJR 等客户将资金以销售款名义转回，构建资金循环，伪造资金流。

四、证监会的调查大招

YBT 本以为证监会的调查范围不涉及境外，为规避调查，造假业绩多选在境外，以方便肆意造假。

证监会运用了跨境协查的办法。YBT 造假涉及跨境贸易，涉及 A 国、B 国、C 国等，接到我国证监会的请求，当地证监会给予有力协助，一个月内就掌握了核心证据，使得案件进程大步加快，效果显著。

五、复盘会计师事务所审计程序缺陷

YBT 以境外交易为内容，虚构了一系列虚假的故事情节，会计师事务所由于成本限制，没有证监会联系多国证监会的手段和力度，但是也不是毫无办法。YBT 很多方面的信息出现了异常，而会计师事务所没有关注到，只能说审计程序不到位，或者有关人员职业敏感度差，或者执业经验不足。

笔者根据若干报道清理盘点了 YBT 案例的细节问题，发现以下审计人员应该发现但是没有发现的异常，以及针对这种情况可以利用的审计程序和策略。

（一）风险评估阶段、查证阶段的数据分析程序应该发现的异常

1. 毛利率分析

YBT 2015 年和 2016 年毛利率为 45.01%、37.86%，均远高于同行业上市公司 ST 股份。

2015 年 YBT 境外业务毛利率为 74.78%，而同期境内业务毛利率为 31.45%。

A 国项目毛利率高达 74.16%，且通过多个第三方公司大批小额回款。

YBT 向 AM 国际公司销售出口建材的交易标的为钢材、铝材等普通建筑材料，毛利率却高达 81.54%。

审计人员应该发现的破绽：毛利率太高了。

2. 存货分析

YBT 2015 年和 2016 年存货几乎全是"建造合同形成的已完工未结算资产"，也就是工程未交付的资产，存货资产项目明细完全没有在产品、库存商品和周转材料。2015 年原材料只有 100 多万元，和存货总额极其不匹配。

应该发现的破绽：按常识，工程公司应该有原材料、周转材料，但被审计单位没有。

3. 现金流分析

2015 年、2016 年的销售商品、提供劳务收到的现金÷营业收入分别为 65.69%、77.23%，远低于 1。这导致经营活动产生的现金流量净额和净利润不匹配，2016 年净利润为 2.41 亿元，但经营活动产生的现金流量净额为 -1.62 亿元。

应该发现的破绽：按常识，销售回款应该包含销项税额，正常的回款应该高于销售收入，而被审计单位情况与此相反。

4. 销售费用分析

YBT 2015 年和 2016 年销售费用率分别只有 1.64%、2.25%，是较低的。

应该发现的破绽：可能存在关联方交易，使得不需要发生太多营销费用。

有关会计师事务所并未发现以上异常。

可以应对的程序如下。

与同行业对比，或者用一般的常识分析，就应该能发现异常的数据。

（二）查证 A 国项目阶段应该发现的异常及应该执行的审计程序

1. 有关 A 国项目来源的真实性方面的破绽

YBT 称，A 国项目系 HRL 公司分包给 SDGC 公司，再由 SDGC 公司通过招投标发包给 YBT 的。

会计师事务所审计工作底稿中只有一份 YBT 与 SDGC 公司的合同，再没有其他证据证明项目的真实性。

应该发现的破绽：怎么能没有 YBT 的中标文件？怎么能没有总包方 HRL 公司将工程分包给 SDGC 公司的分包合同？

可以应对的程序：应该了解工程项目的承揽应该有招投标程序或者其他竞争性程序，只要索取并细心浏览全流程的竞争性文件、主合同和分包合同，通过网上查阅招投标信息就应该发现异常。

2. 工程回款的真实性方面的破绽

（1）2015 年 9 月至 2016 年 3 月，YBT 通过 A 地、D 国、C 国、B 地等 16 家第三方公司以大批小额的方式取得 A 国项目工程回款，合计 1 528.77 万美元（约 1 亿元人民币）。经追查资金来源，其中部分回款来自 YBT。YBT 称，SDGC 公司受 A 国外汇管制限制，无法直接向 YBT 回款，因此委托第三方公司支付。

应该发现的破绽：对于一个客户的回款要经过这么多国家或地区和公司吗？销售回款还能来自 YBT 自己吗？

外汇管制限制是真实的吗，有证据吗？

可以应对的程序：应该关注账内销售回款的来源，而这个项目回款来源众多，本身就说明很可能存在舞弊。许多上市公司造假都是这个套路，所以，舞弊迹象已经很明显了。针对外汇管制的说法，应该了解并取得外汇所在国的外汇政策，确定被审计单位说法是否依据充分。

（2）YBT 向会计师事务所提供的一份加盖 SDGC 公司公章的付款方名单，包含 AM 国际、香港 XB 等公司，但 AM 国际同时为 YBT E 国材料出口项目的客户及付款方。

应该发现的破绽：E 国和 A 国是两个国家，AM 国际同时为 YBT 在两个国家的项目付款，有这么巧合吗？

可以应对的程序：审计人员应细心分析这个名单，与账面收款来源对比就应该发现异常。

（3）回款方香港 SN 未出现在 YBT 提供的付款方名单中，香港 SN 和香港 XB 同时是 A 国项目与 E 国项目的付款方。YBT 提供的银行汇款单上，香港 XB 的地址为上海市 ×× 弄，香港 SN 的地址为上海市 ×× 路，HS 公司的地址为深圳市 ×× 路，ZH 公司的地址为广东省 ×× 路。

应该发现的破绽：香港公司的地址怎么能在上海、深圳、广东？

可以应对的程序：审计人员应细心分析付款方有关资料，应该能发现异常。

3. A 国项目使用的建筑材料出口业务方面的破绽

2015 年，YBT 向海关报关出口了价值 2 255.57 万元的建筑材料，用于 A 国项目建设，共计 118 个标准集装箱。上述报关出口的集装箱中，仅有 6 个运抵 A 国且收货人为中国建筑。其余集装箱由 YBT 通过货运代理公司运送到境外，然后再由关联公司 LXGM 进口。

会计师事务所在审计 YBT 向 A 国项目出口建筑用材时，审计工作底稿中仅收集了 A 国项目施工合同、报关单等材料，未获取能显示货物实际运输目的地的货物提单等证据以进一步核实建筑材料出口的真实性。

应该发现的破绽：没有提单。

可以应对的程序：应该对出口业务有所了解，取得最终证明正确的收货人收到货物的证据——提单。

4. 未实施有效的审计程序确认存货权属

由于 2015 年年底 A 国项目尚未竣工结算，YBT 期末将其放置在"存货"项目进行列示。审计人员于 2016 年 2 月 3 日至 2 月 5 日赴 A 国实地考察公交站台建设情况，在未能确认走访公交站台确为 YBT 所建的情况下，审计人员仍拍摄了照片作为审计证据。

审计程序的破绽：照片是无法证明权属的。

可以应对的程序：检查现场工程管理有关资料，应该能发现异常。

5. 未对 A 国当地的材料供应和劳务服务执行有效的审计程序

YBT 称，SDGC 公司代 YBT 支付了 S 公司的材料费用和 A 劳务公司的劳务费用，共 2 494.88 万元，并直接从 YBT A 国项目款中扣除。

审计工作底稿显示，审计人员在出具 2015 年度审计报告前未对 A 国项目的当地材料供应商和劳务供应商进行访谈或实施函证等审计程序，仅依据双方签订的合同确认业务发生的真实性。

既然派人实地考察，为什么不做足功课调查当地材料供应商和劳务供应商的情况呢？合同、发票甚至银行单据都有造假的记录，仅书面资料无法确保高风险情况下审计证据的适当性。

应该发现的破绽：SDGC 公司属于总包方，总包方还能替代支付供应商的款项吗？

可以应对的程序：分析有关交易或者资料的异常，函证或者开展供应商访谈。

（三）查证 YBT 2015 年度 AM 国际的销售收入应该发现的异常及应该执行的审计程序

2015 年，YBT 通过 AM 国际，以虚构出口建筑材料的方式虚增营业收入 1 852.94 万元，相应虚增当期营业利润 1 402.93 万元，占当期披露利润总额的 4.41%。

1. 业务时间的破绽

YBT 与 AM 国际签订合同日期是 2015 年 4 月 8 日，合同约定装货时间为 2015 年 5 月 22 日之前，而该货物的实际出口时间为 2015 年 9 月 16 日、10 月 9 日、10 月 13 日，实际的报关出口时间早已超出合同约定之限。

审计人员却并未关注，仅依靠部分报关单便得出交易真实的结论，缺乏应有的职业怀疑。

可以应对的程序：细心检查业务相关资料，特别关注时间、经手人等信息有无矛盾或者异常。

2. "分身有术"的破绽

AM 国际给审计人员的邮件回函中包含游某的名片，该名片显示游某有多个身份，分别为 Z 公司、SHJR、AM 国际的工作人员。其中 SHJR 是 YBT 虚构的境内钢材销售客户。

一个人同时兼任境外、境内两个公司的职务，而且这两个公司都是被审计单位的客户，这种"分身有术"和过分巧合，本身就是异常，应该引起审计人员的警觉。

可以应对的程序：细心梳理主要客户和供应商的信息，以及相关人员信息，并关注是否有异常迹象。

3. 未审慎核实销售回款的真实性

2015 年 10 月至 2016 年 1 月，AM 国际、香港 SN 和香港 XB 这 3 家公司向 YBT 支付出口 AM 国际货款，合计 62.63 万美元。其中，香港 SN 和香港

XB 也是 A 国项目的回款方。YBT 提供的银行汇款单显示，香港 XB 的联系地址为上海市 ×× 弄、香港 SN 的联系地址为上海市 ×× 路。

应该发现的破绽：两个国家的两个项目，怎么用同样的公司回款？香港公司的联系地址怎么在上海？

可以应对的程序：细心梳理款项来源，并分析这些来源有无联系。

4. 对材料出口未执行有效的审计程序

YBT 通过货运代理公司以运抵国为 E 国向海关报关出口，在获取海关放行信息后，又通过相关代理公司将上述货物运送到境外，然后安排关联公司 LXGM 将货物进口，进而实现货物的虚假销售。

审计人员在审计 YBT 向 E 国出口货物时，审计工作底稿中除收集了销售合同和报关单外，未获取能显示货物实际运输目的地的货物提单等证据，以证明 YBT 出口至 E 国的货物实际运抵 E 国。

应该发现的破绽：没有提单。

可以应对的程序：应该对出口业务有所了解，取得最终证明正确的收货人收到货物的证据——提单。

（四）查证 YBT 境内材料销售收入应该发现的异常及应该执行的审计程序

YBT 与 G 公司等公司签订的材料购销合同金额总计约 3 亿元人民币，但采购合同形式较为简单，仅有合同双方的盖章，签订合同代表人、签订时间均为空白。YBT 境内材料销售业务以销售客户加盖公章的发货确认单作为收入确认依据，但审计人员获取的发货确认单存在同一收货人签字笔迹前后不一致、加盖的销售客户公章前后不同的情形。

应该发现的破绽：几亿元的交易，合同要素居然有空白，如果是真实的交易，有关业务人员不可能如此漫不经心。

发货确认单存在同一收货人签字笔迹前后不一致、加盖的销售客户公章前后不同等情况。

可以应对的程序：审慎核查合同、出入库单据等证据。

综合以上分析可以发现，虽然核查以境外业务为背景的假账确实存在困难，但是做年度财务报表审计的注册会计师即使没有证监会的条件和力度，也不是没有办法的。

针对以境外交易为内容的造假舞弊，可以采取以下审计程序控制舞弊风险。

（1）财务分析。分析毛利率、销售利润率、销售费用率等财务信息是否与同行业相差不大，将其他财务数据与其业务情况对比，分析有无异常。

（2）取得境外会计师事务所或者监管机构的协作，调查交易对方以及交易事项的真实性。

（3）审计人员亲自去银行取得银行对账单，将购销资金相关的收付凭证记载的金额、对方单位、账号等信息，与银行对账单、销售合同等核对，关注有无账面记载与对账单记载的信息不一致的情况。

（4）函证。审计人员应该控制函证过程，并直接函证交易对方。

（5）与客户或者供应商进行现场访谈，了解交易情况与被审计单位账面记录是否基本一致，观察客户或者供应商生产经营是否正常。

（6）针对跨境交易，索取并检查从交易发起到交易结束各环节应该有的资料，如主合同、分包合同、招投标资料、出口交易对方的提单等。

（7）关注货币资金、预付账款、固定资产、在建工程、无形资产以及其他资产成本的真实性。

（8）审慎检查与交易对方身份、交易过程资料等相关的资料。

（9）对于期后事项进行关注，关注有无期后退款退货等情况，期后的退款退货是否说明原收入入账的依据不充分。

（10）其他审计程序。

针对不同的风险、不同业务，审计程序很多，以上列示的仅仅是针对客户和供应商身份异常可以采用的审计程序，并不是审计程序的全部。

第二节　常见舞弊方式及审计应对

一、虚增收入或者隐藏收入

1. 常见的收入舞弊套路

实践中发现，虚增收入的常见手段如下。

（1）虚构收入。

➤ 对开发票，确认收入；白条出库，作销售入账；虚开发票，确认收入。这种情况几乎是只凭发票确认收入，没有其他业务方面的证据，相对容易查证。

➤ 通过伪造销售合同、采购合同及出入库单据虚构收入，合同所用公章通过私刻公章实现，有的购销合同干脆没有盖章。

➤ 伪造银行对账单及资金出入凭证，编造出资金流，看起来逼真，但是这种舞弊被发现的风险比较高，如果注册会计师严格执行函证程序，这种舞弊很容易被发现，除非银行愿意配合造假。

➤ 使用大量的现金交易，让舞弊无据可寻。会计师事务所可以在初步业务活动阶段就拒绝该项业务，或者在承接业务后，出具保留意见甚至无法表示意见审计报告。另外，在当今，大量的现金交易本身就说明了异常。

> 通过或者真实或者虚构的供应商、客户或关联方，伪造"真实的"现金流，构建资金循环。

被审计单位实际控制人或其他关联方将体外资金提供给被审计单位客户或第三方，客户或第三方以该笔资金向被审计单位支付货款。销售回款的现金流造假主要通过以下途径。

◇ 利用公司自有资金。在这种情况下，舞弊公司需先将公司资金通过某种方式转移至体外，再借销售回款的名义转回体内。转出资金的手法主要包括以采购业务或自建项目的名义转出，利用子公司或其他关联方进行现金流造假。

◇ 利用外部资金。该方法包括利用外部拆借资金和利用其他收入来源充当销售回款。

◇ 虚构现金流。在既无自有资金又缺少外部资金的情况下，便可能通过虚构现金流进行造假。但不存在的资金在审计时很容易被发现，因此，需要进一步地造假来填补资金黑洞。常见的做法是将虚构的资金以采购或是投资的名义转至存货、固定资产、在建工程等较难审计的项目。

> 被审计单位及其控股股东与银行签订现金管理账户协议，将被审计单位的银行账户作为子账户向控股股东集团账户自动归集（应计余额不变、实际余额为零），实现控股股东对被审计单位的资金占用，控股股东利用该资金对被审计单位的货款回笼。

（2）提前确认收入。

> 在交易结果存在重大不确定性时确认收入。

> 完工百分比法的不适当运用。

> 在仍需提供未来服务时确认收入。

> 提前开具销售发票确认收入。

【案例 11-7】虚构完工进度造假的案例

2014 年，HSZS 公司为了避免亏损，在合同未完工的情况下提前确认了 2.92 亿元的收入。

TNKJ 曾经在项目还没有开始招标的情况下，就提前确认了近 1 亿元的收入。

2007 年，HXJT 在未履行合同的情况下，开具销售发票提前确认营业收入 640 万元。

笔者审计过的某施工企业，通过预估施工成本的方式，增大完工百分比，提前确认收入、成本和毛利，导致当年利润达到"预期目标"。所谓预估成本，并没有任何业务基础，没有任何凭据，只是借记"工程施工"科目，贷记"预

　　提费用"科目或者"应付账款"科目。

（3）少计收入。

如果被审计单位出于平滑利润、偷逃税金或者其他目的，隐藏收入，使收入不完整，或者截留收入形成账外循环，则可能采取以下方式。

> 销售收入不入账，有关销售回款不入账，列于未达账项；有关预收账款不转收入，长期挂账。

> 将满足确认条件的销售收入推迟入账。

> 收入流入账外账户，一部分产、供、销不在财务账内核算，形成体外循环；或者存在多个账套。

2. 针对收入舞弊的应对措施

针对以上虚增收入或隐藏收入的舞弊，审计人员可以采取以下审计程序。

（1）分析程序。

针对收入项目，使用分解的数据实施实质性分析程序。

> 分析同种或者同类产品毛利率变化情况、毛利率与同行业比较情况。

> 按照月份、产品线或业务分部将本期收入与可比期间收入进行比较，关注有无年终集中交易的情况。

> 关注与主要客户各月的交易情况、有无年终集中交易的情况。

> 关注同种或者同类产品价格变化情况，以及与同行业产品价格比较情况。

> 对于分析发现变动趋势异常的情况，落实原因，检查分析导致比率或者趋势异常的交易。

> 将临近期末发生的大额交易或异常交易与原始凭证相核对。

> 针对具体业务的其他分析程序。

（2）针对某一时点的履约义务的舞弊风险应对措施。

> 了解收入确认的业务流程，了解收入确认的条件和会计政策，并分析会计政策是否符合国家会计准则的相关规定。

> 对于某一时点履行的单项履约义务，检查与交易相关的从客户订货到客户收货全部文件，检查收入的确认是否符合会计准则规定的条件。检查的文件包括但不限于招投标文件、客户订单、信用审批文件、发货文件、对方确认收货并同意接受的文件，检查有关凭证是否齐全，检查相关凭证的客户、交易时间、货物名称等有无矛盾之处。

> 向被审计单位的客户函证相关的特定合同条款以及是否存在背后协议。因为相关的会计处理是否适当，往往会受到这些合同条款或协议的影响。例如，商品接受标准、交货与付款条件、不承担期后或持续性的卖方义务、退货权、保证转售金额以及撤销或退款等条款通常影响销售收入的确认条件。

➢ 向被审计单位负责销售和市场开发的人员询问临近期末的销售或发货情况，向被审计单位内部法律顾问询问临近期末签订的销售合同是否存在异常的合同条款或条件。

➢ 调查重要交易对方的背景信息，询问直接参与交易的员工交易对方是否与被审计单位存在关联方关系，必要时，考虑是否实地走访存在疑虑的客户或供应商。

➢ 如果被审计单位采用经销商的销售模式，应对措施如下。

✧ 关注主要的经销商与被审计单位之间是否存在关联方关系。

✧ 检查被审计单位与经销商之间的协议或销售合同，以及出库单、货运单、商品验收单等相关支持性凭证，以确定是否满足收入确认的条件。

✧ 关注经销商布局的合理性、与被审计单位频繁发生业务往来的经销商加入和退出情况，以及被审计单位对不稳定经销商的收入确认是否适当、退换货损失的处理是否适当等。

✧ 开展经销商访谈，关注经销商经营是否正常，关注交易真实性。

➢ 如果被审计单位采用代理商的销售模式，应对措施如下。

✧ 关注主要的代理商与被审计单位之间是否存在关联方关系。

✧ 检查被审计单位与代理商之间的协议或合同，确定是否确实存在委托与代理关系，并检查被审计单位收入确认是否有代理商的销售清单、货物最终销售的证明等支持性凭据。

✧ 关注代理商布局的合理性、与被审计单位频繁发生业务往来的代理商加入和退出的情况，以及被审计单位对不稳定代理商的收入确认是否适当、退换货损失的处理是否适当等。

✧ 开展代理商访谈，关注代理商经营是否正常，关注交易真实性。

✧ 关注代理商收入确认是否正确（买断与否）。

➢ 结合出库单及销售费用中运输费等明细，检查货物运输单，关注货物的流动是否真实存在，从而确定交易的真实性。

➢ 结合销售合同中与收款、验收相关的主要条款，对于大额应收账款长期未收回的客户，分析被审计单位仍向其进行销售的合理性和真实性。

➢ 结合应收账款函证，关注交易真实性，以及有无提前或者推迟入账的情况。

➢ 检查临近期末执行的重要销售合同，以发现是否存在异常的定价、结算、发货、退货、换货或验收条款。对期后实施特定的检查，以发现是否存在改变或撤销合同条款的情况，以及是否存在退款的情况。

➢ 在了解业务流程的情况下，检查业务部门关于销售、服务等的台账记录，并与财务部门记录核对，确认是否一致，检查有无账外小金库或者资金体外循环的情况。

➢ 期末在被审计单位的一处或多处发货现场实地观察发货情况或准备发出的商品情况（或待处理的退货），并实施其他适当的销售及存货截止测试。

➢ 对于通过电子方式自动生成、处理、记录的销售交易，实施控制测试以确定这些控制是否能够为所记录的收入交易已真实发生并得到适当的记录提供保证。

（3）针对某一时段的履约义务的舞弊风险应对措施。

如果被审计单位采用完工百分比法确认与提供劳务或建造合同相关的收入，应对措施如下。

➢ 关注客户是否真实存在，是否为关联方。

➢ 检查相关合同或其他文件，分析确认完工百分比的方法是否合理，与从被审计单位内部获取的其他信息是否一致。

➢ 完成的工作是否取得被审计单位客户的确认，能否得到监理报告、被审计单位与客户的结算单据等外部证据的验证。

➢ 利用专家的工作，评估工程成本或造价是否合理，有无异常。

➢ 现场检查工程项目或者提供劳务的情况。

➢ 开展主要客户访谈。

➢ 检查"工程施工"以及其他影响履约进度的科目发生额，检查有无异常支出，检查有关支出的依据、相关的业务事项，判断发生额的真实性，关注履约进度的真实性，从而分析有无调节完工百分比，导致收入提前或者推迟确认的情况。

➢ 关注其他影响履约进度的因素，关注履约进度是否真实合理。

➢ 检查会计核算是否正确，是否按履约进度确认收入，履约进度的确认是否合理。

➢ 函证主要合同签订情况、完工进度、结算情况以及其他必要信息。

➢ 其他审计程序。

（4）检查资金流。

➢ 对银行存款进行函证，关注银行存款的真实性、有无未入账的银行贷款，以及其他与银行的交易。

➢ 核对资金流的真实性，审计人员亲自去银行取得银行对账单，与企业的收款凭证核对，检查企业收款凭证的付款人与银行对账单是否一致。

➢ 将银行存款日记账和银行对账单对照，检查有无银行有收付、企业没有收付记录，或者企业有收付记录而银行没有收付记录的情况，检查有无资金流造假的情况。

➢ 检查已记录的大额现金收入，关注其是否有真实的商业背景。

➢ 检查银行对账单和大额现金交易，关注是否存在异常的资金流动。

➢ 结合支出审计，关注收款单位是否异常，支出项目是否真实，是否可能存在转移资金的情况。

（5）会计核算检查。

➤ 检查银行存款未达账项、长期挂账的预收账款，检查有无应确认收入未确认收入的情况；实施截止测试，检查审计截止日前后的收入确认有无提前或者推迟的情况。

➤ 关注资产负债表日后事项，关注有无与收入相关的调节事项。

➤ 浏览被审计单位的总账、应收账款明细账、收入明细账，以发现可能的异常事项。

➤ 检查收入明细账或类似记录的计算准确性，追查将收入过入总账的过程。

➤ 分析和检查预收账款等账户期末余额，检查是否存在应在本期确认收入而未确认的情况。

➤ 分析和检查资产负债表日以后的贷项通知单和应收账款其他调整事项，确定调整依据是否充分，该交易初始发生时是否真实，是否应该调整报表年度的收入。

➤ 详细复核被审计单位在临近期末编制的调整分录，调查性质或金额异常的项目。

➤ 浏览期后一定时间的总账和明细账，以发现是否存在销售收入冲回或大额销售退回的情况。

➤ 如果被审计单位在本期存在与收入确认相关的重大会计政策、会计估计变更或会计差错更正事项，分析检查这些事项是否合理，是否符合会计准则相关规定，是否在财务报表附注中进行恰当披露。

（6）针对具体业务采取的其他审计程序。

二、制造非经常性损益事项调节利润

实践中存在很多利用非经常性损益调节财务报表，或者进行虚假交易来编制虚假财务报告的案例。

【案例 11-8】TY 股份虚假股权交易造假

> 2017 年 6 月 28 日，TY 股份与 GLZQ 签署《深圳 TY 实业有限公司股权转让协议》，约定以 18 000 万元向 GLZQ 转让深圳 TY 实业有限公司（以下简称"TY 实业"）51% 股权。2017 年 7 月 19 日，TY 股份临时股东大会审议通过股权转让事项。2017 年 8 月 25 日，TY 实业完成股东变更的工商登记。2017 年，GLZQ 未按协议约定向 TY 股份支付转让款，未接管 TY 实业，TY 股份仍对 TY 实业实际控制，并承担经营活动相关的盈亏。TY 股份 2017 年在不符合股权转让投资收益确认条件时确认了投资收益，并在编制 2017 年度合并财务报表时未将 TY 实业纳入合并范围，这不符合《企业会计准则第 33 号——合并财务报表》（财会〔2014〕10 号）第七条、第二十六条的规定。上

述事项致 TY 股份 2017 年年度报告虚增营业利润 14 596.83 万元。

【案例 11-9】SLD 电器自导自演的赔偿戏

SLD 电器的主营业务是水加热生活电器核心零部件及整机的研发、生产和销售，主要产品包括咖啡机及配件、温控器及配件以及电热水壶，从 2016 年开始，还新增了影视文化业务。

2015 年 11 月 10 日，时任董事长胡某在公司 2014 年净利润为亏损，预计 2015 年扭亏无望的情况下，为避免被深圳证券交易所实行特别处理，分别虚构了影视版权转让协议和政府补助事项，虚计营业外收入 2 000 万元、虚增净利润 1 500 万元，虚增行为导致 SLD 电器 2015 年度扭亏为盈。

2015 年 11 月 10 日，SLD 电器与 HSYB 签订了协议转让书，协议书中约定 HSYB 将某影片全部版权作价 3 000 万元转让给 SLD 电器，并且 HSYB 应于 2015 年 12 月 10 日前取得该影片的电影片公映许可证，否则须向 SLD 电器支付违约金 1 000 万元。

HSYB 当然不会如期取得电影片公映许可证，于是两者逼真地打了一场官司，并且在法院的调节下，HSYB 付违约金 1 000 万元，SLD 电器将其确认为 2015 年的营业外收入。

而私底下，SLD 电器向 HSYB 支付的 3 000 万元，实际上是支付给了 SLD 电器的关联方 A、B、C，HSYB 只是中间的转账桥梁。既然交易是虚构的，付出去的钱就还得回到 SLD 电器手里，于是 HSYB 退回的 3 000 万元本金和 1 000 万元违约金，还是通过 SLD 电器的关联方 A、B 转给 HSYB，HSYB 再退回 SLD 电器，形成了交易闭环。

但是，该交易的以下漏洞说明了交易纯属虚构。

（1）名义签订日先后出现 2015 年 10 月 10 日、11 月 10 日两个版本，实际签订日期为 2015 年 12 月 18 日，而违约条款约定的获得电影片公映许可证的最后日期是 2015 年 12 月 10 日，日期就出现了矛盾。

（2）影视版权权属本身就存在争议：HSYB 不完全拥有影视版权全部权利，这降低了交易真实性的说服力。

（3）电影拍摄没达到许可条件：演员没完成备案、题材还未通过公安部门协审、制作团队之间存在争议，或涉及诉讼。

《公开发行证券的公司信息披露解释性公告第 1 号——非经常性损益（2008）》对非经常性损益的定义和通常包括的项目列示如下。

（1）非经常性损益的定义。

非经常性损益是指与公司正常经营业务无直接关系，以及虽与正常经营业务相关，但由于其性质特殊和偶发性，影响报表使用人对公司经营业绩和盈利能力做出正常判断的各项交易和事项产生的损益。

（2）非经常性损益通常包括以下项目。

①非流动性资产处置损益，包括已计提资产减值准备的冲销部分。

②越权审批，或无正式批准文件，或偶发性的税收返还、减免。

③计入当期损益的政府补助，但与公司正常经营业务密切相关，符合国家政策规定、按照一定标准定额或定量持续享受的政府补助除外。

④计入当期损益的对非金融企业收取的资金占用费。

⑤企业取得子公司、联营企业及合营企业的投资成本小于取得投资时应享有被投资单位可辨认净资产公允价值产生的收益。

⑥非货币性资产交换损益。

⑦委托他人投资或管理资产的损益。

⑧因不可抗力因素，如遭受自然灾害而计提的各项资产减值准备。

⑨债务重组损益。

⑩企业重组费用，如安置职工的支出、整合费用等。

⑪交易价格显失公允的交易产生的超过公允价值部分的损益。

⑫同一控制下企业合并产生的子公司期初至合并日的当期净损益。

⑬与公司正常经营业务无关的或有事项产生的损益。

⑭除同公司正常经营业务相关的有效套期保值业务外，持有交易性金融资产、交易性金融负债产生的公允价值变动损益，以及处置交易性金融资产、交易性金融负债和可供出售金融资产 [1] 取得的投资收益。

⑮单独进行减值测试的应收款项减值准备转回。

⑯对外委托贷款取得的损益。

⑰采用公允价值模式进行后续计量的投资性房地产公允价值变动产生的损益。

⑱根据税收、会计等法律、法规的要求对当期损益进行一次性调整对当期损益的影响。

⑲受托经营取得的托管费收入。

⑳除上述各项之外的其他营业外收入和支出。

㉑其他符合非经常性损益定义的损益项目。

（3）在审计中，应对利用非经常性损益操纵报表的舞弊风险，一般措施如下。

①分析交易情况，判断与非经常性损益相关的交易是否真实，有无商业实质。

---

① 2017 年修订的《企业会计准则——金融工具确认和计量》《企业会计准则第 23 号——金融资产转移》《企业会计准则第 24 号——套期会计》及《企业会计准则第 37 号——金融工具列报》，根据规定，可供出售金融资产不再是金融资产的一个分类。

②搜集分析与交易相关的交易各方、交易标的的基本情况，分析有无异常。如长期投资的转让方和受让方是否是关联方，有关交易是否为关联方交易；判断结果为关联方及关联方交易的，检查被审计单位对关联方及交易是否按规定披露。

③结合相关法律法规以及会计制度，判断对非经常性损益的会计核算是否正确，有关损益是否真正实现，是否列入正确的会计期间，合并报表范围是否正确。

④应对照非经常性损益的定义，综合考虑相关损益同公司正常经营业务的关联程度以及可持续性，结合实际情况做出合理判断，检查被审计单位是否进行充分披露。

⑤对于无法判断具体商业实质的交易、对交易披露不合规的，应考虑对审计报告意见类型的影响。

三、调节费用或者费用舞弊

（1）常见调节费用的方式如下。

➢ 费用不入账，或通过虚列费用调节利润。

➢ 承担关联方费用，或费用由关联方承担。

➢ 费用挂账，将应列入成本或费用的项目挂列递延资产、待摊费用、其他应收款、在建工程；将应资本化的支出费用化，如将分期摊销的费用一次性列入成本费用，将应列入在建工程、长期待摊费用的支出列入成本费用。

➢ 折旧、摊销、存货计价等会计估计存在偏向，存在多计或少计的故意偏向。

➢ 减值准备计提不合规，通过多提或少提资产减值准备以调控利润。

➢ 资本化处理不当，应费用化的支出资本化，或者应资本化的支出费用化。

➢ 费用提前或推迟入账。

➢ 虚列费用套取资金。

【案例 11-10】费用不入账或由关联方承担

某上市公司 A 公司 2019 年度和 2020 年度通过账外报销费用等方式，分别少计管理费用 190 万元和 480 万元，并通过向控股股东借款、担保收益和质押贷款等方式取得的账外资金处理其公司总部和下属 6 家分公司的管理费用 190.05 万元，股票发行费用 5.06 万元。

【案例 11-11】工程成本与成本费用的混淆

A 公司将与工程项目无关的贷款利息资本化，导致在建工程成本多计 10.1 亿元，本年利润多计 10.1 亿元。

其子公司用同样的手法，将应费用化利息 1 亿元资本化，导致在建工程成本虚增 1 亿元，本年利润多计 1 亿元。

B 公司将与工程项目无关的车间停工费用 2 亿元列入在建工程项目，导致在建工程成本多计 2 亿元，本年利润多计 2 亿元。

【案例 11-12】坏账准备计提不足

2011 年 12 月至 2013 年 6 月，上市公司 A 公司通过外部借款或者伪造银行单据的方式虚构应收账款的收回，在年末、半年末等会计期末冲减应收款项（大部分在下一会计期期初冲回），并少计提大量坏账准备和资产减值损失，从而虚增年度利润。其中，2013 年少计提坏账准备 1 240 万元，2014 年少计提坏账准备 272 万元。

【案例 11-13】费用推迟入账调节利润

上市公司 D 公司曾把年终奖推后发放，把本应该在 2013 年确认的 3 000 多万元年终奖推迟到 2014 年 1 月发放和记账，这样推迟确认费用使 D 公司 2013 年净利润增加了大约 2 500 万元。

上市公司 H 公司把 2011 年度的年终奖推迟到 2012 年确认，使 2011 年的净利润增加了 4 000 万元。

（2）针对调节费用方面的舞弊，一般应对措施包括但不限于以下方法。

①对费用不入账，或虚列费用调节利润的应对措施。

➤ 了解被审计单位的基本业务情况，了解被审计单位主营业务、与业务相关的主要费用性质、开支标准、行业一般的费用率，分析评价被审计单位的相关费用是否与业务相关、费用率是否异常，有无虚列费用或者少列费用风险。

➤ 检查与费用发生相关的原始凭证，包括合同、发票、结算资料等，结合被审计单位有关财务制度、各项费用开支标准，检查凭证是否完备、费用是否与业务相关、是否得到授权审批，从而确定账面费用真实性。

➤ 结合交易对方单位的主营业务性质，判断有关费用支出的真实性。例如，某公司支付给某劳务公司科技研发费用 80 万元，而该劳务公司没有科技研发的能力和营业内容。

➤ 分析与支出有关的业务性质，判断业务和支出是否真实。例如，某公司发生宝马车租赁支出若干万元，审计人员查询该型号宝马车的售价，发现一年租金可以买两辆同款全新宝马车。

➤ 在了解业务流程的基础上，开展有关岗位访谈，检查相关业务资料，关注有无未入账发票或者其他未入账费用。

➤ 结合往来账函证、实物资产盘点、有关人员访谈等，关注费用真实、完整情况。

➤ 结合风险评估情况，履行其他审计程序。

【案例11-14】通过对业务的了解寻找审计突破口

　　　　某审计组对某主营业务为提供劳务的A公司进行财务审计，根据审计组对该公司的了解，该公司的工资构成主要为基本工资、按外勤天数计算的外勤补贴。审计人员分析该公司针对各项目应该有项目负责人员登记的项目台账，以记录每个项目的成员、职级、项目出勤天数，如果没有这个台账，将无法计算员工外勤补贴等。审计人员开展生产部门负责人访谈，生产部门负责人提供了有关台账。审计人员将账面的补贴支出与台账对比，发现该公司虚列多笔补贴支出，即部分补贴支出与项目不相关。

【案例11-15】通过分析程序关注费用可能存在的异常

　　　　某审计组对B公司进行财务收支审计，发现该公司2019年度收入、成本、毛利都大幅度增长；但是，销售费用与上年相比几乎没有增长，与同行业公司相比，销售费用率也很低。销售部门人员与上年相比没有变化，审计人员分析，B公司可能存在收入、成本虚增的情况，或者销售费用少计的情况。经检查主要客户、供应商有关资料并进行现场访谈，发现B公司存在利用虚假注册的公司虚增收入的情况。

　　②对承担关联方费用，或费用由关联方承担的应对措施。

　　结合关联方、关联方交易的审计，以及有关支出的业务内容和费用性质等，关注有无代垫关联方费用或者关联方代垫费用的情况。有关程序要点如下。

　　➢ 关注有无关联方，有无未披露的关联方。

　　➢ 关注账面费用性质，分析费用是否应由被审计单位承担。

　　➢ 结合被审计单位的业务，关注有无应入账未入账的费用，落实这些费用的具体项目。

　　➢ 通过访谈以及其他审计程序，关注有无关联方为被审计单位承担费用的情况。

　　➢ 其他必要审计程序。

　　③对费用挂账的应对措施。

　　检查递延资产、长期待摊费用、其他应收款、在建工程成本内容，分析款项性质，判断是否符合资产的定义，有无应该列入成本费用的支出。

　　④对应资本化的支出费用化的应对措施。

　　检查费用性质、服务期间等，关注有无将分期摊销的费用一次性列入成本费用，或有无将应列入在建工程、长期待摊费用的支出列入成本费用的情况。

　　⑤对应费用化的支出资本化的应对措施。

　　结合在建项目审计，关注有无不符合资本化条件的支出资本化的情况。例如，不符合资本化的贷款利息支出资本化，与工程无关的利息支出资本化，管理费用、制造费用资本化等。

⑥对多提或者少提折旧、摊销的应对措施。

在关注固定资产、无形资产的折旧或摊销年限和残值率是否正确、是否与上期一致的基础上，测算折旧和摊销的计提与分配是否正确。

⑦对存货计价错误，导致成本费用多列或者少列的应对措施。

> 与行业材料采购成本、生产成本、单位产品材料耗费和能源耗费等对比，关注单位产品成本有无异常。

> 与以前年度、各月度同种产品成本数据对比，将材料采购成本、生产成本、单位产品材料耗费和能源耗费等对比，关注有无异常。

> 检查自原辅材料采购开始，生产成本核算、产成品成本归集和分配核算、主营业务成本结转等各环节的核算情况，关注会计核算是否正确。

> 检查出入库资料，关注物流与账面核算是否一致，关注有无虚构生产和销售的情况。

> 结合存货盘点、函证等程序，关注有无存货多计或者少计、成本费用少计或者多计的情况。

> 其他适用的审计程序。

⑧对减值准备计提不合规，多提或少提资产减值准备以调控利润的应对措施。

结合应收款项余额的完整性，按被审计单位的会计制度测算相关坏账准备计提是否充分、正确，关注其他资产有无减值迹象，关注减值准备计提是否充分、依据是否充分。

特别是对于通过资产重组纳入合并范围的子公司盈利情况，关注有关商誉有无减值迹象。

⑨对费用提前或推迟入账的应对措施。

通过截止测试、关注资产负债表日后事项等审计程序，关注有无费用入账期间错误调节利润的情况；特别是年终奖等，有无应列入上一年费用，却在资金支出时列入下一期成本费用的情况。

关于审计期间以及资产负债表日前后的大额合同支出，关注合同的履行期间，是否在履行期间内确认费用，是否符合权责发生制的原则，有无以未付款为理由，在付款的时间确认成本费用，而付款的时间并不在合同履行期间。

四、关联方交易舞弊

1. 与关联方及关联方交易相关的制度规定

（1）《中国注册会计师审计准则第 1323 号——关联方》。

第三条 许多关联方交易是在正常经营过程中发生的，与类似的非关联方交易相比，这些关联方交易可能并不具有更高的财务报表重大错报风险。但是，在某些情况下，关联方关系及其交易的性质可能导致关联方交易比非关联方交易具有更高的财务报表重大错报风险。

例如：

（一）关联方可能通过广泛而复杂的关系和组织结构进行运作，相应增加关联方交易的复杂程度；

（二）信息系统可能无法有效识别或汇总被审计单位与关联方之间的交易和未结算项目的金额；

（三）关联方交易可能未按照正常的市场交易条款和条件进行，例如，某些关联方交易可能没有相应的对价。

第二十六条 当按照《中国注册会计师审计准则第 1501 号——对财务报表形成审计意见和出具审计报告》的规定对财务报表形成审计意见时，注册会计师应当评价：

（一）识别出的关联方关系及其交易是否已按照适用的财务报告编制基础得到恰当会计处理和披露；

（二）关联方关系及其交易是否导致财务报表未实现公允反映。

（2）《企业会计准则第 36 号——关联方披露（2006）》。

第二条 企业财务报表中应当披露所有关联方关系及其交易的相关信息。对外提供合并财务报表的，对于已经包括在合并范围内各企业之间的交易不予披露，但应当披露与合并范围外各关联方的关系及其交易。

（3）《中华人民共和国证券法》（2019 修订）。

第八十条 发生可能对上市公司、股票在国务院批准的其他全国性证券交易场所交易的公司的股票交易价格产生较大影响的重大事件，投资者尚未得知时，公司应当立即将有关该重大事件的情况向国务院证券监督管理机构和证券交易场所报送临时报告，并予公告，说明事件的起因、目前的状态和可能产生的法律后果。

前款所称重大事件包括：

（一）公司的经营方针和经营范围的重大变化；

（二）公司的重大投资行为，公司在一年内购买、出售重大资产超过公司资产总额百分之三十，或者公司营业用主要资产的抵押、质押、出售或者报废一次超过该资产的百分之三十；

（三）公司订立重要合同、提供重大担保或者从事关联交易，可能对公司的资产、负债、权益和经营成果产生重要影响；

（四）公司发生重大债务和未能清偿到期重大债务的违约情况；

（五）公司发生重大亏损或者重大损失；

（六）公司生产经营的外部条件发生的重大变化；

（七）公司的董事、三分之一以上监事或者经理发生变动，董事长或者经理无法履行职责；

（八）持有公司百分之五以上股份的股东或者实际控制人持有股份或者控制公司的情况发生较大变化，公司的实际控制人及其控制的其他企业从事与公司相同或者相似业务的情况发生较大变化；

（九）公司分配股利、增资的计划，公司股权结构的重要变化，公司减资、合并、分立、解散及申请破产的决定，或者依法进入破产程序、被责令关闭；

（十）涉及公司的重大诉讼、仲裁，股东大会、董事会决议被依法撤销或者宣告无效；

（十一）公司涉嫌犯罪被依法立案调查，公司的控股股东、实际控制人、董事、监事、高级管理人员涉嫌犯罪被依法采取强制措施；

（十二）国务院证券监督管理机构规定的其他事项。

公司的控股股东或者实际控制人对重大事件的发生、进展产生较大影响的，应当及时将其知悉的有关情况书面告知公司，并配合公司履行信息披露义务。

（4）《上市公司信息披露管理办法》。

第七十一条　本办法下列用语的含义：

…… ……

（三）上市公司的关联交易，是指上市公司或者其控股子公司与上市公司关联人之间发生的转移资源或者义务的事项。

关联人包括关联法人和关联自然人。

具有以下情形之一的法人，为上市公司的关联法人。

①直接或者间接地控制上市公司的法人。

②由前项所述法人直接或者间接控制的除上市公司及其控股子公司以外的法人。

③关联自然人直接或者间接控制的，或者担任董事、高级管理人员的除上市公司及其控股子公司以外的法人。

④持有上市公司 5% 以上股份的法人或者一致行动人。

⑤在过去 12 个月内或者根据相关协议安排在未来 12 月内，存在上述情形之一的。

⑥中国证监会、证券交易所或者上市公司根据实质重于形式的原则认定的其他与上市公司有特殊关系，可能或者已经造成上市公司对其利益倾斜的法人。

具有以下情形之一的自然人，为上市公司的关联自然人。

①直接或者间接持有上市公司 5% 以上股份的自然人。

②上市公司董事、监事及高级管理人员。

③直接或者间接地控制上市公司的法人的董事、监事及高级管理人员。

④上述第①、②项所述人士的关系密切的家庭成员，包括配偶、父母、年满 18 周岁的子女及其配偶、兄弟姐妹及其配偶，配偶的父母、兄弟姐妹，子女配偶的父母。

⑤在过去 12 个月内或者根据相关协议安排在未来 12 个月内，存在上述情形之一的。

⑥中国证监会、证券交易所或者上市公司根据实质重于形式的原则认定的其他与上市公司有特殊关系，可能或者已经造成上市公司对其利益倾斜的自然人。

（5）《会计监管风险提示第 2 号——通过未披露关联方实施的舞弊风险》对通过未披露关联方舞弊的常见形式和主要特征、审计的常见问题、会计监管关注事项等根据实践案例进行了提示和建议。

2. 关联方交易舞弊动机

（1）利用关联方交易调节利润。

无论是上市公司还是非上市公司，都存在利用关联方交易调节利润的可能性。非上市公司为了实现上级单位任务指标，上市公司为了完成业绩承诺、满足融资业绩条件、避免上市后业绩迅速下降、满足股权激励行权条件、迎合市场业绩预期、谋求以业绩为基础的私人报酬、避免进入 ST 或 PT 行列、为大股东或高管持股解禁变现最大化、满足有关部门的考核要求以及政治和经济上的其他原因，可能存在调节利润的动机和压力。为实现对利润的调节，利用虚假的或者不公允的交易来实现对利润的调节是很普遍的做法，虚假的、不公允的交易，则离不开关联方的"配合"。

（2）利用关联方交易避税。

利用不同企业、不同地区税率及减免税条件的差异，将利润转移到低税率或可以减免税的关联企业。

将盈利企业的利润转移到亏损企业，实现整个企业集团的税负最小化。

（3）侵占资产或者转移资金。

大股东、主要投资者、关键管理人员及其家属控制的或有重大影响的企业通过关联方交易转移或者侵占资产、资金。

审计实践中，利用关联方交易转移资金的行为在非上市公司也多有发生。

（4）其他目的。

3. 关联方交易舞弊形式

（1）虚假交易。

前述若干收入假造案例说明了虚假交易是关联方交易舞弊的常见形式。虚假交易即没有商业实质的交易。这些案例说明，很多虚假交易几乎都离不开关联方的"配合"。

（2）不公允的交易。

不公允的交易，即通过与市场公允价格相差悬殊的交易价格，实现调节利润或者转移资金和利润的目的的交易。

【案例 11-16】 非上市公司的关联方交易侵占资产的案例

某事业单位向下属子公司转移利润，以给员工在工资指标限额之外发放工资。该事业单位下设两个子公司，在经营过程中，该事业单位将大量属于本单位经营范围的事务委托这两个子公司来进行，这两个子公司从该事业单位取得了大量的收入。审计人员利用办公软件检查发现，两个子公司的员工就是该事业单位的员工。转移到两个子公司的资金主要用于员工工资支出，即这些员工在事业单位、两个子公司都有工资收入，突破了上级单位核定的工资总额。

（3）控股股东及其他关联方占用上市公司资金。

控股股东及其他关联方要求上市公司为其垫支工资、福利费、保险费、广告费等费用，代为承担成本和其他支出。

上市公司以下列方式将资金直接或间接地提供给控股股东及其他关联方使用。

➢ 有偿或无偿地拆借公司的资金给控股股东及其他关联方使用。

➢ 通过银行或非银行金融机构向关联方提供委托贷款。

➢ 委托控股股东及其他关联方进行投资活动。

➢ 为控股股东及其他关联方开具没有真实交易背景的商业承兑汇票。

➢ 代控股股东及其他关联方偿还债务。

➢ 其他方式。

【案例 11-17】 上市公司未按规定披露关联方交易的案例

山东 TY 房地产开发集团有限公司（以下简称"TY 集团"）为 TY 股份的控股股东。按相关规定，TY 集团及其直接或者间接控制的企业为 TY 股份的关联方。

2016 年 1 月至 2018 年 6 月，TY 股份及其控股子公司通过银行划款、开具票据等方式，向 TY 集团等关联方提供财务资助，构成 TY 股份与 TY 集团等关联方之间的关联方交易。

上述关联方交易发生的金额 2016 年为 355 343.53 万元，占最近一期经审计净资产的 217.06%；2017 年为 501 019.19 万元，占最近一期经审计净资产的 261.54%；2018 年上半年为 113 647 万元，占最近一期经审计净资产的 65.49%。

2016 年全年，TY 股份累计向关联方提供担保 9.5 亿元；2017 年全年 TY 股份累计向关联方提供担保 56 亿元，向非关联方提供担保 2.3 亿元；2018 年上半年，TY 股份累计向关联方提供担保 5 700 万元。

TY 股份没有按有关规定在相关年度的定期报告和临时报告中披露以上情况，导致相关定期报告存在重大遗漏。

（4）上市公司为控股股东及其他关联方提供担保。

上市公司为控股股东及其他关联方提供担保，上市公司承担一般责任或者连带责任，相当于变相向关联方转移资金。

（5）关联方交易披露不合规。

关联方交易披露不合规一般指上市公司不按有关规定及时披露关联方交易或者在半年度报告、年度报告中披露关联方及关联方交易。

不按规定披露关联方以及关联方交易的原因，则可能是上市公司要掩盖控股股东或者关联方占用上市公司资金、资产的行为，也可能是掩盖上市公司利用关联方交易粉饰报表的行为，还可能是通过减少关联方及关联方交易的披露给市场和投资者以虚假的信心。这些也是审计人员应该关注关联方及关联方交易、关注关联方交易非关联化的主要原因。

4. 关联方交易舞弊风险的应对

（1）识别关联方。

履行审计程序，关注有无未披露的关联方，关于未披露的关联方，可参照第一节第二点"或显或隐的关联方"中介绍的审计程序。

（2）识别关联方交易。

①对于已披露的关联方，识别是否发生关联方交易。

②对于识别出的、被审计单位未充分披露的关联方，识别是否发生关联方交易。

③对于通过异常交易发现未披露的关联方的，应进一步全面搜索统计有关未披露关联方的关联方交易。

④如果被审计单位存在未披露的关联方及关联方交易，则应该关注是否存在其他未披露的关联方及关联方交易。

⑤如果存在未披露关联方交易迹象，应当采取以下措施进一步核实未披露关联方交易的存在性：查验已记录的大额资金往来，关注资金往来是否有真实的商业背景；检查银行对账单和大额现金交易，关注是否存在异常资金流动；向重要股东和关键管理人员函证以确认是否存在尚未识别的关联方关系及其交易。

（3）对关联方交易履行细节测试。

对关联方交易履行细节测试包括：①检查相关合同或协议（如有）；②获取交易已经恰当授权和批准的审计证据。在检查有关资料的基础上，评价：①交易的商业理由（或缺乏商业理由）是否表明被审计单位从事交易的目的可能是对财务信息作出虚假报告或为了隐瞒侵占资产的行为；②交易条款是否与管理层的解释一致；③关联方交易是否已按照适用的财务报告编制基础得到恰当会计处理和披露。

根据获取的审计证据，就财务报表受到关联方关系及其交易的影响而言，确定财务报表是否实现公允反映。

实施细节测试应关注以下要点。

真实性：账面记录的交易（包括已充分披露的和未披露的）是否真实。

完整性：已经发生的关联方交易是否都记载于账面，并充分披露。

程序合规：业务流程是否符合章程、内部控制制度是否对关联方交易授权审批做了相关规定。

有无商业合理性：关联方交易是否具有商业合理性，有无不合常理情形。

价格合理：关联方交易价格是否公允，有无通过不公允的交易调整报表或者转移资金、利润的行为。

会计处理合规：会计处理是否符合会计准则相关规定，是否计入恰当的会计期间。

披露合规：关联方及其交易披露是否合规。

（4）考虑对审计报告的影响。

当按照《中国注册会计师审计准则第 1501 号——对财务报表形成审计意见和出具审计报告》的规定对财务报表形成审计意见时，注册会计师应当评价以下内容。

识别出的关联方关系及其交易是否已按照适用的财务报告编制基础得到恰当会计处理和披露，关联方关系及其交易是否导致财务报表未实现公允反映。

【案例 11-18】 应该从银行询证函中发现的关联方交易

康得新财务造假案中，北京银行 ×× 支行回函显示："该账户银行存款余额为 0 元，该账户在我行有联动账户业务，银行归集金额为 12 209 443 476.52 元。"如果审计人员深究一下联动账户业务的具体情况是什么，就应该能够发现大股东占用上市公司资金、关联方交易披露不充分的问题，当然，也应该能发现货币资金虚构造假行为。

【案例 11-19】 异常交易对关联方交易审计结论的影响

某注册会计师对某上市公司进行年度财务报表审计，发现以下异常交易。

（1）存在没有利息或利息偏离市场利率太多的借贷款项，审计判断，该公司存在调节利润或者利益输送的可能性。

（2）存在没有还款计划或没有签订借款合同的借贷事项，审计判断，该公司存在利益输送的可能性。

（3）一些资产售价过低或过高，审计判断，该公司存在调节利润或者利益输送的可能性。

（4）存在不需成本或花费极少的进货或服务，审计判断，该公司存在调节利润的可能性。

（5）存在非货币性的财产交换，审计判断，该公司该交易可能是关联方交易。

（6）对没有清偿能力者贷款，审计判断，该公司存在利益输送或者转移资金的可能性。

（7）存在没有实质销货的代垫货款，缺乏商业实质。

（8）销货附带重新买回条款，审计判断，该公司存在虚假销售的可能性。

（9）代垫款项转为无法偿还贷款，审计判断，该公司存在侵占资产的可能性。

（10）表面贷款事后冲销为呆账，审计判断，该公司存在侵占资产的可能性。

（11）存在从未提供服务的付款，审计判断，该公司存在侵占资产的可能性。

（12）通过不必要的交易以低价销售给关联企业再转售给客户，审计判断，该公司存在侵占资产的可能性。

（13）以高于公平市价购入资产，审计判断，该公司存在侵占资产的可能性。

以上不公允的交易可能涉嫌输送利益或者侵占资产或者调节报表，很可能是关联方交易。但是，被审计单位不承认存在关联方交易，而审计人员也不能取得确凿的证据证明存在关联方交易，所以，审计人员将其作为审计范围受限导致的无法确定事项，出具保留意见或者无法表示意见的审计报告。

注意，上述事项不应作为强调事项段在审计报告中反映。

五、或有事项处理不当，不按规定确认损失或披露事实

对或有事项不进行允分披露，或未对预计负债进行恰当会计处理和披露，很可能影响损益的真实情况，影响报表使用者的判断和决策。不对或有事项进行恰当处理和披露，表明被审计单位很可能存在操纵利润舞弊的可能性。

【案例 11-20】未及时披露及未在定期报告中披露重大诉讼和仲裁

自 2017 年 9 月起，TY 股份涉及多起诉讼、仲裁案件。2017 年全年，TY 股份涉及诉讼案件 3 起、仲裁案件 2 起，涉案金额累计为 4.1 亿元。2018 年上半年，TY 股份涉及诉讼案件 46 起、仲裁案件 1 起，涉案金额累计约为 43 亿元。2018 年全年，TY 股份涉及诉讼案件 76 起、仲裁案件 1 起，涉案金额累计约为 58 亿元。

TY 股份没有按规定在收到重大诉讼、仲裁相关法律文书之日起两个交易日内披露重大诉讼、仲裁发生情况，没有在年度报告、半年度报告等定期报告

中披露上述重大诉讼、仲裁的情况。

针对或有事项处理不当的舞弊风险，一般应对措施如下。

（1）了解被审计单位关于或有事项处理方面的内部控制制度，并评价是否符合有关准则、制度的规定。

（2）向被审计单位管理层索取下列资料，进行必要的审核和评价。

①被审计单位有关或有事项的全部文件和凭证。

②被审计单位与银行之间的往来函件，查找有关票据贴现、应收账款保理、票据背书和对其他债务的担保。

③被审计单位的债务说明书，其中，除其他债务说明外，还应包括对或有事项的说明，即说明已知的或有事项均已在财务报表中进行了适当反映。

（3）与治理层就遵循法律法规的情况进行讨论，更新与遵循法律法规有关的永久性档案，复核与监管部门的往来信函以发现违反法律法规的迹象，确定需要包括在管理层声明书中的声明事项。

（4）向被审计单位的法律顾问和律师进行函证，以获取法律顾问和律师对被审计单位资产负债表日业已存在的，以及资产负债日至复函日期间存在的或有事项的确认证据。

（5）分析被审计单位在审计期间所发生的法律费用，从法律顾问和律师处复核发票，视其是否足以说明存在或有事项，特别是未决诉讼或未决税款估价等方面的问题。

（6）复核上期和税务机构的税收结算报告，了解被审计期间有关纳税方面可能发生的争执。如果税款拖延时间较久，发生税务纠纷的可能性就较大。

（7）向与被审计单位有业务往来的银行寄发含有要求银行提供被审计单位或有事项的询证函。银行函证可以反映商业票据贴现、应收账款保理、票据背书情况和为其他单位的银行借款进行担保的情况（包括担保事项的性质、金额、担保期间等）。

（8）询问有关销售人员并获取被审计单位对产品质量保证的记录，确定存在损失的可能性。

（9）向管理当局询问是否存在亏损合同；获取并审阅被审计单位与其他企业签订的商品销售合同、劳务合同、租赁合同等，判断其是否可能变为亏损合同。

（10）询问管理当局被审计单位是否存在环境污染整治方面的义务，查阅最新的有关法律法规，关注法律法规要求的变化，检查被审计单位是否还可能产生新的赔偿责任。

（11）获取并审阅被审计单位的重组计划，包括重组涉及的业务、主要地点、需要补偿的职工人数、预计重组支出、计划实施时间等；关注该重组计划是否已对外公告，是否将满足预计负债确认条件的重组义务确认为预计负债。

（12）确定预计负债金额时，考虑可能影响履行现时义务所需金额的相关未来事项的影响。获取并审阅有关专家对技术发展以及清理费用做出的预测，并审查是否得到相当客观的证据予以支持。

（13）审阅截至审计工作完成日被审计单位历次总经理办公会、董事会纪要和股东大会会议记录，确定是否存在未决诉讼或仲裁、未决索赔、税务纠纷、债务担保、产品质量保证、亏损合同、重组计划等方面的记录。

（14）查询被审计单位对未来事项和协议的财务承诺，并向被审计单位管理层询问。获取并审阅截至审计报告日历次股东大会、董事会和管理层会议记录及其他重要文件（包括被审计单位的重要合同和往来通信档案等），确定是否存在不可撤销的财务承诺事项。

（15）关注被审计单位成本费用中有无类似诉讼方面的支出，关注被审计单位有无未向注册会计师披露的诉讼、仲裁。

（16）确定或有事项的会计处理是否正确，是否已按照适用的财务报告编制基础在财务报表中进行恰当反映。

（17）针对评估的舞弊风险等因素增加审计程序。

六、"隐秘的"对外担保

对于通过虚假交易流入的资金，上市公司也可能会通过将自有的土地使用权、房产等资产作为担保，帮助为其提供资金的企业向银行或第三方借款以获取资金。这是最为隐蔽的一种方式，在这种方式下，上市公司在短时间内无须虚构其他交易将虚构的资金转出。

上市公司也可能通过为控股股东或者关联方担保的方式，实现控股股东或者关联方对上市公司资金的占用，或者转移。通常这类担保也会被上市公司故意隐藏起来，不在年报中予以披露。

【案例11-21】康得新不如实披露担保情况

> 2016—2017年，康得新的子公司张家港康得新光电材料有限公司与厦门国际银行股份有限公司北京分行签订了3份存单质押合同；2018年9月，张家港康得新光电材料有限公司又与中航信托股份有限公司签订了存单质押合同。这些存单质押合同都约定把光电材料大额专户资金存单作为对康得集团的担保，而康得新在年报中却掩盖了这些合同存在的事实。

针对以上不如实披露对外担保的情况，有关应对措施同对或有事项的应对措施。

七、故意曲解或适用错误的会计政策

故意曲解或适用错误的会计政策主要表现为故意混淆不同类型业务的会计政策、混淆对同一业务新旧会计政策的不同规定。相关做法虽然貌似无意，但是都有倾向性，对会计政策的选择都是为了调增或者调减利润。对会计政策的故意曲解或适用错误还可能表现为会计政策和会计估计变更随意，没有合理理由，也没有按相关准则的规定进行会计处理和披露。比如，通过对固定资产折旧年限、无形资产摊销年限调整，来调整累计折旧、累计摊销等，调节当期费用，进而调节利润。

【案例 11-22】销售与融资的混淆

某审计组 2020 年 7 月对 A 公司进行审计，审计过程中注意到 A 公司与固定资产相关的重大交易：2019 年 9 月，A 公司与 B 公司签订销售合同，A 公司将某生产线销售给 B 公司，售价为 1.1 亿元。

但是，审计人员在对固定资产进行盘点过程中发现，该固定资产仍然在 A 公司的生产车间。

审计人员到 A 公司法务部门了解该交易事项，了解到还有与该生产线销售相关的补充协议。审计人员通过补充协议了解到，与销售生产线相关的主合同签订两天后，A 公司与 B 公司就签订了补充协议，补充协议的内容为 A 公司要在 2020 年 1 月以 1.2 亿元的价格将该生产线购回，B 公司在回购之前，应保证该生产线完好，不能再次出售，不能抵押、质押等。

以上两个合同说明 B 公司根本没有取得该生产线的控制权，销售不能成立。按收入准则的有关规定，A 公司应该将该交易作为融资交易处理，回购价高于售价的 1 000 万元应该确认为 2019 年的财务费用。

但是，A 公司就该交易确认处置固定资产净收益 3 000 万元，少计财务费用 1 000 万元，导致利润虚增 4 000 万元。

在该案例中，A 公司混淆了正常的销售与融资的概念，导致利润虚增。

【案例 11-23】旧设备清理成本与新设备购置成本的混淆

A 企业对其产品升级换代，淘汰处理旧生产线，购置新生产线，生产新产品。旧生产线账面原值为 10 000 万元，净值为 3 000 万元，A 企业将旧生产线的余值转入在建工程，作为新生产线的建设成本，并且将旧生产线处理停产期间的工人工资、车间水电费等 1 000 万元也列入在建工程。新生产线相关的购置、安装、建设等投资合计 20 000 万元，旧生产线处理收入为 100 万元，A 企业竣工决算报告的总造价为：20 000 万元 +3 000 万元 +1 000 万元 -100 万元 =23 900 万元。

A 企业的理由是旧生产线的清理和新生产线属于一揽子业务，都是为了产品升级换代，属于不可分割的、同一目的的业务。

实际上，旧生产线的拆除处置成本，不属于建设项目建设成本的开支范围，不应该列入基建成本，而应该列入固定资产处置损益。

《企业会计准则第4号——固定资产》第二十一条规定："固定资产满足下列条件之一的，应当予以终止确认：（一）该固定资产处于处置状态。（二）该固定资产预期通过使用或处置不能产生经济利益。"第二十三条规定："企业出售、转让、报废固定资产或发生固定资产毁损，应当将处置收入扣除账面价值和相关税费后的金额计入当期损益。"因此旧生产线的处置损益，也应该列入当期损益。

A企业以经济业务的目的为借口，混淆了新生产线购建成本与旧生产线处置损益，导致资产价值多计3 900万元，本年利润多计3 900万元。

针对被审计单位利用复杂交易有关概念含混不清，歪曲对会计处理的理解，从而实现舞弊这一风险，审计人员应该掌握国家相关政策、企业会计准则，以政策、准则为准绳，结合业务实际情况及实质，判断被审计单位的会计处理是否合规。

八、资产重组中的舞弊

并购重组是上市公司进入新的产业、优化产业布局、培育新的盈利增长点的举措之一。但是，实践中很多并购重组存在舞弊行为，从已发生的舞弊案例来看，并购重组的舞弊动机主要有以下几类。

（1）并购标的公司可能在并购之前舞弊，通过编制虚假财务报告，满足被并购条件。

《上市公司重大资产重组管理办法》规定："上市公司购买的资产对应的经营实体应当是股份有限公司或者有限责任公司，且符合《首次公开发行股票并上市管理办法》规定的其他发行条件。"《首次公开发行股票并上市管理办法》规定："发行人应当符合下列条件：（一）最近3个会计年度净利润均为正数且累计超过人民币3 000万元，净利润以扣除非经常性损益前后较低者为计算依据；（二）最近3个会计年度经营活动产生的现金流量净额累计超过人民币5 000万元；或者最近3个会计年度营业收入累计超过人民币3亿元；（三）发行前股本总额不少于人民币3 000万元；（四）最近一期末无形资产（扣除土地使用权、水面养殖权和采矿权等后）占净资产的比例不高于20%；（五）最近一期末不存在未弥补亏损。"

（2）并购标的公司可能在承诺期内舞弊，通过编制虚假财务报表，满足承诺的利润指标。

（3）并购活动本身也可能是上市公司大股东或者控制方，通过不公允的关联方交易套取上市公司资金的行为。

（4）上市公司通过并购重组进行利润操纵，实现扭亏为盈。

【案例 11-24】 并购标的公司在并购之前为满足并购条件而舞弊的案例

案例 1：AZ 股份并购 JH 集团之财务舞弊案例

2016 年，AZ 股份拟以 37.1 亿元收购 JH 集团，且构成借壳上市。2016 年，JH 集团和 AZ 股份联手进行忽悠式重组。JH 集团为实现重组上市目的，通过各种手段虚增 2013 年至 2015 年度的巨额收入和银行存款，AZ 股份也在《重大资产重组报告书》中公告了含有上述虚假信息的财务报表。

本案例说明重组方可能为了实现上市目的，大肆进行财务造假，而上市公司为了卖壳，可能不对重组方的财务信息进行核实。

案例 2：福建 JS 拟并购 LC 兰花之财务舞弊案例

福建 JS 于 2012 年 6 月在深圳证券交易所上市，福建 JS 于 2015 年 1 月拟以 8.29 亿元收购 LC 兰花。2015 年 1 月 13 日，福建 JS 披露了经公司第三届董事会第十二次会议审议通过的《重大资产重组方案报告书（草案）》。草案记载：LC 兰花 2012 年度、2013 年度、2014 年 1 月至 9 月营业收入分别是 1.77 亿元、1.86 亿元、1.59 亿元。经调查，LC 兰花董事长饶某授意相关部门配合其完成虚构经销商业务，2012 年度、2013 年度、2014 年 1 月至 9 月，各年（期）虚增的营业收入分别为 2 825 万元、2 746 万元、2 214 万元，虚增比例分别为 15.93%、14.76%、13.96%。

本案例说明并购标的公司为了实现重组，可能通过财务造假满足并购条件。

【案例 11-25】 并购标的公司在并购之后为满足业绩承诺而舞弊的案例

CY 和鹰是 CY 集团 2016 年 6 月以 18.8 亿元现金收购的子公司。收购后，CY 和鹰承诺 2016 年、2017 年实现的净利润将分别不低于 1.5 亿元、2.0 亿元，如未达标将进行业绩补偿。为完成并购业绩承诺，CY 和鹰涉嫌通过虚构境外销售、提前确认收入、签订阴阳合同等多种方式虚增营业收入合计约 3.6 亿元，占同期真实营业收入的 1/3 左右。

【案例 11-26】 上市公司在并购中被标的公司诈骗的案例

2016 年 6 月 30 日，宁波 DL 以发行股份和支付现金的方式，以 21.6 亿元购买 NF 供应链 100% 股权。收购后，NF 供应链承诺 2017 年、2018 年、2019 年实现的净利润将分别不低于 2.2 亿元、3.2 亿元、4 亿元，如未达标将进行业绩补偿。2018 年 7 月 1 日，宁波 DL 称在收购 NF 供应链的过程中，遭遇合同诈骗，NF 供应链法人李某及高管团队涉嫌隐瞒 NF 供应链实际经营情况，通过多家境外关联企业，侵占上市公司资金，骗取上市公司股份及现金对价 21.6

亿元，骗取上市公司增资款 2 亿元，同时，诱骗上市公司为 NF 供应链提供担保 15 亿元。NF 供应链合同诈骗案已作出刑事终审裁定，NF 供应链被判处罚金 3 000 万元，其直接负责的主管人员被判处无期徒刑，并没收个人全部财产。

　　本案例展示了被并购标的公司实施舞弊以诈骗上市公司的行为。

　　针对以上资产重组业务中舞弊的情况，审计人员主要控制以下风险。

　　（1）并购标的公司在并购前几个年度为实现并购上市，编制虚假财务报告的风险。

　　（2）并购标的公司在并购后，为完成业绩承诺编制虚假财务报告的风险。

　　（3）并购过程不合规，交易价格不公允，有利用不公允的关联方交易侵占上市公司资产的风险；如果上市公司为国有控股，可能存在国有资产流失风险。

　　（4）并购后商誉减值处理不符合会计制度规定，存在减值迹象没有计提减值的情况，或者计提减值不符合实际情况，导致会计信息失真的风险。

　　前述（1）和（2）的风险控制措施详见前文关于收入、成本费用以及其他影响利润的舞弊风险控制措施。对于（3）这一风险，审计人员应关注以下要点。

　　（1）并购程序是否合规，是否符合公司相关法规制度。例如，前期决策、可行性研究、审批等程序是否合规，是否符合内部控制制度、内部决策程序。

　　（2）信息披露是否合规，是否符合监管机构、证券交易所及国家其他相关管理制度。

　　（3）与并购事项相关的评估报告的评估方法是否合规；评估报告依据的经济事项是否真实；评估报告依据的假设、对经济形势的分析等，是否与实际情况相符。

　　（4）收集信息，关注被并购标的公司生产经营情况是否正常。

九、通过股权投资、其他金融资产投资事项调节利润

　　按我国企业会计准则相关规定，合并财务报表的合并范围应当以控制为基础予以确定，对于没有控制、共同控制、重大影响的投资，应纳入金融资产核算；对于投资企业能够对被投资单位实施控制的长期股权投资，应当采用成本法核算；投资企业对被投资单位具有共同控制或重大影响时，应当采用权益法核算。

　　所以，是否将被投资单位纳入合并范围、采取哪种方法进行会计核算，会对被审计单位的利润产生很大影响，会计核算方法的选择也会被用作调节报表操纵利润的手段。

1. 通过操纵合并财务报表合并范围操纵利润或者从事其他违法行为

　　（1）通过操纵合并财务报表合并范围操纵利润。

　　利用合并财务报表合并范围操纵利润，指将应纳入合并范围的有控制权的公司不纳入合并范围，或者将不应纳入合并范围的公司纳入合并范围，从而实现操纵利润、调节报表的行为。

　　企业出于调节利润的需要，可能不将亏损子公司纳入合并财务报表；可能对亏损的

控股子公司减持股份，以避免将子公司的亏损计入合并财务报表；同时还可能通过转让股权获取投资收益。上述减持行为可能是不真实的，真实情况是对该亏损子公司的股权和控制权并没有发生实质转移，而是通过关联方交易将股权转移到关联方，或者通过非关联方将股权转移到关联方，这类交易一般很隐蔽，企业是不会披露的。

【案例 11-27】提前将子公司纳入合并范围调节利润的案例

2018 年，A 上市公司筹划并购 B 公司，并购事项的合同已经 A 上市公司股东大会通过，已按规定在证券交易所公告，2018 年年末，A 上市公司将 B 公司纳入合并范围。

但是，A 上市公司 2019 年年度报表的合并范围错误，导致因财务信息不实被监管机构处罚，年报审计的会计师事务所也被处罚。A 上市公司虽然与 B 公司原股东于 2018 年签订了并购协议，但是并没有在 2018 年支付合并价款，也没有办理财产转移手续，也未能向 B 公司派出管理人员，没有控制 B 公司，B 公司不满足纳入合并财务报表的条件。但 A 上市公司将 B 公司纳入合并范围，导致合并财务报表净资产由 1.2 亿元增加到 4 亿元，2018 年净利润由亏损 2 000 万元转为盈利 1.3 亿元。

《〈企业会计准则第 20 号——企业合并〉应用指南》中列出，企业应当在合并日或购买日确认因企业合并取得的资产、负债。按照《企业会计准则第 20 号——企业合并》规定，合并日或购买日是指合并方或购买方实际取得对被合并方或被购买方控制权的日期，即被合并方或被购买方的净资产或生产经营决策的控制权转移给合并方或购买方的日期。同时满足下列条件的，通常可认为实现了控制权的转移。

①企业合并合同或协议已获股东大会等通过。

②企业合并事项需要经过国家有关主管部门审批的，已获得批准。

③参与合并各方已办理了必要的财产权转移手续。

④合并方或购买方已支付了合并价款的大部分（一般应超过 50%），并且有能力、有计划支付剩余款项。

⑤合并方或购买方实际上已经控制了被合并方或被购买方的财务和经营政策，并享有相应的利益、承担相应的风险。

（2）通过操纵合并财务报表合并范围从事其他违法行为。

企业通过操纵合并财务报表合并范围从事其他舞弊违法行为一般可能采取下述方式。

①对外投资形成账外资产，未纳入财务账内核算，或者未作为长期股权投资核算。

②达到控制标准的公司未纳入合并财务报表合并范围，未纳入子公司管控范围，资

产存在流失的风险。

③侵占国有资产或者上市公司资产，被投资单位与企业发生大量关联方交易，被投资单位实际上是企业向外转移资金的管道。

④侵蚀主业。被投资单位从事属于企业的业务，企业主业被慢慢转移到被投资单位，被投资单位逐渐壮大。

【案例 11-28】国有资产流失的案例

2019 年，A 集团（国有企业）内部审计部门对 B 子公司进行经济责任审计。在审计过程中，C 公司引起审计组的注意。每周 B 公司的总经理办公会例会都会安排 C 公司的日常生产经营、职工福利、社会保险等事项，C 公司的总经理以及其他管理层由 B 公司任命，B 公司办公楼中的公告板中也有关于 C 公司的生产、销售安排事项的公告。

审计人员检查 C 公司的股权结构，发现 B 公司只对 C 公司持股 20%，其他 80% 股份持有者是员工代表。审计人员对一些员工代表进行访谈，而员工代表并不知道自己成了"代表"，也不知道自己还是"股东"，但是对于 C 公司，员工代表是知道的。按员工们的理解，这 C 公司就像 B 公司的一个部门，相关工作人员都由 B 公司人员兼任。

审计人员认为，B 公司应将 C 公司纳入合并范围。

而 B 公司管理层认为，B 公司对 C 公司持股 20%，没有形成绝对控股，C 公司是"员工的公司"，B 公司不应该将 C 公司纳入合并范围。

按合并财务报表相关准则规定，B 公司对 C 公司持股比例虽然不足 50%，但是，实质上控制了 C 公司，符合《企业会计准则第 33 号——合并财务报表》第十六条规定的情形。

《企业会计准则第 33 号——合并财务报表》第十六条规定如下。

某些情况下，投资方可能难以判断其享有的权利是否足以使其拥有对被投资方的权力。在这种情况下，投资方应当考虑其具有实际能力以单方面主导被投资方相关活动的证据，从而判断其是否拥有对被投资方的权力。投资方应考虑的因素包括但不限于下列事项。

（一）投资方能否任命或批准被投资方的关键管理人员。

（二）投资方能否出于其自身利益决定或否决被投资方的重大交易。

（三）投资方能否掌控被投资方董事会等类似权力机构成员的任命程序，或者从其他表决权持有人手中获得代理权。

（四）投资方与被投资方的关键管理人员或董事会等类似权力机构中的多数成员是否存在关联方关系。

投资方与被投资方之间存在某种特殊关系的，在评价投资方是否拥有对被投资方的权力时，应当适当考虑这种特殊关系的影响。特殊关系通常包括：被投资方的关键管理人员是投资方的现任或前任职工、被投资方的经营依赖于投资方、被投资方活动的重大部分有投资方参与其中或者是以投资方的名义进行、投资方自被投资方承担可变回报的风险或享有可变回报的收益远超过其持有的表决权或其他类似权利的比例等。

审计人员进一步审计 C 公司的主营业务，发现 C 公司的主营业务比较杂，主要都是给 B 公司提供各种服务，包括各种劳务、建筑施工，甚至科研项目，C 公司的全部收入来源于 B 公司。审计人员进一步检查 C 公司的支出，发现 C 公司的各种名目支出实际上都是给 B 公司员工发工资，也就是说，B 公司的员工除了在 B 公司领取一部分工资外，还在 C 公司领取部分工资，C 公司存在的实质上的意义，就是在上级单位核定的工资指标之外另外给员工发放工资。

C 公司问题说明 B 公司有关管理人员存在严重违反廉洁从业相关规定的问题，B 公司存在着国有资产严重流失的问题，B 公司存在管理层凌驾于内部控制之上导致内部控制失效的问题。

2. 长期股权投资权益法核算基数错误

在采用权益法核算长期股权投资时，错误地应用确定投资收益的基数，即被投资单位的净利润不真实，导致投资收益高估或低估。

【案例 11-29】采用权益法核算长期股权投资基数错误的案例

审计人员在对 A 公司财务报表审计过程中，发现 A 公司的净利润几乎是恰好完成当年任务指标 2 000 万元。根据审计人员对 A 公司情况的了解，A 公司经营并不景气，上级下达的任务指标对 A 公司产生了很大压力，审计评估认为 A 公司很可能存在操纵利润的风险。审计人员分析 A 公司的利润构成，发现如果没有投资收益 2 500 万元，A 公司将亏损约 500 万元。

审计人员检查 A 公司对投资收益的计算过程，发现计算投资收益所依据的被投资单位的财务报表与会计师事务所审计报告所附财务报表的净利润金额不一致，其他项目几乎都或多或少大于审计报告所附财务报表的金额。A 公司的解释是计算投资收益时，被投资单位的审计报告还没有出来，只好利用财务快报中的相应数据。审计人员计算发现，因基数错误导致净利润多计 2 000 万元。审计人员要求以被投资单位审计报告确认的净利润为投资收益计算基数，而 A 公司拒绝调整，审计人员认为 A 公司的财务报表严重不实，出具保留意见审计报告。

3. 长期股权投资核算会计政策适用错误

长期股权投资核算会计政策适用错误主要是指对长期股权投资进行后续计量时，采用错误的会计政策：当被投资单位盈利时，不该采用权益法的投资采用权益法核算；当被投资单位亏损时，该采用权益法的改用成本法核算。

【案例 11-30】利用长期股权投资后续计量会计政策调节利润的案例

审计人员在对 A 公司财务报表审计过程中，发现 A 公司一直将对 B 公司的投资作为其他权益工具投资核算，因为 B 公司不是上市公司，公开市场没有可比价格，所以对 B 公司投资的账面余额一直未变。2020 年，A 公司将对 B 公司的投资作为长期股权投资并采用权益法核算，同时对以前年度作为其他权益工具投资核算而少计算的投资收益进行了追溯调整，调整的结果主要为确认当年投资收益 1.2 亿元。A 公司的解释是一直以来，因为会计人员对长期股权投资准则理解不到位，在对 B 公司投资有重大影响的情况下，没有将其作为长期股权投资采用权益法核算，导致少计了投资收益和利润，所以在 2020 年进行会计差错更正，对投资收益和年初未分配利润进行调整。

而权益法核算方法是公司对被投资单位有重大影响情况下才能采用的。根据审计人员对 B 公司的了解，B 公司只有两个股东，A 公司持股 20%，另一个股东是当地政府下属融资平台公司，持股 80%。B 公司的董事会、高管层都由融资平台公司委派，A 公司对 B 公司的生产经营没有任何影响，一直没有发言权，也没有试图影响 B 公司的任何决策。

审计人员认为按实质重于形式原则，虽然 A 公司对 B 公司的投资比例为 20%，但是没有任何实质上的影响，不满足权益法核算的条件，不应该采用权益法核算。

审计人员进一步分析 A 公司的利润结果，发现如果没有该投资收益，2020 年 A 公司将严重亏损，且不符合向当地银行贷款的条件。A 公司对长期股权投资所谓的会计差错更正，实际上是操纵利润的行为。

4. 虚假股权交易，股权转让收益不实

虚假股权交易指公司通过虚假的股权交易操纵利润调节报表的舞弊行为。这种舞弊的表现形式可能是通过被审计单位及关联方能够控制的关联方或者空壳公司买卖股权，"制造"投资收益；也可能是存在真实的股权交易，但是提前或者推迟股权转让收益的确认期间，实现股权转让收益的提前或者推迟入账。

【案例 11-31】CY 农牧的巨额投资收益

2016 年年初，CY 农牧发起设立了 SZZF，以自有资金认缴 9.5 亿元份额，

其后多次追加投资，通过对这些投资的投入、转让，"实现"了巨额的投资收益。

（1）对 NSX 的投资及转让。

2016 年 6 月，CY 农牧旗下的 SZZF 对 NSX 投资 1 250 万元；2017 年 11 月增资 1 亿元；2017 年 12 月 25 日，也就是增资后的第二个月，CY 农牧转身就把 NSX70.83% 的股权（从持股比例看，当时 NSX 实际已经是 CY 农牧的子公司了，当时 NSX 估值为 2 亿元）卖给自然人王某鹏；CY 农牧 2017 年通过 NSX 获得约 2 917 万元的投资收益。

NSX 基本情况如下。

自 2014 年开始，NSX 一直官司缠身，每次都输，失信人记录都是"全部未履行"。

NSX 大股东是吴某军，吴某军是 CY 农牧的发起股东之一，与 CY 农牧股东之一侯某芳是老乡。

（2）对 HST 的投资及转让。

2017 年 5 月，SZZF 投资新三板上市公司 HST，投资额为 16 686 万元。2017 年 6 月 1 日完成股权登记。2017 年 12 月 29 日，SZZF 转让 HST，总价款为 21 678 万元，投资收益为 5 000 万元，7 个月的投资收益率高达 29.91%。

但是，CY 农牧 2017 年财报披露，当年 CY 农牧对 HST 转让价款为 34 374 万元，SZZF 投资收益为 17 687 万元，投资收益率高达 106%。

奇怪的事情还有：CY 农牧转让 HST 之后，HST 立马就摘牌退市了。

（3）受让方 XZJL 的基本情况。

CY 农牧 2017 年出售了 7.95 亿元金融资产，其中超过 70% 都是卖给 XZJL，而转让 HST 是最大的一笔交易。

XZJL 是一家新成立的公司，注册时间是 2016 年 11 月 2 日，注册资本为 1 000 万元，经营范围是创业投资管理。XZJL 有两位股东，一位叫申某，占股 80%，另一位叫景某，占股 20%。有关信息平台显示，XZJL 的实收资本为 0，股东没有实缴出资。

（4）CY 农牧的主要运作流程。

CY 农牧通过股权投资的方式，如利用 NSX、SXSW，或许还包括 WNF，将资金投进吴某军控制的相关公司；吴某军又通过 HYJZ 将资金投向 HYHS、PTRL 这些股权投资公司；这些投资公司又和 XZJL 一起专门受让 CY 农牧转让的投资，即为 CY 农牧接盘，资金又流回 CY 农牧。

在这一系列的股权倒卖过程中，CY 农牧账面上的投资收益连绵不绝。

5. 通过股权投资、其他金融资产投资输送利益、转移资金

舞弊的方式可能是高价收购股权，虚增资产、输送利益，表现形式是高溢价收购形成大额商誉，收购后，被收购公司并没有实现预期的效益，再通过计提商誉减值来掩盖收购过程中交易不公允或者转移资金的实质。相关的舞弊可能在收购之前就开始了：收购之前，被收购标的公司可能通过虚假交易等操纵利润、调节报表，达到收购的条件；收购后，被收购标的公司可能为完成业绩承诺而舞弊；承诺期后，舞弊造成的"纸上繁荣"无法持续，被收购公司效益严重下滑，再对收购过程中形成的商誉进行减值处理，掩盖收购过程中利益输送的实质。

这种舞弊名为投资于金融资产，实为关联方侵占资金。

【案例 11-32】 GSKG 收购 KYSJ、KYZY 案例

2019 年 5 月 23 日，深圳证券交易所发布公告《对 GSKG 股份有限公司及相关当事人给予纪律处分的公告》，该公告揭示了一个通过股权投资或者资产并购输送利益、转移资金的典型案例。

GSKG2018 年 10 月以 40 000 万元受让 ZDZY 持有的 KYSJ 和 KYZY 的 100% 股权。本案例摘录了该交易过程中存在明显欺诈迹象的情节。

（1）《收购公告》称，KYSJ 运营的数据中心约有 5 000 个机柜、60 000 台服务器。经查，前述的机柜和服务器等资产均未真实存在，GSKG 在《收购公告》中未真实披露标的公司的资产情况。

（2）经查询，ZDZY 持有 KYSJ 和 KYZY 各 17.5% 的股权均已被质押。

（3）BJZF 资产评估有限责任公司出具的《GSKG 股股份有限公司拟收购股权事宜涉及的 KYZY 股东全部权益价值项目资产评估报告》显示，KYZY 将其名下的土地使用权抵押给所在市 CY 科技小额贷款股份有限公司，用于为 KYZY 及其他 9 家关联公司的 7 000 万元债务提供担保。

GSKG 在《收购公告》中未完整披露标的公司资产抵押及 ZDZY 持有标的公司股权质押情况。

（4）交易标的定价与其资产账面价值、评估价值存在严重差异。

GSKG 披露的《收购公告》称，标的公司的估值以审计报告为准，交易价格为 40 000 万元。截至 2017 年 12 月 31 日，标的公司经审计的净资产值合计为 3 686.24 万元。有关评估报告显示，评估基准日 KYZY 的净资产评估值为 9 520.05 万元，KYSJ 未实际运营且资不抵债，因此，无法对其价值进行评估。GSKG 本次交易价格远高于标的公司的账面价值和评估价值，溢价率分别为 985.12% 和 320.17%。

以上的情节说明了该交易除了输送利益外，没有其他商业理由。

针对通过股权、其他金融资产投资调节利润或者侵占资产的舞弊风险，一般应对措施如下。

（1）分析企业对外投资总体情况。

若企业存在频繁的股权交易行为，或者企业主要利润来源于股权转让收益，且股权交易行为没有商业实质或者商业合理性，则可能存在操纵利润的行为。

①关注企业商誉占资产总额的比例，与同行业相比是否存在异常。

②关注企业是否存在股权投资投出后没有任何管理的情况。

③关注企业股权投资或者其他金融资产投资，是否存在投出后长期没有分红的情况；或者权益法下核算的投资收益长期远大于分红的情况，即没有取得实际收益情况。

（2）对交易过程中关联方的识别。

识别方法详见第一节第二点"或显或隐的关联方"的审计程序部分。

（3）分析标的资产及交易，判断交易的商业合理性。

①关注企业标的资产是否存在异常。异常情况如标的资产经营情况较差，甚至没有经营，对其并购没有商业合理性。

②关注交易本身是否存在异常。异常情况如交易价格与资产真实价值明显背离，或者存在背离的迹象。

③关注企业有无其他异常情况。

（4）交易过程实质性测试。

①分析交易过程相关资料，包括会议纪要、合同、协议、章程、批文、公告资料等，判断交易决策过程、管理过程、退出过程等是否符合章程、内部控制有关规定，是否符合监管部门相关规定；对于国有企业或者国有控股企业，评价对投资的事前、事中、事后管理是否符合国家有关部门、机构相关规定。

②关注投资及投资处理资金流情况，结合其他与投资支出无关的其他大额资金流出、核对银行对账单等，判断资金流有无异常；结合对证券公司函证、核对交易流水等，验证交易真实性。

③关注会计处理是否正确，如股权转让收益入账期间是否正确，纳入合并范围时点是否正确等。

④通过取得被投资单位审计报告、公开信息平台查询、现场访谈、现场观察被投资单位的生产经营情况等方式，关注被并购资产是否正常经营，盈利能力是否达到预期，是否存在恰好完成业绩承诺的情况；查询工商登记信息分析有无异常，判断有无舞弊迹象。

第十二章
侵占资产舞弊风险的应对

　　侵占资产按主体不同，有多种分类，一种是个别或者某些员工舞弊。员工利用内部控制缺陷独自或者勾结舞弊，这种舞弊不是管理层凌驾于控制之上的有组织舞弊。这种舞弊可以通过完善内部控制制度来防止和发现。在审计过程中，审计人员可能通过内部控制存在的疏漏进一步分析舞弊的动机或压力、机会、态度或借口等，分析舞弊的风险，采取进一步审计程序。

　　另一种是管理层凌驾于控制之上的舞弊，即管理层带领下的有组织的舞弊。对于这种舞弊，无论多么完善的内部控制制度也无法制止，而且内部控制制度越完善的情况下，舞弊事项所涉及的手续越全面，隐蔽性越强，越难被外部审计发现。

　　对于以上两种情况，管理层凌驾于控制之上的舞弊造成的损失一般要远高于员工独自或者勾结舞弊。这里的员工包括底层员工，也包括在单位居于很高职务的员工。

　　侵占资产舞弊形式繁多，不同的岗位、不同的行业，可能有不同的侵占资产舞弊行为，审计人员需要在了解被审计单位业务、业务流程、组织结构等各种情况的基础上，根据不同的岗位、不同业务流程、舞弊可能存在的动机或压力、机会、态度或借口等，分析确认可能存在的舞弊风险，有针对性地采取审计程序。常见的侵占资产舞弊形式有：假发票套取资金，真发票、假业务套取资金；构建复杂的业务流程来转移资金、侵占资产，以掩盖假账；采购人员与客户勾结获取回扣；销售人员采用各种手段侵吞企业利润等。

第一节　管理层凌驾于控制之上的舞弊

　　对于管理层凌驾于控制之上的舞弊，不同行业、不同企业往往有不同的做法。审计人员需要分析被审计单位的主营业务收入及管理流程、主营业务支出及管理流程，分析被审计单位所在行业的一般做法、惯例，通过各种渠道了解行业可能存在的问题等，分析被审计单位可能存在舞弊风险的业务、领域、环节，并采取有针对性的审计方法。

笔者的审计经验表明，审计人员很可能接触到的管理层凌驾于控制之上的舞弊形式如下。

（1）成立关联公司，通过关联方交易转移资金。

（2）在管理层"统一领导"下，各业务环节脱离内部控制搞账外收入，或者利用内部控制流程炮制支出手续，虚构业务支出。

（3）管理人员利用特权凌驾于控制之上，实施侵占资产或者截留收入以及其他舞弊行为。

一、成立关联公司，通过关联公司舞弊

某些企业成立参股公司或者控股公司，将本企业业务让这些公司来做，本企业以此为借口转移资金到这些参股公司或者控股公司，实际上，企业和这些公司实为"一套人马多块牌子"。资金以业务的借口转移到了这些公司后，有时会给部分员工发工资，有时被相关领导贪污挪用，当然，会演绎出一些真假难辨的业务，以工资费用或者其他合同、发票等形式套出。如果会计人员假账做得"敬业"，则审计难以发现；如果会计人员假账做得粗糙，则审计容易发现。但是，有些审计人员想当然地认为这些下属公司就是被审计单位的控股公司或者参股公司，并不会产生任何怀疑，也就没有履行有针对性的审计程序，则难以发现任何异常。

审计人员若遇到这种被审计单位成立若干参股公司、控股公司等情况，或者成立类似职工技术协会、"三产"以及其他形式的下属组织，至少应关注以下事项。

（1）详细了解这些下属公司的主营业务，分析这些下属公司主营业务是否与被审计单位业务相同或者相近，是否与被审计单位发生同业竞争，是否可能存在侵占被审计单位业务和市场的风险。

（2）关注这些下属公司是否可能是被审计单位的供应商或者客户，是否存在不公允的关联方交易，从而存在输送利益风险。

（3）关注这些下属公司与被审计单位有无关联方交易，关注关联方交易是否真实、定价是否公允。

（4）关注这些下属公司的人员与被审计单位的人员是否相同。

（5）关注这些下属公司有无独立的经营场所，办公场所是否位于被审计单位经营场所之内。

（6）关注这些下属公司的生产经营决策是否由被审计单位做出。

（7）关注这些下属公司的主要管理人员是否由被审计单位任命。

（8）关注这些下属公司受被审计单位管控的迹象。

【案例 12-1】下属公司的真相（1）

A事业局内部审计组对下属事业单位B局（以下简称"B局"）进行经济责任审计，在审计过程中发现B局有控股子公司C1公司，B局与C1公司又成立了控股子公司C2公司。B局业务属于关系公共安全的基础设施领域业务，而且属于高科技领域。但是，B局将一些重要的运行业务都承包给C1和C2公司，并支付了大量的费用。

按审计人员的理解，B局的业务涉及公共安全，B局应该遵守严格的技术规程，对人员素质和业务管理都应该有很高的标准。但是，B局将这些运行业务都交由C1和C2公司来做，是否能保证C1和C2公司的人员素质、技术水平满足业务运行的需要？是否能保证运行中的公共安全？这是审计人员最初的疑惑。

在审计过程中，审计人员观察到C1和C2公司财务人员的日常工作是受B局财务总监领导的；C1和C2公司没有独立的生产经营场所，C1和C2公司的经营场所都是两排平房，该平房位于B局经营场所范围内。审计过程中，审计人员未见到C1和C2公司生产经营人员。

审计人员进一步分析C1和C2公司的主要收入来源，发现C1和C2公司80%以上的收入来源于B局，其他不足20%的收入来源于其他外部市场。

审计人员分析B局与C1和C2公司的关联方交易，发现B局存在向C1和C2公司转移资金的情况，典型交易如下。

（1）不公允的电传费服务支出。

C1公司一部分收入是为B局提供电传服务收入。审计人员分析了该服务针对不同客户的单价（见下表），可以看出，B局的单价几乎是其他公司同种业务单价的3倍。

不同客户接受电传服务的情况

客户	2017 年下半年收费（元）	2017 年下半年收发报量（个）	每份单价（元）
B 局	7 800 000.00	3 947 085.00	1.98
A 公司	960 000.00	1 397 937.00	0.69
B 公司	625 000.00	923 101.00	0.69

（2）离奇的租赁费。

2017年，B局与C1公司签订设备租赁合同，租赁费用合计600万元。

从C1公司的账面情况来看，与租赁业务有关的设备原值为65万元，与B局支付的600万元租赁费相比，相差悬殊。据C1公司有关人员反映，租赁费不只是资产使用费，还包括维护费。审计人员将 C1 公司利润表上所有的主营业务成本与管理费用合计数 2 200 万元，按收入分摊，与租赁收入有关的费用测算结果为 361 万元，再加上设备 65 万元（假设设备一年用废），合计为 426 万元，也远不及租赁费用 600 万元。

除以上两项外，B 局与 C1 公司和 C2 公司几乎所有的交易都是严重偏离市场公允价值（即 C1 公司和 C2 公司与 B 局以外其他客户的交易价格）的，B 局存在通过关联方交易转移资金的事实。

而且，C1 公司和 C2 公司无偿使用 B 局的房产和设备，从固定资产盘点的情况来看，C1 公司和 C2 公司的设备资产与 B 局的设备资产合并在一起，看不出来分别保管的迹象。

（3）冰火两重天的盈利情况。

审计人员进一步分析了 B 局、C1 公司和 C2 公司三家单位的盈利情况，B 局在国家经济形势大好、收入比上年增加 20% 的情况下，亏损了，而 C1 公司和 C2 公司的利润都比上年的利润翻了两番。

审计人员进一步分析，所有的经济行为都是管理人员决策的，他们出于什么目的才将 B 局的资金转移到 C1 和 C2 两个公司？审计人员凭借经验判断是为了将这些资金转出 B 局，脱离 A 事业局的监控，"自由"地使用这些资金。

审计人员在审计过程中了解到 A 事业局对包括 B 局在内的各地下属单位都执行严格的预算管理，所有收支纳入预算，人员的薪酬也列入预算管理。

审计人员进一步检查 C1 和 C2 两个公司的支出，发现一些成本费用支出存在虚列的情况，有关资金去向不明，审计组将后续调查事宜移交 A 事业局纪检部门进行。

审计人员检查 C1 和 C2 两个公司工资表，发现 C1 和 C2 两个公司的员工与 B 局的员工实际上相同，即 B 局的员工在 B 局领取了纳入预算管理的薪酬，又在 C1 和 C2 两个公司领取一部分薪酬。

C1 公司和 C2 公司账面的薪酬支出，包括员工奖金、领导层奖金，当然，这些奖金脱离了 A 事业局的审批和监控；C1 公司和 C2 公司还存在部分资金支出只有支票存根，没有工资表明细，资金去向不明的情况。

审计人员通过审计发现的这些问题，明白了 C1 公司和 C2 公司存在的目的。C1 公司和 C2 公司就是两个空壳公司，这两个公司存在的意义是：表面上是合法的法人实体，每个实体有真实的营业执照和银行账户，有独立的账套，最终目的是将 B 局的资金转移到这两个公司，再在这两个公司的账上支出，从而脱离 A 事业局的预算监控。

以上是被审计单位通过参股公司、控股公司或者其他下属单位转移资金的典型案例。而审计实践中，审计人员容易存在的疏漏就是：看到被审计单位下属若干子公司、参股公司、孙公司等在被审计单位的账面核算，会计核算、后续计量等符合会计制度的规定，就不再多加思考，不关注被审计单位与这些公司的交易有没有商业的合理性，即这些公司存在的真实的目的和意义是什么，从而导致忽略了被审计单位通过这些公司转移资金、侵占资产的风险。

【案例12-2】下属公司的真相（2）

A企业集团内部审计组对下属子公司B进行经济责任审计，在审计过程中发现B公司控制的一个以集体企业注册的X公司。从工商注册资料来看，X公司与B公司没有任何投资关系，几年前B公司的党委书记是X公司的董事长，但已经做了工商变更，该党委书记早就不担任X公司的任何职务。

实际经营过程中，X公司的收入全部来源于B公司各种名目的业务。从审计分析来看，这些所谓的"业务"只是B公司向X公司转移资金的名目，实质上不是真实的。

值得进一步探讨的是X公司。X公司在几年的时间里迅速发展壮大，在B公司连年亏损、资不抵债的情况下，X公司账面的收入、利润、净资产连年增长，从净资产上来看，X公司这个集体企业已经远超B公司。

从审计人员设法取得的一份会议纪要看，B公司的管理层计划将X公司慢慢做大，将B公司的业务和资源逐渐转入X公司，B公司管理层计划在退休后转入X公司继续经营。

本案例说明，B公司管理层觊觎的不是B公司的部分资产或者资金，而是整个B公司；也说明，管理层凌驾于控制之上的舞弊，侵占的资产、资金以及造成的损失，要远远严重于职工个人利用内部控制缺陷舞弊造成的损失。

二、在组织账内的舞弊

与成立关联公司的做法不同，还有一种舞弊方式是在组织账内，通过收入不入账或者虚列成本费用、虚列工程项目支出等方式截留资金，形成小金库。审计实践中，这类舞弊也可能存在各种情况。

第一种，管理层"统一领导"下的舞弊。

管理层"统一领导"下的舞弊是各部门在管理层的"统一领导"下"通力协作"，各部门有明确的分工和严谨的流程，每个环节的工作人员都知道自己在做什么，知道面对外部审计或检查时哪些能说、哪些不能说，哪些情况能反映、哪些情况不能反映的舞弊形式。针对外部审计，各环节、各部门提供的资料往往是符合内部控制制度规定的，审计人员往往很难通过某一个业务环节取得突破。

针对这种舞弊，审计人员应结合被审计单位的业务、行业情况进行分析。虽然会计资料、控制流程等可以舞弊造假，但是与生产有关的生产现场、原材料、产成品等难以造假，假的就是假的，是难以与财务账面核对相符的。以生产经营现场、设施、产成品等作为突破口，可能会发现与财务账面完全不同的情况。

【案例12-3】从生产现场取得的突破（1）

某市税务局怀疑A公司存在账外收入不入账，从而偷逃税款的问题。稽查部门分析了A公司的情况，如果上门检查账目，则A公司从业多年的、很有应付税务稽查经验的会计们会提供一些"滴水不漏"的资料，很难从这些资料中看出什么破绽。能证明A公司生产经营真实情况的，只能是A公司车间管理人员管理的生产记录，而这些真实生产记录只能靠稽查人员突击检查取得，A公司主动提供是不现实的。

稽查部门决定在某日突击检查。在A公司管理层没有任何准备的情况下，稽查人员直接到车间，取得了A公司全部生产记录。稽查部门通过将生产记录中的生产情况与A公司账面的生产情况和销售情况对比，发现了A公司大量的收入不入账，形成账外资金，同时少交税款的事实。

本案例中，税务稽查部门分析A公司很可能存在大规模造假，如果上门盘点原材料、半成品、产成品等，不仅耗时长、付出代价很大，而且效果可能不是很好。如果A公司存在大规模造假，则一定存在真实的记录，否则，A公司管理层也无法对这些账外生产进行管理。所以，稽查部门认定A公司必定存在真实的生产记录，取得真实的生产记录就是突破的关键。当然，稽查部门准确、快速地取得A公司的生产记录，离不开有关人员对A公司所在行业、对A公司生产流程的了解，知彼知己，才是取得胜利的关键。

【案例12-4】从生产现场取得的突破（2）

A集团公司委托审计组对B子公司进行经济责任审计。在B公司的会议纪要中，审计人员发现很多对B公司残次冷背产品处理事宜的探讨，但是审计人员在B公司的账内并未发现处理残次冷背产品的收入。

审计人员认为这件事本身存在异常，因为B公司管理层几乎每次例会都讨论这件事。俗话讲"无利不起早"，如果没有收益，花这么多时间讨论又是为什么。

B公司的审计联络人员反映，这些残次冷背产品的收入不高，都被工人们当作废品卖了，B公司承认对这些收入的管理不严格。这种解释，并不能打消审计人员的疑虑。

审计人员通过多种渠道打听清楚了 B 公司残次冷背产品的处理场所，突击检查相关场所，从现场来看，所谓的残次冷背产品并不"残次冷背"，都是正常的产品。B 公司将这些产品以"残次冷背"的名义卖出，有关收入纳入工会账，而这些"残次冷背"产品的买家以正常价格卖出，所取得的差价，与 B 公司管理层分摊。几年前，B 公司管理层的几个管理人员因为此事判刑，那几个人还没有从监狱出来，后来者又在从事同样的舞弊行为。

第二种，部分人员参与的舞弊。

部门人员参与的舞弊，参与的人范围有限，往往只有少数财务人员，大多数业务人员并不知情。当然，这种情况下的舞弊所得也只有少数人员私分。针对这种情况下的舞弊审计，被审计单位人员消息不对称是审计人员的突破口之一，即账面上记载的收入、支出等和业务人员了解的实际情况可能是不一样的，所以，将账面的情况与开展业务人员访谈了解的情况进行对照，是重要的审计方法之一。

【案例 12-5】业务人员访谈取得的突破

A 集团公司委托审计组对 B 子公司进行经济责任审计。审计人员发现 B 子公司账面存在大量的大修、技改支出，审计人员统计了一下，主要是对 X、Y、Z 三台设备的大修支出，分别为 1 200 万元、2 000 万元、2 400 万元，负责大修的公司为 UVW 公司。

审计人员就此事访谈了负责大修工作的生产技术科人员，审计人员并没有提财务账面上记载的情况，而是直接问：在审计期间内，哪些设备发生了大修。生产技术科人员反映，只有 X 设备发生了大修，有关支出不到 50 万元，并提供了大修记录。

从大修记录来看，只有 X 的记录，没有 Y 和 Z 的记录，且生产技术科人员并不知道账面上记载的从事大修业务的 UVW 公司，即收取 5 600 万元（1 200 万元 +2 000 万元 +2 400 万元）大修费用的公司。

以上情况说明，财务账面所列的支出不是真实的，没有真实的业务支持。

经集团内纪检监察部门以及外部公安部门调查，该资金以大修的名义转入 UVW 公司账内，又经过中间若干单位转入 B 公司主要领导人员亲属账户。

第二节　员工利用内部控制缺陷的舞弊

员工利用内部控制缺陷的舞弊，即员工一个人或者几个员工合伙，利用内部控制缺陷或者通过规避内部控制监控，侵占所在单位资产或资金的行为。

内部控制缺陷可能存在以下几种情况。

① 有关业务没有内部控制制度，没有内部监控措施。

② 针对有关业务，制定了内部控制制度，但是有关内部控制制度本身存在缺陷，不适应被审计业务的实际情况，不能发挥作用。

③ 针对有关业务，制定了内部控制制度，但是由于被审计单位不重视，或者人情高于制度等原因，内部控制制度没有得到有效执行。

被审计单位如果存在以上内部控制缺陷，则可能存在员工利用内部控制疏漏而舞弊的行为，侵占单位资产或者资金。

【案例12-6】从内部控制缺陷入手发现的"内贼"

某企业集团委托内部审计部门对下属企业B公司进行财务收支审计。在审计过程中，审计组详细了解各项内部控制制度的设计及执行情况。

在一次与被审计单位有关人员闲聊的过程中，审计组人员发现该公司并没有严格执行有关的内部控制制度。按内部控制制度规定，每月应该由出纳以外的人员从银行取得银行对账单，与银行存款日记账核对，并编制银行存款余额调节表。但是，该公司领导在某次闲聊中表示，对出纳老王的工作非常满意，一个人兼任出纳、会计、司机、后厨采购等多项工作，勤勤恳恳，任劳任怨，从来没有干多了得少了之类的抱怨。

审计组人员听后，立即心生警觉。出纳和会计、会计和采购、出纳与编制银行存款余额调节表，这些都是不相容职务，应该分离，即不应该由一个人同时担任不相容职务，否则会失去监控，导致舞弊。

审计组本来已经检查完各月银行存款余额调节表，也将银行存款日记账与银行对账单初步核对。为控制审计风险，审计组亲自去银行打印了审计期间的银行对账单，再次与被审计单位提供的银行对账单和银行存款日记账核对，发现被审计单位提供的银行对账单与审计人员亲自去银行取得的银行对账单有很多不一致的地方。有的是金额不一致，如从银行取得的银行对账单中一笔10万元的支出，在企业提供的银行对账单上变成多笔小额支出；有的是对方单位不一致，如从银行取得的银行对账单中多笔支出对方单位是出纳的姓名"王××"，而企业提供的银行对账单及日记账记录的对方单位很多是一个单位的名称，凭证还附有相应单位的发票、支出合同等。

审计人员将这些支出进行了详细核对，结果发现出纳老王存在利用内部控制缺陷和职务便利伪造会计资料侵吞银行存款的行为。在集团公司的指令下，审计组向前追溯审计15年（即老王任出纳的期间），发现老王十几年都采用同一种手法舞弊，即从银行取得银行对账单后，通过打印排版等，再按自己的造假计划伪造一份银行对账单，盖上私刻的银行印章。一真一假的银行对账单放在审计人员面前，如果不看内容，几乎看不出来差别。十几年下来，老王累计侵吞 B 公司资金 2 000 多万元。

实践中，存在很多类似情况，被审计单位主要管理人员不懂会计、出纳业务，不懂内部控制的基本原则，往往将不相容职务交给他们信任的一人担任，长此以往，如果没有外部审计，或者舞弊没有严重到导致公司资金链断裂，往往不能发现。

以上案例是舞弊涉及资金出入被审计单位的账面，审计人员有可能发现的情况。还有些舞弊行为，相关资金不记载于被审计单位的账面，审计人员由于职能范围限制难以从被审计单位的账面查到，如收受贿赂、出卖单位利益等行为。这种情况下，审计人员可能只能从账面看到买或者卖的价格异常，但是难以从账面得知真实的情况，需要外部机构（如公安部门）的介入。审计人员需要发现的关键问题就是买卖的价格有无异常。

【案例 12-7】通过同一零件悬殊的购价发现贪污的案例

A 集团公司委托审计组对下属若干连锁店进行财务收支审计。审计组在审计过程中，发现很多门店都有同一内部控制缺陷：因门店规模，采购业务只由少数人负责，没有招标程序对采购商品的质量、性能、价格等进行择优比较，没有其他岗位对询比价流程进行监控，这导致可能存在采购环节的舞弊行为。

所以，审计组将每家门店采购的主要材料价格进行对比，以及与同期市场价格进行对比。果然，发现其中一家门店所采购的主要材料的价格比市场价以及其他门店采购价格都高出很多。经审计人员对比，发现不同门店从同一供应商采购的同种商品，都存在价格完全不一致的情况。

在 A 集团公司纪检部门介入的情况下，有关采购人员也老实交代了事实真相，即采购人员以高价从供应商处采购有关商品，对于高出市场价格部分，对方给采购人员 50% 的回扣。

在该案例中，审计人员从账面看出了采购价格的异常，但是对于背后的交易，即供应商给有关人员的回扣，账面不可能有反映。审计人员受职能、审计范围等限制，无法延伸审计背后的资金流向，即供应商给采购人员的回扣。针对这种情况，可能就需要有相应职能的部门（如公安部门）介入，才能接触审计人员接触不到的领域，才能搞清楚事情真相。

关于员工侵吞单位资金、资产的舞弊，不同行业、不同企业、不同岗位、不同的舞弊者，都可能有不同的表现形式，审计人员需要详细了解被审计单位所在行业情况、业务流程、有关人员职责、相关内部控制制度等情况，分析可能存在的舞弊的动机或压力、机会、态度或借口等，评估审计风险，采取有针对性的审计程序。

第四部分

主要业务循环审计

第十三章
销售和收款循环审计

审计的最终目标是提高管理水平、堵塞内控漏洞，提高企业竞争能力，保障资产安全。所以，对于审计工作来说，发现错误或者舞弊是实现目标的重要环节，而通过发现错误和舞弊揭示管理存在的问题，提出行之有效的管理建议，并协助被审计单位整改，使被审计单位的管理水平不断得到提高，应该是审计工作的使命。在开展审计工作前，审计人员应该订立审计目标。

第一节　审计目标

（1）确认全面风险管理、合规管理和内部控制制度是否健全，是否覆盖销售和收款循环的各环节。

（2）确认财务信息是否真实，是否存在为了完成考核指标或者其他目的，提供虚假财务信息、粉饰报表的情况，或者是否存在贪污舞弊、截留收入形成账外账、小金库的情况，或者是否存在通过关联方交易转移资金的情况。

（3）确认对行业相关的特定法规的遵守情况，对所在企业集团内部管理制度的遵守情况。

（4）确认与销售有关的企业战略和规划是否成功实现，如新产品的开发推广、新市场的开拓等。

（5）确认新产品销售是否达到预期收益，有无因新产品开发失败形成重大损失的情况，有无产品不符合国家相关政策的情况，有无没有市场导致损失的情况。

（6）分析评价被审计单位主业经营情况。

（7）其他。

第二节 审计依据

审计依据是审计人员做出审计评价、形成审计结论、定性审计问题的依据。不同的被审计单位要遵守不同的法规制度、内部控制制度，以及与被审计单位、事项相关的其他制度。假设委托方要求对某经济事项进行专项审计，审计依据可能是与审计目的相关的法规、内部控制制度等。

假设被审计单位是国有企业或者国有控股企业，审计依据包括但不限于以下依据。

（1）《关于印发〈中央企业全面风险管理指引〉的通知》（国资发改革〔2006〕108号）。

（2）《关于印发〈中央企业合规管理指引（试行）〉的通知》（国资发法规〔2018〕106号）。

（3）《关于印发〈企业境外经营合规管理指引〉的通知》（发改外资〔2018〕1916号）。

（4）《关于加强中央企业国际化经营中法律风险防范的指导意见》（国资发法规〔2013〕237号）。

（5）《国资委党委关于印发〈关于加强中央企业廉洁风险防控工作的指导意见〉的通知》（国资党委纪检〔2012〕155号）。

（6）《中央企业违规经营投资责任追究实施办法（试行）》（国务院国有资产监督管理委员会令第37号）。

（7）《企业内部控制应用指引第9号——销售业务》。

（8）所在行业相关的特定法规制度。例如，烟草行业的烟草专卖法规制度、中储粮系统粮食管理相关制度等。不同行业有不同制度，审计人员需要自行收集。

（9）所属企业集团的内部管理制度。

（10）企业会计准则。

（11）其他相关制度。

第三节 审计内容

一、销售与收款循环风险管控情况

销售与收款循环各环节是否纳入全面风险管理，风险信息收集、风险评估、制定风险管理策略和管理方案、制定内部控制制度等是否切实执行到位，各环节之间工作内容是否相关、连贯，有无内容各不相关、工作流于形式的情况。

1. 信息收集工作是否到位

企业应收集与本企业销售业务有关的内部、外部各方面信息，如下所示。

（1）在战略风险方面，企业应广泛收集国内外企业与销售相关战略风险失控导致企业蒙受损失的案例，并至少收集与本企业相关的以下重要信息。

➤ 市场对本企业产品或服务的需求。

➤ 本企业主要客户及竞争对手的有关情况。

➤ 与主要竞争对手相比，本企业优势与差距。

（2）在财务风险方面，企业应广泛收集国内外企业财务风险失控导致危机的案例，并至少收集与本企业相关的以下重要信息（其中有行业平均指标或先进指标的，也应尽可能收集）。

➤ 现金流、应收账款及其占销售收入的比重、资金周转率。

➤ 产品存货及其占销售成本的比重、应付账款及其占购货额的比重。

➤ 制造成本和管理费用、财务费用、销售费用。

（3）在市场风险方面，企业应广泛收集国内外企业忽视市场风险、缺乏应对措施导致企业蒙受损失的案例，并至少收集与本企业相关的以下重要信息。

➤ 产品或服务的价格及供需变化。

➤ 主要客户信用情况。

➤ 潜在竞争者、竞争者及其主要产品、替代品情况。

（4）在运营风险方面，企业应至少收集与本企业、本行业相关的以下信息。

➤ 新市场开发、市场营销策略，包括产品或服务定价与销售渠道、市场营销环境状况等。

➤ 因企业内、外部人员的道德风险致使企业遭受损失或业务控制系统失灵的案例。

➤ 对现有业务流程和信息系统操作运行情况的监管、运行评价及持续改进能力。

（5）在法律风险方面，企业应广泛收集国内外企业忽视法律法规风险、缺乏应对措施导致企业蒙受损失的案例，并至少收集与本企业相关的以下信息。

➤ 国内外与本企业相关的政治、法律环境。

➤ 影响企业的新法律法规和政策。

➤ 员工道德操守的遵从性。

➤ 本企业签订的重大协议和有关贸易合同。

➤ 本企业发生重大法律纠纷案件的情况。

➤ 企业和竞争对手的知识产权情况。

2. 是否依据收集的信息进行风险评估

是否有专门部门进行风险评估，风险评估是否依据收集的信息进行。不同的企业、不同行业会面临不同风险，对于企业销售业务，审计人员应至少关注下列风险。

（1）销售政策和策略不当、市场预测不准确、销售渠道管理不当等，可能导致销售不畅、库存积压、经营难以为继。

（2）客户信用管理不到位、结算方式选择不当、账款收回不力等，可能导致销售款项不能收回或遭受欺诈。

（3）销售过程存在舞弊行为，可能导致企业利益受损。

二、销售与收款循环内部控制制度完善情况

是否在风险评估的基础上，制定风险管理策略和风险管理解决方案，风险管理策略和风险管理解决方案是否能够应对相应的风险。

是否结合实际情况，针对销售业务整个流程，完善销售业务相关管理制度，确定适当的销售政策和策略，明确销售、发货、收款等环节的职责和审批权限，按照规定的权限和程序办理销售业务，定期检查分析销售过程中的薄弱环节，采取有效控制措施，确保实现销售目标。

（1）是否建立健全信用管理制度。

是否加强市场调查，合理确定定价机制和信用方式，根据市场变化及时调整销售策略，灵活运用销售折扣、销售折让、信用销售、代销和广告宣传等多种策略和营销方式，促进销售目标实现，不断提高市场占有率。

是否健全客户信用档案，关注重要客户资信变动情况，采取有效措施防范信用风险。

对境外客户和新开发客户，是否建立严格的信用保证制度。

（2）是否完善合同签订环节内部控制制度。

在销售合同订立前，是否与客户进行业务洽谈、磋商或谈判，关注客户信用状况、销售定价、结算方式等相关内容。

对于重大的销售业务谈判，是否让财会、法律等专业人员参加，并形成完整的书面记录。

销售合同是否明确双方的权利和义务，审批人员是否对销售合同草案进行严格审核。对于重要的销售合同，是否征询法律顾问或专家的意见。

（3）是否完善销售及售后环节内部控制制度。

销售部门是否按照经批准的销售合同开具相关销售通知。发货和仓储部门应当对销售通知进行审核，严格按照所列项目组织发货，确保货物的安全发运；应当加强销售退回管理，分析销售退回原因，及时妥善处理。

是否严格按照发票管理规定开具销售发票。严禁开具虚假发票。

是否做好销售业务各环节的记录，填制相应的凭证，设置销售台账，实行全过程的

销售登记制度。

是否完善客户服务制度，加强客户服务和跟踪，提升客户满意度和忠诚度，不断改进产品质量和提高服务水平。

（4）是否完善销售收款环节内部控制制度。

是否完善应收款项管理制度，严格考核，实行奖惩。

是否由销售部门负责应收款项的催收，催收记录（包括往来函电）是否妥善保存；是否由财会部门负责办理资金结算并监督款项收回。

是否加强商业票据管理，明确商业票据的受理范围，严格审查商业票据的真实性和合法性。

是否关注商业票据的取得、贴现和背书；对已贴现但仍承担收款风险的票据以及逾期票据，是否进行追索监控和跟踪管理。

（5）会计记录控制是否完善。

是否加强对销售、发货、收款业务的会计系统控制，详细记录销售客户、销售合同、销售通知、发运凭证、商业票据、款项收回等情况，确保会计记录、销售记录与仓储记录核对一致。

是否定期与客户核对应收账款、应收票据、预收账款等往来款项。

是否加强应收款项坏账的管理。应收款项全部或部分无法收回的，是否查明原因、明确责任、严格履行审批程序，并按照国家统一的会计准则制度进行处理。

（6）是否将相关法规和政策要求整合进内部控制程序。

三、销售业务会计记录是否真实

销售业务会计处理是否符合相关会计准则的规定，有无错误适用会计政策，或者调节利润行为。

销售收入记录是否真实、完整，有无多计少计；是否记录在恰当的会计期间，有无截止错误调节报表行为；是否记录于恰当的账户；是否按照企业会计准则的规定在财务报表中进行恰当列报。

销售和收款业务中，有无舞弊违法行为；应收账款是否符合规定的信用政策，有无损失风险；坏账准备计提是否符合会计政策规定；应收账款收回是否真实，应收账款保理业务核算是否正确，有无为完成"两金"管理指标的虚假保理。

四、与被审计单位所在行业相关的特定法规的遵守情况

被审计单位所在行业可能存在与行业有关的法律、法规或制度，审计人员需要关注被审计单位对所在行业特定法律法规制度的遵守情况。

被审计单位所在企业集团可能存在特定的管理制度，审计人员需要关注被审计单位

对所属企业集团相关管理制度的遵守情况。

五、其他与销售业务相关的事项

在审计确定销售收款有关的会计信息的基础上，评价销售有关的考核指标完成情况、与销售相关的战略实现情况、市场开拓规划实现情况、新产品开发投资成效情况，以及是否达到预期的收益。

【案例 13-1】从销售收入造假延伸出来的问题

对于财务审计，忌孤立地就财务论财务，应该全面分析问题的根本原因、影响，界定责任。

A集团公司派出审计组对B子公司进行财务收支审计。审计组调查B子公司主要客户的工商登记资料，发现几个Y智能设备的主要客户因经营范围、体量等限制不具备大额的购买能力，进而发现B子公司通过这几个主要客户虚增Y智能设备销售量460台，虚增销售额1.36亿元。审计结果说明财务信息真实性存在问题。

扣除虚增部分后，审计人员发现Y智能设备生产线几乎没有生产量，未达到设计产量，未按时投产，未实现预期收益。

审计人员进一步追查内部控制及Y智能设备生产线建设过程，发现以下问题。

（1）B子公司内部控制存在管理层凌驾于控制之上的问题。

B子公司销售通过网上销售平台进行。总经理统一组织，将以员工身份证注册的公司（即前述的几个主要客户）纳入系统客户名录，并与之发生交易，销售业务涉及的各部门、环节都具备且运行顺畅。即使是设计完美的内部控制系统，也无法发现、纠正这种虚假交易，这说明B子公司内部控制失效。

（2）风险管控、合规管理存在问题。

项目进行之前，可行性研究、尽职调查流于形式，没有考虑该项目为国家明令禁止、列入负面清单的事实。

（3）贯彻执行党和国家经济方针政策、决策部署存在问题。

项目未按规定经国资委审批，建设过程中，即使国资委明文阻止，B子公司仍没有停止项目。

Y智能设备项目属于国家明令禁止项目，产品几乎没有市场，这说明B子公司违反国家产业政策。

（4）重大经济事项的决策、执行和效果存在问题。

审计人员检查投资决策过程相关资料发现：此项目投资未经集体决策，由总经理王某一人决定，违反了B子公司"三重一大"事项决策制度。

（5）廉洁从业存在问题。

审计中发现Y智能设备项目主要施工方为总经理王某亲属所开公司，没有公开招标，而是邀请招标，邀请的施工方不足三家。邀请招标未经过审批。虽然该交易属于关联方交易，但是B子公司没有按内部控制制度的规定对关联方交易进行集体决策，也没有按会计准则相关规定进行充分披露。

（6）违反环保政策。

该项目一旦投产会造成环境污染，违反国家环保相关政策。

（7）公司治理存在问题。

项目决策过程中，董事会、审计部门、监察部门都没有提出反对意见，治理结构集体失灵。

（8）重大项目投资失败。

审计人员进一步检查Y智能设备生产线建设相关资料，发现以下问题。

Y智能设备生产线投资账面投资成本总额12.5亿元，检查主要合同、结算资料等，调整后的账面投资总额达到15亿元。综合分析国家相关政策，该项目以后也不可能投产，项目投资注定失败，B子公司虚增Y智能设备的收入，除调节利润外，主要目的就是掩盖项目失败的事实。

对于该投资失败引起的一系列重大损失，总经理王某应负直接责任。

六、其他委托方要求关注的事项

委托方往往是被审计单位的上级单位，对被审计单位的生产经营情况、存在的问题、重要管理制度等有关信息比审计人员掌握的要多。审计人员在接受委托前以及审计过程中，多与委托方沟通，可以提高审计效率，少走弯路。对于委托方关心的事项，应该作为重要事项查清查实。

第四节　审计程序

一、了解销售流程及内部控制制度

审计人员通常通过实施下列程序，了解销售和收款循环的业务活动和相关内部控制。

（1）询问参与销售与收款流程各业务活动的被审计单位人员，如销售部门、仓储部门和财务部门的员工和管理人员。

（2）获取并阅读企业的相关业务流程图或内部控制手册等资料。

（3）观察销售与收款流程中特定控制的运用，如观察仓储部门人员是否以及如何将装运的商品与销售单上的信息进行核对。

（4）检查文件资料，如检查销售单、发运凭证、客户对账单等。

（5）实施穿行测试，即追踪销售交易从发生到最终被反映在财务报表中的整个处理过程。例如，选取一笔已收款的销售交易，追踪该笔交易从接受客户订购单直至收回货款的整个过程。

1. 了解销售交易流程并记录

了解销售交易在信息技术或人工系统中生成、记录、处理及在财务报表中报告的程序，并记录以下信息。

（1）输入信息的来源。

（2）所使用的重要数据档案，如客户清单及价格信息记录。

（3）重要的处理程序，包括在线输入和更新处理。

（4）重要的输出文件、报告和记录。

（5）基本的职责划分，即列示各部门所负责的处理程序。

2. 确定可能发生错报的环节及控制措施

审计人员需要确认和分析被审计单位容易在哪些环节发生错误或者舞弊，需要设置哪些控制，以防止或发现并纠正重要业务流程可能发生的错误或者舞弊。

确定被审计单位需要遵守哪些法律法规，明确业务流程和内部控制制度怎样设计才能保证被审计单位遵守有关法律法规。

3. 识别和了解相关控制

对被审计单位的了解包括在被审计单位整体层面对内部控制各要素的了解，以及对销售业务流程的了解。如果之前的了解表明被审计单位在业务流程层面针对某些重要交易流程所设计的控制是无效的，或者审计人员并不打算信赖控制，则审计人员没有必要进一步了解业务流程层面的控制。

如果认为仅通过实质性程序无法将认定层次的检查风险降至可接受的水平，或者针对特别风险，审计人员应当了解和评估相关的控制活动。

针对销售业务流程中容易发生错报的环节，审计人员应当确定以下信息。

（1）被审计单位是否建立了有效的控制，以防止或发现并纠正这些错报。

（2）被审计单位是否遗漏了必要的控制。

（3）是否识别了最有效测试的控制。

（4）有关控制是否建立在对风险信息的收集以及风险评估的基础上，即控制程序是否与风险信息收集及风险评估相关。

4. 执行穿行测试，证实对交易流程和相关控制的了解

为了解销售和收款流程中发生、处理和记录的过程，审计人员通常会执行穿行测试。执行穿行测试可获得以下方面的证据。

（1）确认对业务流程的了解。

（2）确认对重要交易的了解是完整的，即交易流程中所有与财务报表认定相关的可能发生错报的环节都已被识别。

（3）确认所获取的有关流程中的预防性控制信息和检查性控制信息的准确性。

（4）评估控制设计的有效性。

（5）确认控制是否得到执行。

（6）确认之前所做的书面记录的准确性。

如果之前了解的内部控制是无效的，审计人员仍需要执行适当的审计程序，以确认以前对业务流程及可能发生错报环节了解的准确性和完整性。

二、销售和收款循环风险评估

销售和收款循环的风险评估在了解基本情况、销售收款业务流程以及内部控制制度的基础上进行。不同所有制形式、不同行业、不同企业、不同管理流程、不同的经济环境，可能存在不同的错误或者舞弊风险。以下为商品销售业务可能存在的问题，但不是可能存在的全部问题，对于具体项目的审计风险，应根据实际情况具体分析评估。

（1）收入确认存在的舞弊风险。收入是利润的来源，直接关系企业的财务状况和经营成果。有些企业往往为了达到粉饰财务报表的目的而采用虚增收入（发生认定）或隐瞒收入（完整性认定）等方式实施舞弊。在财务报表舞弊案件中，涉及收入确认的舞弊占有很大比例，收入确认已成为审计人员审计的高风险领域。

（2）收入的复杂性可能导致的错误。例如，被审计单位可能针对一些特定的产品或者服务提供一些特殊的交易安排（如可变对价安排、特殊的退货约定、特殊的服务期限安排等），但管理层可能对这些不同安排所涉及的交易风险的判断缺乏经验，收入确认上就容易发生错误。或者被审计单位利用交易的复杂性，错误适用相关会计准则，达到粉饰财务报表的目的。

（3）发生的收入交易未能得到准确记录。

（4）收入被截留，形成账外账、小金库，或者收入不入账，被转入关联单位。

（5）期末收入交易和收款交易可能未计入正确的期间，包括销售退回交易的截止错误。

（6）收款未及时入账或记入不正确的科目，因而导致应收账款（或应收票据、银行存款）的错报。

（7）信用政策不合理，盲目赊销，导致形成大量的应收账款甚至呆账。一些企业对

客户信用评估不重视，为了占领市场盲目扩大客户源，为日后销售收款埋下了巨大的隐患。

（8）长期不与客户核对应收账款，导致应收账款记录不准，甚至出现舞弊行为。

（9）应收账款长期挂账，资金被长期占用，甚至导致了大量的呆账、坏账。

（10）应收账款坏账准备的计提不准确。

（11）通过关联方交易转移巨额亏损或杜撰复杂交易确认非法收入。

（12）提前确认收入、推迟确认收入、销售退回交易的截止错误。

（13）销售及收款不符合所在行业经营法规制度规定，或者为规避有关法规而造假。

（14）未按规定订立、履行合同，未履行或未正确履行职责致使合同标的价格明显不公允。

（15）未正确履行合同，或无正当理由放弃应得合同权益。

（16）违反规定开展融资性贸易业务或"空转""走单"等虚假贸易业务。

（17）违反规定提供赊销信用、资质、担保或预付款项，利用业务预付或物资交易等方式变相融资或投资。

（18）未按规定对应收款项及时追索或采取有效保全措施。

（19）其他违规行为。

三、对收入实施分析程序

通过实施分析程序，审计人员可能识别未注意到的异常关系，或难以发现的变动趋势，从而有目的、有针对性地关注可能发生重大错报风险的领域，从而有助于评估重大错报风险，为设计和实施应对措施提供基础。

如果发现异常或偏离预期的趋势或关系，审计人员需要认真调查其原因，评价是否表明可能存在由于舞弊导致的重大错报风险。

可以实施分析程序的情况如下。

（1）将本期销售收入金额与可比期间数据或预算数进行比较。

（2）分析月度或季度销售量变动趋势。

（3）将销售收入变动幅度与销售商品及提供劳务收到的现金、应收账款、存货、税金等项目的变动幅度进行比较。

（4）将销售毛利率、应收账款周转率、存货周转率等关键财务指标与可比期间数据、预算数或同行业其他企业数据进行比较。

（5）分析销售收入等财务信息与投入产出率、劳动生产率、产能、水电能耗、运输数量等非财务信息之间的关系。

（6）分析销售收入与销售费用之间的关系，包括销售人员的人均业绩指标，销售人员薪酬，差旅费用，运费，以及销售机构的设置、规模、数量、分布等。

【案例 13-2】可以通过分析程序发现异常的案例

以下用某生猪屠宰的新三板公司 GZ 股份与同行业的数据对比，说明分析程序在审计中的应用。

GZ 股份的毛利率与同行业对比高得离谱。2016 年，行业领先者 SHFZ 的屠宰业务毛利率为 5.48%，YRSP 的毛利率是 4.24%，SXNY 的屠宰毛利率为 2.99%，与 GZ 股份体量相近的 DLS 的冷却肉及冷冻肉业务毛利率为 2.23%。从整个行业看，单一的屠宰业务的毛利率很低，且呈现明显的规模经济。而 GZ 股份的冷鲜肉及冷冻肉业务的规模略大于 DLS，远小于 SHFZ 和 YRSP，但其 8.19% 的毛利率远高于行业平均水平。

GZ 股份三项费用（销售费用、管理费用、财务费用）率远低于行业平均水平。GZ 股份 2014 年的三项费用率为 0.62%，2015 年降为 0.3%，2016 年仅为 0.22%。而同行上市公司中，DLS 的三项费用率稳定在 11% 以上，SHFZ 稳定在 6.6% 以上，XWF 则在 6% 以上。

GZ 股份的固定资产周转率远高于同行。2016 年，DLS 的固定资产周转率是 1.79，SHFZ 是 4.44，YRSP 是 1.23，XWF 是 2.91，而 GZ 股份达到了惊人的 37.82。

2014 年至 2016 年，GZ 股份的货币资金分别为 4.28 亿元、6.61 亿元、6.68 亿元。然而，公司 2014 年至 2016 年没有任何理财收入，只有利息收入，三年分别为 96 万元、159 万元、213 万元，年利率约为 0.3%。

除以上信息外，还有其他异常信息，此处省略。与同行业相比，异常的财务比率预示着财务信息虚假的风险。

该公司全体董事、监事和高级管理人员已于 2018 年被证监会立案调查。

四、控制测试

1. 控制测试的要求

审计人员可以采用询问、观察、检查、重新执行等方法进行销售与收款循环的控制测试。

不同行业、不同企业的内部控制程序不同，但内部控制至少应该满足以下要求。

➤ 有信用管理制度，向获得赊销授权或不超出其信用额度的客户赊销。

➤ 在获得批准的情况下发货。

➤ 发运商品与客户订单、销售单记录一致。

➤ 已发出商品与发运凭证上的商品种类和数量一致。

➤ 应将已销售商品实际发运给客户，并经客户验收。

➤ 商品发运应开具销售发票或已开出发票要有发运凭证的支持。

> 销售价格计算正确。

> 发票上的金额计算正确。

> 销售收入计入正确的会计期间。

> 销售发票入账金额正确。

> 销售收入记入正确的应收账款明细科目。

> 应收账款记录的收款额与银行记录一致。

> 收款应被记入正确的科目。

> 正确计提坏账准备。

> 登记入账的现金收入与企业实际收到的现金相符。

> 企业经营遵守所在行业相关法规。

2. 评价内部控制有效性

根据控制测试结果评价内部控制有效性。

对内部控制缺陷，包括设计缺陷以及执行方面的缺陷进行记录。

如果内部控制存在缺陷，评价缺陷原因，并分析风险管控、合规管理方面是否存在问题。

五、了解分析主要客户

1. 查询主要客户的基本情况

审计人员应通过销售人员访谈，以及企业信息系统、应收账款明细账等渠道取得企业主要客户明细表，通过网上企业信息系统、企查查、天眼查或者其他渠道，了解客户基本情况，包括营业范围、注册资本、高管人员等，同时关注以下信息。

> 客户的经营范围是否与被审计单位销售的货物或者劳务相关。

> 客户的规模能否支持从被审计单位采购的数量，即客户是否有相应的消化能力。

> 客户的高管人员、股东等是否与被审计单位高管人员、员工有联系，即是否存在客户是被审计单位关联方或者虚假注册的公司的可能性。

2. 现场察看重要客户生产经营场所，并对客户相关人员进行访谈

根据审计风险评估情况选择部分或者全部重要客户，察看其生产经营场所，或者对相关人员进行访谈，了解被审计单位对该客户的销售是否真实。

【案例 13-3】 现场访谈、观察主要客户的经营情况

从多例会计造假案例中可以总结：造假企业的客户可能没有给企业提供大额营业额的能力。如乐视造假案，其客户的体量不可能为其提供千万元甚至上亿元的销售额；有些客户甚至没有营业场所，这本身就说明相应的销售额可能

是虚构的。要戳穿这种谎言，就需审计人员现场察看客户营业场所。

六、营业收入的实质性测试

营业收入审计目标一般包括真实性、完整性、准确性、截止正确、恰当列报。其主要审计程序如下。

1. 编制或者获取营业收入明细表，并进行账表核对

获取营业收入明细表，并执行以下工作。

（1）复核加计是否正确，并与总账数和明细账合计数核对是否相符。

（2）检查以非记账本位币结算的主营业务收入使用的折算汇率及折算是否正确。

（3）通过营业收入明细表，了解被审计单位主要的收入或者产品内容，不同的收入或者不同产品内容的会计核算可能不同。通过营业收入明细表，审计人员对被审计单位不同产品应该怎样核算应有初步判断。

（4）不同的产品、不同的营业内容，审计程序可能不相同，审计人员要通过营业收入明细表了解不同来源的收入，计划不同的审计程序。

2. 实施实质性分析程序

针对已识别需要运用分析程序的有关项目，并基于对被审计单位及其环境的了解，审计人员可通过进行以下比较，分析有无数据间异常波动。

> 将本期的主营业务收入与上期的主营业务收入、销售预算或预测数据等进行比较，分析主营业务收入及其构成的变动是否异常，并分析异常变动的原因。

> 计算本期重要产品的毛利率，与上期预算或预测数据进行比较，检查是否存在异常，各期之间是否存在重大波动，若存在，应查明原因。

> 比较本期各月各类主营业务收入的波动情况，分析其变动趋势是否正常，是否符合被审计单位季节性、周期性的经营规律，若存在，应查明异常现象和重大波动的原因；

> 将本期重要产品的毛利率与同行业企业进行对比分析，检查是否存在异常。

3. 检查主营业务收入确认方法是否符合企业会计准则的规定

（1）审计人员基于对被审计单位商业模式和日常经营活动的了解，确认营业收入的会计政策是否符合企业会计准则的规定。

这一步至关重要，如果被审计单位的基本会计政策是错误的，那说明被审计单位的会计核算、财务状况、经营成果严重偏离了企业会计准则，无法保证会计信息的真实性。

例如，很多工程施工企业并没有执行收入准则，而是在开发票时确认收入，而什么时候开具发票，则与甲方商量，根据双方需要开具，与工程进度、是否收费、结算等没

有关系。根据审计人员经验，大部分合同收入超过合同金额，甚至有的合同收入超过合同金额的 13 倍。由于被审计单位的收入会计政策从根本上就不符合企业会计准则的规定，企业的财务状况、经营成果都可能严重失真。

（2）测试被审计单位是否按照其既定的会计政策确认产品销售收入。

有些企业的会计政策是正确的，但是实际执行可能存在问题。例如，很多企业的收入确认程序是：①合同签订；②发出产品；③取得对方验收凭证并确认收入。相关的会计政策是符合当时的企业会计准则的。但是，实际往往没有严格按照既定政策执行：有的收入没有取得对方的验收凭证，甚至使用收付实现制，或者收款后才开发票确认收入。

4. 核对收入交易的原始凭证与会计分录

（1）检查交易真实性。

以主营业务收入明细账中的会计分录为起点，检查相关原始凭证，如合同、订购单、销售单、发运凭证、发票等，以评价已入账的营业收入是否真实发生。检查订购单和销售单，以确认是否存在真实的客户购买要求，销售交易是否已经过适当的授权批准。

对于业务真实性，应该结合业务具体情况灵活判断。例如政府采购项目，可以通过网上查询招投标相关文件、中标通知书等，判断交易的真实性。

（2）检查计价正确性。

将销售发票存根上所列的单价，与经过批准的商品价目表进行比较，对其金额小计和合计数进行复算。

将发票中列出的商品的规格、数量和客户代码等，与发运凭证进行比较，尤其是比较由客户签收商品的一联，确定是否已按合同约定履行了履约义务，是否可以确认收入。

检查原始凭证中的交易日期（客户取得商品控制权的日期），以确认收入是否计入了正确的会计期间。

5. 核对发运凭证与明细账

从发运凭证（客户签收联）中选取样本，追查至主营业务收入明细账，以确定是否存在遗漏事项（完整性认定）。为使这一程序成为一项有意义的测试，审计人员需要确认全部发运凭证均已归档，这一点一般可以通过检查发运凭证的顺序编号来查明。

除选取样本进行检查比对外，审计人员还应该了解企业所有部门的职责、工作记录方式，取得相关工作记录，分析汇总财务数据，将其与账面记录进行对比，关注有无差异，查明差异产生的原因。

例如，某风电企业财务舞弊案例。客服部日动态表记载的销售数量（基本是真实数量）只有账面销售数量的 75% 左右，但审计人员忽略了客服部的存在，没有对客服部的工作及记录进行关注，因此没有发现客服部记录与财务账面记载的巨大差异，导致审计失败。

再如，某税务局怀疑当地某企业有偷逃税款的行为，税务稽核人员在企业不知情的前提下，直接来到企业车间，取走全部生产记录，将生产记录的产量与企业账面产量对比，立即发现企业存在产品产、销不入账，偷逃税金等行为。

财务账簿、报表是对业务的反映，为求证财务数据是否正确，应取得真实的业务数据，并与账面记录进行对比。

6. 实施函证程序

结合应收账款情况实施函证程序，选择主要客户函证本期销售额。

函证获取的是重要的外部证据。实施函证程序时，不要局限于普适的底稿模板，不要局限于只函证余额，可以根据取证需要函证发生额，或者一段时间内合同总量、合同金额等。

7. 实施销售截止测试

对销售实施截止测试的主要目的是确定被审计单位主营业务收入的会计记录归属期是否正确，应计入本期或下期的主营业务收入是否被推延至下期或提前至本期。

8. 检查销售退回

存在销货退回的，审计人员应检查相关手续是否符合规定，结合原始销售凭证检查其会计处理是否正确，结合存货项目检查其真实性。

9. 检查销售折扣与折让

获取折扣与折让明细表，复核加计是否正确，并与明细账合计数核对，检查是否相符。

了解被审计单位有关折扣与折让的政策和程序，抽查折扣与折让的授权批准情况，与实际执行情况进行核对。

检查折扣与折让的会计处理是否正确。

10. 营业收入的特别审计程序

除了上述较为常规的审计程序外，审计人员还要根据被审计单位的特定情况和收入的重大错报风险程度，考虑是否有必要实施一些特别的审计程序。

（1）对于附有销售退回条件的商品销售，评估对退货部分的估计是否合理，确定其是否按估计不会退货部分确认收入。

（2）对于售后回购，了解回购安排是否属于远期安排、被审计单位拥有回购选择权还是客户拥有回售选择权，确定被审计单位是否根据不同的安排进行了恰当的会计处理。

（3）对于以旧换新销售，确定销售的商品是否按照商品销售的方法确认收入，回收的商品是否作为购进商品处理。

（4）对于出口销售，根据交易的定价和成交方式（离岸价格、到岸价格或成本加运费价格等），并结合合同（包括购销合同和运输合同）中有关货物运输途中风险承担的条款，确定收入确认的时点和金额。

11. 根据被审计单位行业特定法规履行的审计程序

被审计单位经营活动可能要遵守国家对特定行业规定的特定法规，被审计单位所在企业集团可能存在特定内部管理制度，审计人员需要根据具体情况履行有针对性的审计程序。

【案例 13-4】 针对被审计单位特殊管理采取的审计程序

在对某企业集团进行经济责任审计时，审计人员根据该企业集团相关制度规定——销售款项必须在 3 个月内收回，履行了以下审计程序。

（1）检查销售合同，是否规定款项必须在 3 个月内付讫。

（2）检查应收账款，是否在发货或者对方确认后 3 个月内收回。

（3）检查应收账款收款凭证，检查银行收款凭证记录的日期是否与记账凭证、货币资金明细账、应收账款明细账日期一致，有无刻意将记账时间提前，以掩盖欠款期超过 3 个月的情况。

12. 非常规的审计程序

如果审计人员认为被审计单位存在通过虚假销售做高利润的舞弊风险，可能采取一些非常规的审计程序应对该风险，如下所示。

（1）调查被审计单位客户的工商登记资料和其他信息，了解客户是否真实存在，其业务范围是否支持其采购行为。

（2）检查与已收款交易相关的收款记录及原始凭证，检查付款方是否为销售交易对应的客户。

（3）考虑利用反舞弊专家的工作，对被审计单位和客户的关系及交易进行调查。

（4）对于与关联方发生的销售交易，审计人员要结合对关联方关系和交易的风险评估结果，实施特定的审计程序。

七、应收账款的实质性测试

应收账款的审计目标一般包括存在、完整性、权利和义务、计价和分摊、列报，以及内部控制制度是否得到执行。

针对应收账款的实质性程序通常有以下几种。

1. 编制或者获取应收账款明细表、进行账表核对

（1）取得应收账款明细表，复核加计是否正确，并与总账数和明细账合计数核对，检查是否相符；核对坏账准备余额与报表数是否相符。

（2）检查非记账本位币应收账款的折算汇率及折算是否正确。

（3）分析有贷方余额的项目，查明原因，必要时建议进行重分类调整。

（4）结合其他应收款、预收款项等往来项目的明细余额，调查有无同一客户多处挂账、异常余额或与销售无关的其他款项（如代销账户、关联方账户或员工账户）等情况，必要时提出调整建议。

2. 分析与应收账款相关的财务指标

（1）复核应收账款借方累计发生额与主营业务收入关系是否合理，并将当期应收账款借方发生额占销售收入净额的百分比与管理层考核指标和被审计单位相关赊销政策比较，如存在异常，应查明原因。

（2）计算应收账款周转率、应收账款周转天数等指标，并与被审计单位相关赊销政策、被审计单位以前年度指标、同行业同期相关指标对比，分析是否存在重大异常，若存在，应查明原因。

3. 检查应收账款账龄分析是否正确

账龄正确与否决定着坏账准备计提基数是否正确，决定了坏账准备计提是否正确，也决定了与坏账准备相关的损益是否正确，所以检查账龄分析表是重要的审计程序之一。

4. 对应收账款实施函证程序

函证应收账款的目的在于证实应收账款账户余额是否真实准确、与相关客户的交易额是否与账面相符。

对应收账款实施函证可以与对营业收入实施函证结合进行。

函证的选样。审计人员通常选择金额较大的项目、账龄较长的项目、与债务人发生纠纷的项目、重大关联方项目、主要客户（包括关系密切的客户）项目、新增客户项目、交易频繁但期末余额较小甚至余额为零的项目、可能产生重大错报或舞弊的非正常的项目。

函证的控制。审计人员通常利用被审计单位提供的应收账款明细账户名称及客户地址等资料编制询证函，但审计人员应当对函证全过程保持控制，并对需要确认或填列的信息选择适当的被询证者、设计询证函以及对发出和跟进（包括收回）询证函保持控制。

5. 对应收账款余额实施函证以外的细节测试

在未实施应收账款函证的情况下（如由于实施函证不可行），审计人员需要实施其他审计程序获取有关应收账款余额的审计证据。这种程序通常与上述未收到回函情况下实施的替代程序相似。

【案例 13-5】通过应收账款小细节发现的大问题

一些审计人员在对应收账款履行函证程序后，便不再重视细节测试。对于应收账款的审计，函证和细节测试起不同的作用，能取得不同的证据，都应该被重视。

案例 1

A 公司内部审计组对 A 公司进行财务审计。审计人员在审计过程中发现，A 公司年终与某银行发生了应收账款保理业务，A 公司以委托贷款的名义，将 20 亿元银行存款转入银行，将有关支出记入"债权投资"科目，银行用这笔钱收购 A 公司同样金额的应收账款，即 A 公司减少应收账款，增加银行存款。但是，审计人员检查应收账款保理合同发现，合同明确规定：（1）银行以受托贷款的款项 20 亿元购买 A 公司的应收账款；（2）该应收账款保理业务是有追索权的保理，即应收账款到期时，如果银行不能收回该应收账款，则银行有权从 A 公司账户扣回同等金额的款项。

该保理业务实际是银行用 A 公司的钱购买 A 公司的应收账款，且应收账款的风险和报酬没有转移，相当于 A 公司将应收账款转入债权投资。经了解，A 公司这样做的目的是完成上级单位下达的压缩"两金"任务。审计结论：A 公司会计信息不真实；A 公司没有完成集团公司下达的压缩"两金"任务指标。

案例 2

某会计师事务所对 B 企业进行经济责任审计。审计人员通过检查应收账款收回的凭证发现：B 企业对 X 企业的销售，银行回款单据显示的付款单位是 Y 企业，天眼查平台显示的 Y 企业的股东都是 B 企业的内部员工。由此可得出审计结论：B 企业对 X 企业的销售是虚假的，应收账款的收回也是虚假的。

6. 检查坏账的冲销和转回

首先，审计人员应检查应收账款是否涉及债务人破产或者死亡，破产或以遗产清偿后仍无法收回，或者债务人长期未履行清偿义务等情况；其次，应检查被审计单位坏账的处理是否经授权批准，有关会计处理是否正确。

7.确定应收账款的列报是否恰当

审计人员应该检查应收账款余额的核算是否正确；确定应收账款的列报方法是否正确；根据资产项目与负债项目是否可相互抵销，复核应收账款在资产负债表中列报的准确性等。

八、坏账准备的实质性程序

（1）取得坏账准备明细表，复核加计是否正确，与坏账准备总账数、明细账合计数核对，检查是否相符。

（2）将应收账款坏账准备本期计提数与资产减值损失相应明细项目的发生额核对，检查是否相符。

（3）检查应收账款坏账准备计提和核销的批准程序，取得书面报告等证明文件，结合应收账款函证回函结果，评价计提坏账准备所依据的资料、假设及方法。

（4）实际发生坏账损失的，检查转销依据是否符合有关规定，会计处理是否正确。对于被审计单位在被审计期间发生的坏账损失，审计人员应检查其原因是否清楚，是否符合有关规定，有无授权批准，有无已做坏账处理后又重新收回的应收账款，相应的会计处理是否正确。对于有确凿证据表明确实无法收回的应收账款，如债务单位已撤销、破产、资不抵债、现金流量严重不足等，企业应根据管理权限，经股东（大）会或董事会，或经理（厂长）办公会或类似机构批准作为坏账损失，冲销提取的坏账准备。

（5）已经确认并转销的坏账重新收回的，检查其会计处理是否正确。

（6）检查应收账款坏账准备的披露是否恰当。

（7）根据被审计单位行业特定法规履行的审计程序。

被审计单位经营活动要遵守国家对特定行业规定的特定法规，被审计单位所在企业集团可能存在特定内部管理制度，审计人员需要根据具体情况履行有针对性的审计程序。

九、预收账款实质性测试

1.取得或者编制预收账款明细表，进行账表核对

（1）复核加计是否正确，并与报表数、总账数和明细账合计数核对，检查是否相符。

（2）以非记账本位币结算的预收款项，检查其采用的折算汇率及折算是否正确。

（3）检查是否存在借方余额，必要时进行重分类调整。

（4）结合应收账款等往来款项目的明细余额，检查是否存在应收、预收两方挂账的项目，若存在，必要时应做出调整。

（5）标识重要客户。

2. 分析预收账款余额及账龄

（1）账龄分析的原则同应收账款。

（2）分析账龄与收入比例。

（3）对于变动异常，检查落实原因。

3. 检查预收账款长期挂账原因

（1）检查相关合同是否履行、收入是否实现。

（2）检查有无应转收入、未转收入长期挂账的情况，若存在，必要时提请被审计单位予以调整。

（3）检查有无其他不属于销售业务的款项。

【案例 13-6】应转未转预收账款的案例

  ZTH 会计师事务所审计组对 A 企业进行审计，审计过程中发现，该企业的收入基本与上年持平，但是预收账款余额几乎达到上年的 3 倍。审计人员对一些余额较大、账龄较长的项目检查了相关合同，发现按合同规定，有些合同早在 2 年前甚至 3 年前就已经执行完毕，有关收入应该转入主营业务收入，但是该企业为了平滑利润，一直没有转收入，导致财务状况和经营成果不真实。

4. 检查预收账款相关凭证

（1）检查预收账款是否符合合同规定的进度和金额。

（2）检查合同规定的进度和金额是否符合企业制度，与企业制度不符的，是否经过审批。

（3）检查付款单位名称与合同对方的名称是否相符。

（4）对于无合同收款的情况，检查原因。

5. 了解企业与预收账款有关的业务情况

（1）向相关业务人员了解业务流程、预收账款环节、规模、合同管理、台账管理等情况。

（2）检查财务账面预收账款情况是否与业务情况相符，有无多计或少计情况。

【案例 13-7】预收账款不完整的案例

  某审计人员在对某房地产企业进行审计之前，参加了这个房地产企业的开盘活动，了解到了楼盘摇号、收款、签订合同等一系列过程，了解到被审计期间销售的主要楼盘。审计进点后，审计人员根据对业务流程的了解，进一步了解了被审计单位的信息系统，并取得了预收售房款数据。

  审计人员发现，预收售房款数据与财务账面数严重不符，主要原因是被审计单位为了缓交、少交增值税和土地增值税等，将预收售房款存在主管领导或其他相关人员的个人账户中，或者干脆将资金用于账外循环。

6. 检查预收账款结转收入

（1）检查预收账款结转收入是否符合收入确认条件。

（2）检查预收账款结转收入是否记录在恰当的会计期间。

7. 预收账款函证

按照函证需求，完成对预收账款对象的函证，检查预收账款余额的准确性。

8. 根据被审计单位行业特定法规履行的审计程序

被审计单位经营活动要遵守国家对特定行业规定的特定法规，被审计单位所在企业集团可能存在特定内部管理制度，审计人员需要根据具体情况履行有针对性的审计程序。

十、应收票据实质性测试

1. 获取或编制应收票据明细表

（1）复核加计是否正确，并与总账数和明细账合计数以及报表数核对，检查是否相符。

（2）检查非记账本位币应收票据的折算汇率及折算是否正确。

（3）检查逾期票据是否已转为应收账款（资产质量、计息影响损益）。

2. 检查应收票据备查簿

（1）取得被审计单位应收票据备查簿，核对其是否与账面记录一致。

（2）在应收票据明细表上标出至审计时已兑现或已贴现的应收票据，检查相关收款凭证等资料，以确认其真实性。

3. 监盘应收票据

（1）监盘库存票据，并与应收票据备查簿的有关内容核对。

（2）检查库存票据，注意票据的种类、号数、签收的日期、到期日、票面金额、合同交易号、付款人、承兑人、背书人姓名或单位名称，以及利率、贴现率、收款日期、收回金额等是否与应收票据登记簿的记录相符。

（3）关注被审计单位是否对背书转让或贴现的票据负有连带责任。

（4）注意被审计单位是否存在已作质押的票据和银行退回的票据。

（5）盘点日经核对账实相符后，倒推回审计截止日，并核对是否账、实、表相符。

（6）对于应收票据的盘点，应该注意以下事项。

对应收票据的盘点，一定要看实物！

一些审计人员习惯收集应收票据复印件，忽略检查实物，但应收票据的实物可能早已不存在，如被侵吞或者背书、兑现以及移作他用。

所以，要关注应收票据账存实无的情况。

贴现了，贴现款在哪儿？质押了，借款在哪儿？转让了，转让款在哪儿？支付货款了，相关采购是否入账？是否存在侵占的情况？

账面应收票据过期与否？过期原因是什么？是否存在应收票据不能收回的风险？是否应纳入应收账款核算？是否计提坏账准备？计息票据是否停止计息？

如果贴现的票据到期因付款方不能付款，有关贴现款是否被银行扣回？如果无款可扣，是否列入借款核算？

4. 函证应收票据

考虑到审计时点部分票据无法盘点、票据造假风险等因素，且票据备查簿记录了票据的发生过程，有条件进行函证的，应该根据审计风险评估情况，选择部分应收票据进行函证。应收票据函证范围如下。

（1）对于审计截止日被审计单位已经贴现但未到期的应收票据，向贴现银行实施函证，并检查与贴现资金入账相关的凭证。

（2）对于审计截止日被审计单位已经背书转让但未到期的应收票据，可以分别向被审计单位的前手背书人、出票人和后手被背书人实施函证，确认其真实性。

（3）对于审计截止日被审计单位持有但已质押的应收票据，可以向质权人实施函证。

（4）对于审计截止日被审计单位持有的银行承兑汇票，向承兑银行对票据真实性进行查询并获取银行确认函。

（5）对于商业承兑汇票，应当向客户函证票据的详细信息。

5. 计算应收票据利息

计算应收票据利息包括带息票据利息测算、贴现票据贴现息测算等。

6. 应收票据细节测试

对于增加的大额票据，应取得相应销售合同或协议、销售发票和出库单等原始凭证，并进行核对，以证实是否存在真实交易。

对于应收票据减少，检查相关银行收款凭证、采购合同或者其他相关资料，确认业务是否真实、会计处理是否正确。

7. 检查特殊减少的应收票据

对于已背书未到期应收票据，关注期后事项，关注有追索权票据背书到期未承兑的财务影响，考虑对应收账款、坏账准备、应付账款的影响。

对于应收票据转为应收账款统计表，关注结转理由及有无坏账风险，坏账准备计提是否充分。

对于应收票据质押检查表，关注质押取得相关资产是否入账，其他事项会计处理是否正确。

8. 根据被审计单位行业特定法规履行的审计程序

被审计单位经营活动要遵守国家对特定行业规定的特定法规，被审计单位所在企业集团可能存在特定内部管理制度，审计人员需要根据具体情况履行有针对性的审计程序。

十一、其他与收入相关科目的实质性测试

会计要素之间是一个相互联系的整体，虽然有些科目与销售和收款没有直接联系，但是通过对其进行实质性测试，也可能发现有关销售和收款循环存在的问题。而销售和收款循环存在问题，也可能影响其他科目，如多个案例说明，收入的虚增可能影响多个其他科目的真实性、完整性等，如下所示。

（1）有的企业存在大量银行已收、企业未收的未达账项，经落实款项的来源，都是未入账的营业收入。

（2）有的企业贷款不入账，用于假造销售回款，以收回应收账款的名目转入账内。

（3）有的企业先行复印银行存单留底，以应付审计等，然后将定期存单取现、质押、转让等，取得资金以调节收入或者从事其他违规业务。

（4）康得新、康美药业造假案例中上百亿元的银行存款为虚列。

（5）会计造假虚构的利润最终转入无形资产、固定资产、在建工程、预付账款及其他资产，所以要关注其他资产造价的真实性。

十二、根据被审计单位所在行业特定法规实施的审计程序

被审计单位所在行业可能存在特定的法规制度，用于规范被审计单位所在行业的特定业务。为评价被审计单位对特定法规的遵守情况，审计人员应根据被审计单位的实际情况采取特定的审计程序。这些特定的审计程序也可能整合在对销售和收款循环有关的其他审计程序之中。

【案例 13-8】对特殊规定的关注

某粮食储备企业在内部审计过程中，按集团公司有关财务管理制度，对外进行粮食轮换时，要"先款后货"，即必须先收取款项，再发货。审计组检查了被审计单位审计期间全部粮食轮换有关资料，发现被审计单位存在未收款就

发货的情况，说明该单位没有严格遵守"先款后货"的相关财务制度。

十三、其他必要的实质性测试程序

被审计单位可能涉及多种行业，不同行业的业务流程各不相同，具体审计程序也应该适应具体情况。审计人员应注意避免审计程序机械、僵死，应根据被审计单位的具体情况灵活采取必要的审计程序。

十四、评估其他业务审计发现的问题对销售和收款循环审计的影响

会计核算系统是一个普遍联系的整体，其他业务审计发现的问题可能影响销售和收款循环的审计，审计人员应该分析其他业务审计发现的问题对销售和收款循环相关业务的影响。

十五、根据审计发现的问题分析问题的根本原因

一个问题的发生，除了说明财务信息真实、合法效益存在问题外，还可能说明企业很多方面存在问题。对于在销售和收款循环中发现的问题，应该分析问题的根本原因，以及对其他审计内容的影响。

（1）内部控制、风险管理、合规管理是否存在问题。

审计实践中发现，有些企业的内部控制设计几乎完美无缺，穿行测试和控制测试也没有发现问题，但是在实质性测试中发现了问题，足以说明内部控制不健全，或者完美的内部控制没有得到有效执行、管理层凌驾于控制之上。

（2）被审计单位治理结构是否存在问题。

（3）对重大经济事项的决策、执行和效果是否存在问题。

（4）经济活动中落实有关党风廉政建设责任和遵守廉洁从业规定是否存在问题。

（5）是否没有贯彻执行党和国家经济方针政策、决策部署。

（6）是否存在其他问题。

第十四章
采购和付款循环审计

采购和付款循环审计主要针对企业正常生产经营过程中，购买商品、材料，接受劳务供应等经营活动发生的采购和付款活动，不包括固定资产、无形资产、股权投资以及其他购买金融产品的活动。

第一节　审计目标

（1）确认全面风险管理、合规管理和内部控制是否健全，是否覆盖采购和付款循环的各环节。

（2）确认财务信息是否真实，有无为了完成考核指标或者其他目的，构造虚假财务信息、粉饰报表的情况。

（3）确认财务支出是否合法，有无虚列支出、形成账外账和小金库的情况；有无关联方交易不公允、转移资金的情况。

（4）通过采购成本变化情况，评价被审计单位与采购有关的企业战略和规划是否成功、是否实现预期效益。例如，评价被审计单位降低原辅材料成本、劳动用工成本的措施，包括研究出替代用品、扩大进货渠道、提高议价能力、并购上游企业等措施，从而降低采购成本等。

（5）确认对行业相关的特定法规遵守情况，对所在企业集团内部管理制度遵守情况。

（6）其他。

第二节　审计依据

（1）《中央企业全面风险管理指引》（国资发改革〔2006〕108号）。

（2）《关于印发〈中央企业合规管理指引（试行）〉的通知》（国资发法规〔2018〕106号）。

（3）《关于印发〈企业境外经营合规管理指引〉的通知》（发改外资〔2018〕1916号）。

（4）《关于加强中央企业国际化经营中法律风险防范的指导意见》（国资发法规〔2013〕237号）。

（5）《国资委党委关于印发〈关于加强中央企业廉洁风险防控工作的指导意见〉的通知》（国资党委纪检〔2012〕155号）。

（6）《中央企业违规经营投资责任追究实施办法（试行）》（国务院国有资产监督管理委员会令第37号）。

（7）《企业内部控制应用指引第7号——采购业务》。

（8）所在行业相关的特定法规制度。例如，烟草行业的烟草专卖法规制度、中储粮系统粮食管理相关制度等。不同行业有不同制度，审计人员需要自行收集。

（9）所属企业集团的内部管理制度。

（10）企业会计准则。

（11）其他相关制度。

第三节　审计内容

一、采购和付款循环风险管控情况

对于采购和付款循环风险管理情况，审计人员应重点关注采购和付款循环各环节是否纳入全面风险管理，风险信息收集、风险评估、风险管理策略和管理方案、内部控制制度等是否切实执行到位，各环节之间工作内容是否相关、连贯，有无内容各不相关、工作流于形式、浮在表面的情况。

1. 信息收集工作是否到位

信息收集的审计程序参照销售和收款的审计。

2. 是否依据收集的信息进行风险评估

企业是否有专门部门进行风险评估，风险评估是否依据收集的信息进行，不同的行业、不同企业会面临不同风险。对于企业采购业务，审计人员至少应当关注下列风险。

（1）采购计划安排不合理、市场变化趋势预测不准确，造成库存短缺或积压，可能导致企业生产停滞或资源浪费。

（2）供应商选择不当、采购方式不合理、招投标或定价机制不科学、授权审批不规范，可能导致采购物资质次价高，出现舞弊或遭受欺诈。

（3）采购验收不规范、付款审核不严，可能导致采购物资、资金损失或信用受损。

二、采购和付款循环内部控制制度完善情况

对于采购和付款循环内部控制，审计人员应重点关注被审计单位是否在风险评估的基础上，制定风险管理策略和风险管理解决方案；风险管理策略和风险管理解决方案是否能够应对相应的风险。

是否结合实际情况，针对采购业务整个流程，完善采购业务相关管理制度，统筹安排采购计划，明确请购、审批、购买、验收、付款、采购后评估等环节的职责和审批权限，按照规定的审批权限和程序办理采购业务，建立价格监督机制，定期检查和评价采购过程中的薄弱环节，采取有效控制措施，确保物资采购满足企业生产经营需要。

1. 采购业务是否由专门部门负责

采购业务是否集中，是否避免了多头采购或分散采购，以提高采购业务效率，降低采购成本，堵塞管理漏洞。

是否对办理采购业务的人员定期进行岗位轮换。

重要和技术性较强的采购业务，是否组织相关专家进行论证，实行集体决策和审批。

除小额零星物资或服务外，是否存在安排同一机构办理采购业务全过程的情形。

2. 采购申请制度是否完善

是否建立采购申请制度，依据购买物资或接受劳务的类型，确定归口管理部门，授予相应的请购权，明确相关部门或人员的职责权限及相应的请购和审批程序；或者是否根据实际需要设置专门的请购部门，对需求部门提出的采购需求进行审核，并进行归类汇总，统筹安排企业的采购计划。

具有请购权的部门对预算内采购项目，是否严格按照预算执行进度办理请购手续，并根据市场变化提出合理采购申请。

对于超预算和预算外采购项目，是否先履行预算调整程序，由具备相应审批权限的部门或人员审批后，再办理请购手续。

3. 是否建立科学的供应商评估和准入制度

是否建立科学的供应商评估和准入制度，确定合格供应商清单，与选定的供应商签

订质量保证协议，建立供应商管理信息系统，对供应商提供物资或劳务的质量、价格、交货及时性、供货条件及其资信、经营状况等进行实时管理和综合评价，根据评价结果对供应商进行合理选择和调整。

或者是否委托具有相应资质的中介机构对供应商进行资信调查。

4. 是否合理选择采购方式控制成本保证质量

是否根据市场情况和采购计划合理选择采购方式。

例如，大宗采购应当采用招标方式，合理确定招投标的范围、标准、实施程序和评标规则；一般物资或劳务等的采购，可以采用询价或定向采购的方式并签订合同协议；小额零星物资或劳务等的采购，可以采用直接购买等方式。

5. 是否建立采购物资定价机制

是否建立采购物资定价机制，采取协议采购、招标采购、谈判采购、询比价采购等多种方式合理确定采购价格，最大限度地减小市场变化对企业采购价格的影响。

大宗采购等是否采用招投标方式确定采购价格；其他商品或劳务的采购，是否根据市场行情制定最高采购限价，并对最高采购限价适时调整。

6. 是否签订采购合同

是否根据确定的供应商、采购方式、采购价格等情况拟订采购合同，准确描述合同条款，明确双方权利、义务和违约责任，按照规定权限签订采购合同。

是否根据生产建设进度和采购物资特性，选择合理的运输工具和运输方式，办理运输、投保等事宜。

7. 是否执行严格的采购验收制度

是否建立并执行严格的采购验收制度，确定检验方式，由专门的验收机构或验收人员对采购项目的品种、规格、数量、质量等相关内容进行验收，出具验收证明。

涉及大宗和新、特物资采购的，是否进行专业测试。

验收过程中发现的异常情况，负责验收的机构或人员是否立即向企业有权管理的相关机构报告，相关机构是否及时查明原因并及时处理。

8. 是否加强物资采购供应过程管理

是否加强物资采购供应过程的管理，依据采购合同中确定的主要条款跟踪合同履行情况，对有可能影响生产或工程进度的异常情况，出具书面报告并及时提出解决方案。

是否做好采购业务各环节的记录，实行全过程的采购登记制度或信息化管理，确保采购过程的可追溯性。

9. 是否执行严格的采购付款管理

是否执行严格的采购付款管理，完善付款流程，明确付款审核人的责任和权力，严格审核采购预算、合同、相关单据、审批程序等相关内容，按照合同规定及时办理付款。

在付款过程中，是否严格审查采购发票的真实性、合法性和有效性；发现虚假发票的，是否查明原因，及时报告处理。

是否重视采购付款的过程控制和跟踪管理，发现异常情况时，是否拒绝付款。

是否合理选择付款方式，并严格遵循合同规定，防范付款方式不当带来的法律风险。

10. 对预付账款和定金管理是否严格

是否加强预付账款和定金的管理。涉及大额或长期的预付款项时，是否定期进行追踪核查，综合分析预付款项的期限、占用款项的合理性、不可收回风险等情况；发现有疑问的预付款项，是否及时采取措施。

11. 是否严格对购买、验收、付款业务的会计系统进行控制

是否严格对购买、验收、付款业务的会计系统进行控制，详细记录供应商情况、请购申请、采购合同、采购通知、验收证明、入库凭证、商业票据、款项支付等情况，确保会计记录、采购记录与仓储记录核对一致。

是否指定专人通过函证等方式，定期与供应商核对应付账款、应付票据、预付账款等往来款项。

12. 是否建立并严格执行退货管理制度

是否建立并严格执行退货管理制度，对退货条件、退货手续、货物出库、退货货款收回等进行明确规定，在与供应商的合同中明确退货事宜，及时收回退货款。涉及符合索赔条件的退货，是否在索赔期内及时办理索赔。

三、采购业务会计记录是否真实

（1）是否高估或低估负债或相关准备，是否存在为调节报表或者其他需要而会计造假的问题。

（2）会计处理是否符合相关会计准则的规定，费用支出的复杂性是否导致错误或舞弊。

（3）是否存在舞弊和盗窃的情况，如虚构支出套取资金，或者通过关联方交易转移资金。

（4）是否不正确地记录外币交易。

（5）其他违反财经法纪和会计准则的行为。

四、与被审计单位所在行业相关的特定法规的遵守情况

被审计单位所在行业可能存在与行业有关的法律、法规或制度，审计人员需要关注被审计单位对所在行业特定法律法规制度的遵守情况。

被审计单位所在企业集团可能存在特定的管理制度，审计人员需要关注被审计单位对所属企业集团相关管理制度的遵守情况。

五、其他与采购业务相关的事项

在审计确定与采购有关的真实的会计信息基础上，评价其他与采购业务相关的事项。如评价与采购成本有关的考核指标完成情况，科技支出、技术投入、各项成本控制目标、利润总额等的战略实现情况；与降低制造成本有关的投资项目成效情况，是否达到预期的收益。

六、其他委托方要求关注的事项

委托合同或者审计过程中，委托方要求关注的特定事项。

第四节　审计程序

一、了解采购和付款业务流程及内部控制制度

审计人员通常通过实施下列程序，了解采购和付款循环的业务活动和相关内部控制。

- ➢ 询问参与采购和付款流程各业务活动的被审计单位人员，一般包括采购部门、仓储部门、验收部门、检测部门和财务部门的员工和管理人员。
- ➢ 获取并阅读企业的相关业务流程图或内部控制手册等资料。
- ➢ 观察采购和付款流程中特定控制的运用。
- ➢ 检查文件资料，如合同、发票、入库单、验收单、仓库账等。
- ➢ 实施穿行测试，即追踪采购交易从发生到最终被反映在财务报表中的整个处理过程。

1. 了解采购和付款交易流程并记录

了解销售交易在信息技术或人工系统中生成、记录、处理及在财务报表中报告的程序，并记录以下信息。

（1）输入信息的来源。

（2）所使用的重要数据档案。

（3）重要的处理程序，包括在线输入和更新处理。

（4）重要的输出文件、报告和记录。

（5）基本的职责划分，即列示各部门所负责的处理程序。

2. 确定可能发生错报的环节及控制措施

审计人员需要确认和分析被审计单位在哪些环节容易发生错误或者舞弊，明确需要设置哪些控制，以防止或发现并纠正重要业务流程可能发生的错误或者舞弊。

确定被审计单位需要遵守哪些法律法规，明确业务流程和内部控制制度怎样设计才能保证被审计单位遵守有关法律法规。

3. 识别和了解相关控制

审计人员对被审计单位的了解，包括在被审计单位整体层面对内部控制各要素的了解，以及对采购业务流程的了解。如果之前的了解表明被审计单位在业务流程层面针对某些重要交易流程所设计的控制是无效的，或者审计人员并不打算信赖控制，则审计人员没有必要进一步了解业务流程层面的控制。

如果认为仅通过实质性程序无法将认定层次的检查风险降至可接受的水平，或者针对特别风险，审计人员应当了解和评估相关的控制活动。

针对采购业务流程中容易发生错报的环节，审计人员应当确定以下信息。

（1）被审计单位是否建立了有效的控制，以防止或发现并纠正这些错报。

（2）被审计单位是否遗漏了必要的控制。

（3）是否识别了可以最有效测试的控制。

（4）有关控制是否建立在对风险信息的收集以及风险评估的基础上，即控制程序是否与风险信息收集及风险评估相关。

4. 执行穿行测试，证实对交易流程和相关控制的了解

为了解采购和付款流程中发生、处理和记录的过程，审计人员通常会执行穿行测试。执行穿行测试可获得以下方面的证据。

（1）确认对业务流程的了解。

（2）确认对重要交易的了解是完整的，即交易流程中所有与财务报表认定相关的可能发生错报的环节都已被识别。

（3）确认所获取的有关流程中的预防性控制和检查性控制信息的准确性。

（4）评估控制设计的有效性。

（5）确认控制是否得到执行。

（6）确认之前所做的书面记录的准确性。

如果之前了解的内部控制是无效的，审计人员仍需执行适当的审计程序，以确认以前对业务流程及可能发生错报环节了解的准确性和完整性。

二、采购和付款循环风险评估

采购和付款循环的风险评估在了解基本情况、采购和付款业务流程以及内部控制制度的基础上进行。

采购和付款循环可能存在的风险包括但不限于以下内容。

（1）高估或低估负债或相关准备。

①出于调节报表、平滑利润的目的，被审计单位管理层可能试图高估或低估应付账款等负债或资产相关准备，包括高估或低估对存货应计提的跌价准备。

②应记录采购交易未记录，或者记录未发生的采购交易。

③采用不正确的费用支出截止期，如将本期的支出延迟到下期确认，或者将下期的支出提前到本期确认。

④将应费用化的支出资本化，或者将应资本化的支出费用化。

⑤利用特别目的实体把负债从资产负债表中剥离，或利用关联方间的费用定价优势制造虚假的收益增长趋势。

（2）费用支出的复杂性导致错误或舞弊。

被审计单位以复杂的交易安排购买一定期间的多种服务，管理层对涉及的服务受益与付款安排涉及的复杂性缺乏足够的了解。这可能导致费用支出分配或计提的错误。管理层也可能有意利用复杂交易进行调节报表或者其他舞弊行为。

（3）不正确地记录外币交易。

当被审计单位进口用于出售的商品时，可能由于采用不恰当的外币汇率而导致该项采购的记录出现差错。此外，还存在未能将如运费、保险费和关税等与存货相关的进口费用进行正确分摊的风险。

（4）舞弊和盗窃的固有风险。

如果被审计单位经营大型零售业务，所采购商品和固定资产的数量及支付的款项庞大，交易复杂，容易造成商品发运错误，员工和客户发生舞弊和盗窃的风险较高。如果那些负责付款的会计人员有权接触应付账款主文档，并能够通过在应付账款主文档中擅自添加新的账户来虚构采购交易，风险也会增加。

被审计单位管理层把私人费用计入企业费用，把企业资金当作私人资金运作。

（5）销售及收款不符合所在行业经营法规制度规定，或者为规避有关法规要求造假。

（6）未按规定订立、履行合同，未履行或未正确履行职责致使合同标的价格明显不公允。

（7）未正确履行合同，或无正当理由放弃应得合同权益。

（8）违反规定开展融资性贸易业务或"空转""走单"等虚假贸易业务。

（9）违反规定利用关联方交易输送利益。

（10）未按规定进行招标或未执行招标结果。

（11）违反规定开展商品期货、期权等衍生业务。

（12）工程承包建设方面的责任追究情形。

①未按规定对合同标的进行调查论证或风险分析。

②未按规定履行决策和审批程序，或未经授权和超越授权投标。

③违反规定，无合理商业理由以低于成本的报价中标。

④未按规定履行决策和审批程序，擅自签订或变更合同。

⑤未按规定程序对合同约定进行严格审查，存在重大疏漏。

⑥工程以及与工程建设有关的货物、服务未按规定招标或规避招标。

⑦违反合同约定超计价、超进度付款。

三、控制测试

1. 控制测试的要求

审计人员可以采用询问、观察、检查、重新执行等方法进行采购和付款循环的控制测试。

不同行业、不同企业的内部控制程序不同，但内部控制至少应该满足以下要求。

（1）采购计划经过适当审批。

（2）新增供应商或供应商信息变更经过恰当的认证。

（3）录入系统的供应商经恰当复核。

（4）采购订单与有效的请购单相符。

（5）采购经过合法全规则的选择程序，保证质量，控制成本。

（6）订单正确录入系统，不被重复录入。

（7）接收的商品具备有效采购订单，经过验收。

（8）临近会计期末的采购记录在正确的会计期间。

（9）发票被正确编码，保证在成本或费用之间的分类正确。

（10）批准付款的发票上不存在价格/数量错误，商品已经收到，劳务已经获取。

（11）现金支付及时记录，记录在正确的供应商账户，记录金额正确。

（12）员工具有适当的访问权限，使其不能实施违规交易或隐瞒错误。

（13）企业经营遵守所在行业相关法规。

（14）其他必要内部控制。

2. 评价内部控制有效性

根据控制测试结果评价内部控制有效性。

内部控制缺陷包括设计缺陷以及执行方面的缺陷。

如果内部控制存在缺陷，评价缺陷原因，并分析风险管控、合规管理方面是否存在问题。

四、了解分析主要供应商情况

1. 了解被审计单位与材料采购相关的基本情况

审计人员可以通过开展生产技术相关负责人访谈、阅读行业定额成本资料的方式，了解以下基本情况。

了解被审计单位主要产品、各类主要产品消耗的主要材料、主要材料的主要供应商。

审计人员应该了解这些基本情况，否则会陷入账簿、凭证的海洋，而感到无所适从。

比较理想的做法是审计队伍中配备行业专家，由专家判断收集的生产技术方面的情况是否真实客观，有无异常。

2. 了解主要供应商基本情况

从企业信息系统中导出主要供应商明细表，通过网上企业信息系统、企查查、天眼查或者其他渠道，了解供应商基本情况，包括营业范围、注册资本、高管人员等，同时关注以下信息。

> 供应商的经营范围是否与被审计单位采购的货物或者劳务相关。

> 供应商的规模能否支持被审计单位的采购量，即供应商是否有相应的生产能力。

> 供应商的高管人员、股东等，是否与被审计单位高管人员、员工有联系，即是否存在供应商是被审计单位关联方或者虚假注册的公司的可能性。

> 检查供应商入选的程序是否符合被审计单位有关管理制度，如被审计单位有关内部控制制度规定供应商入选要通过招投标程序，则审计人员应检查相关招投标资料，并关注招投标程序是否严谨，有无异常。

3. 现场察看重要供应商生产经营场所，并对供应商相关人员进行访谈

根据审计风险评估情况选择部分或者全部重要供应商，察看其生产经营场所，或者开展相关人员访谈，了解被审计单位对该供应商的采购是否真实。

【案例 14-1】通过了解基本情况发现采购公司造假的案例

　　A 集团公司派出审计组，对下属子公司 B 公司进行经济责任审计。审计组发现 B 公司在年末与同一供货商 C 签订了 4 单合同，全是 KG 配件采购，4单合同金额合计在 1 200 万元以上，合同内容简单，要素不全，这引起审计人员怀疑。审计人员通过委托方调查供应商 C 的情况，反馈的消息是供应商 C

几年前已停产，只是靠出租厂房给退休人员开工资。所以，这几单采购合同不可能是真实的。

五、材料采购业务的实质性测试

1. 核对账账、账表等

（1）获取或编制材料采购（在途物资）明细表，复核期初余额、本期增加额、本期减少额、期末余额加计是否正确，并与总账数、明细账合计数核对，检查是否相符。

（2）获取或编制原材料明细表，复核期初余额、本期增加额、本期减少额、期末余额加计是否正确，并与总账数、明细账合计数核对，检查是否相符。

（3）取得生产部门及仓储部门的材料收、发、存数量资料，与财务部门记录的数量核对，确认财务、业务是否相符。

财务账与仓储账的核对很重要，审计实践中账账不符、账表不符的情况很多，如仓库账与财务账不符等。除账务处理时间合理差异引起的差异外，财务账与仓储账的差异直接说明账实不符，被审计单位存在管理问题或者舞弊问题。

2. 分析原辅材料货龄，关注有无减值迹象

分析对比连续几个年度的原辅材料明细表，关注有无多年不用、货龄较长的项目，如有，分析原因，关注有没有减值迹象。

理想的做法是利用专家的工作，由专家分析被审计单位的原辅材料明细表，关注所采购、消耗的原辅材料是否与被审计单位的产品相关，有无与产品没有关系的原材料；各系列产品的单位消耗是否合理，有无异常；期末结存原材料有无技术落后、过时、减值的迹象。

实践中很多审计失败的原因之一就是审计人员对与生产经营相关的工程技术不了解。如果造假的财务资料是完备的，审计人员可能无法发现被审计单位的舞弊行为，所以，为控制审计风险，应该尽可能利用专家的工作。

3. 检查材料采购的凭证

对材料采购凭证的检查应该从多个方向进行，从明细账到合同、从合同到明细账、从入库单到明细账等。

主要检查项目如下。

➢ 针对异常或大额交易及重大调整事项（如大额的购货折扣或退回、会计处理异常的交易、未经授权的交易，或缺乏支持性凭证的交易等），检查相关原始凭证和会计记录，以分析交易的真实性、合理性。

➢ 对大额材料采购或在途物资，追查至相关的购货合同及购货发票，复核采购成本的正确性，并抽查期后入库情况。

➢ 检查期末材料采购或在途物资，核对有关凭证，查看是否存在不属于材料采购（在途物资）核算的交易或事项。

➢ 检查月末转入原材料等科目的会计处理是否正确。

➢ 对来自不同供应商的同一材料，关注价格差异是否大，如果价格差异大，分析原因。

➢ 对来自关联方的原材料，关注与非关联方的价格差异，如果价格差异大，分析原因。

➢ 关注企业采购价格与市场价格差异是否大，如果价格差异大，分析原因。

➢ 检查运费、税金在材料之间的分摊是否正确，会计处理是否合规。

4. 根据被审计单位所在行业特定法规履行的审计程序

被审计单位经营活动可能要遵守国家对特定行业规定的特定法规，被审计单位所在企业集团可能存在特定内部管理制度，审计人员需要根据具体情况履行有针对性的审计程序。

【案例 14-2】对特殊规定的关注

某会计师事务所对某公司进行经济责任审计时了解到该行业相关制度规定，采购必须先货后款，即先收到货物并验收合格后，才付款，根据以上规定，审计人员履行以下审计程序。

（1）检查采购合同，是否规定购货款必须在货物验收合格后付讫。

（2）检查货物验收入库凭证、银行存款结算凭证，比较银行存款付款时间是否在入库凭证时间之后。

（3）检查应付账款付款凭证，检查银行结算凭证是否与记账凭证、货币资金明细账、应付账款明细账日期一致，有无刻意将记账时间推后，以掩盖预付购货款或者货物未验收款项已支付的事实。

5. 截止测试

截止测试主要指检查当年 12 月 31 日前后的出库、入库业务是否记录在恰当的会计期间。截止测试主要包括以下方面。

（1）分别 12 月 31 日前、后，从原材料明细账的借方发生额中抽取样本与入库记录核对，以确定原材料入库是否被记录在正确的会计期间。

（2）分别 12 月 31 日前、后，从原材料入库记录抽取样本与明细账的借方发生额核对，以确定原材料入库是否被记录在正确的会计期间。

（3）分别 12 月 31 日前、后，从原材料明细账的贷方发生额中抽取样本与出库记录核对，以确定原材料出库是否被记录在正确的会计期间。

（4）分别 12 月 31 日前、后，从原材料出库记录抽取样本与明细账的贷方发生额核对，以确定原材料出库是否被记录在正确的会计期间。

截止测试是很重要的审计程序，常有企业利用截止日前后短暂的时间差，通过提前或者推迟记录实际业务来调整报表。

截止测试的判断标准为：企业取得材料控制权，即风险和报酬转移的日期，应该与入账的日期在同一年度，否则就是截止错误。

审计实践中存在原辅材料科目余额为负数的情况，就是由于材料采购没有入账，而领用出账造成的。如果额度较大，则造成了账实不符，报表不能真实反映企业财务状况的情况。

审计实践中也存在着材料入账、出账都提前或者推迟，以调节报表的情况。

六、其他成本费用的实质性审计程序

其他成本费用指除原辅材料采购、折旧、摊销、人工成本以外的其他支出。

1. 应签订合同的大额支出

（1）检查是否签订合同，若签订有合同，应明确合同内容、服务标准、质量、付款方式等，评价合同内容是否全面。

（2）检查供应商选择相关资料，对照被审计单位相关内部控制制度，评价供应商人选方式是否合规，如超过一定标准的合同应该进行招标等。分析招标过程、竞争性谈判过程以及其他询价过程是否符合有关内部控制制度。

（3）检查供应商工商注册资料，分析供应商的高管、股东是否与被审计单位高管、员工相关，判断是否为隐藏的关联方。

（4）分析合同内容，通过开展有关人员访谈，了解合同内容是否与被审计单位经营范围相关，合同内容是否真实。

（5）检查合同、凭证，检查会计处理是否正确，是否记录于正确的会计期间；对于跨年度执行的合同，检查费用在年度之间的分配是否合理。

【案例 14-3】虚列的技术研发费用

　　ABC 集团公司派出审计组对下属子公司 A 公司进行经济责任审计。过程中，审计人员检查制造费用凭证，发现 A 公司 2016 年 9 月与 B 实业公司签订两个技术服务合同，"SGFHW 研究与开发"合同金额为 300 万元，2016 年 10 月底 A 公司出具《科技进步项目验收书》，确认研发结果。

　　实际了解的情况如下。

　　（1）2005 年 SGFHW 已在 S 市市场上公开销售。

　　根据市场调查了解，在 2005 年 SGFHW 技术及产品已经出现，技术设备及产品已经应用于生产，产品性能技术指标已经公开。

经过将市场参数与签约研发的参数对比，2005 年市场上已经有了 SGFHW 技术和设备，B 实业公司与甲方签约的研发产品主要技术指标与市场参数雷同，B 实业公司关于 SGFHW 的研发并无原创性。

（2）研发项目与 A 公司生产经营无关。

经咨询专家 Y 先生，SGFHW 技术与 A 公司的生产经营没有关系。

经询问 A 公司技术人员，审计人员了解到技术人员并不知道有这个技术。综上，这个技术开发合同不是真实的，是巧立名目套取资金的行为。

经其他审计程序确认，B 实业公司是由 A 公司控制，是与 A 公司没有股权关系的三产企业，B 实业公司员工主要由工人家属组成，并没有科研能力。

2. 无合同的小额支出

无合同的小额支出指单笔金额较小可不签订合同的办公费、差旅费、会议费以及其他费用等支出。

对于这些小额支出，审计人员可采用分析程序、凭证抽查等程序。

（1）分析程序。

分析程序主要关注各年度之间、每年度各月份之间的费用发生是否均衡，有无异常波动。存在异常波动的，审计人员应该分析原因，关注有无错误或者舞弊；不存在异常波动的，也并不是没有舞弊和错误的风险，有些财务人员在造假时会注意各月度之间的均衡，让人难以通过分析程序发现异常。

（2）凭证抽查。

凭证抽查主要关注原始凭证是否齐全合法，凭证之间是否符合逻辑，业务是否与被审计单位相关，相关经济事项是否与经手人的职责相关、是否记录在恰当的会计期间、是否列入恰当的会计科目等。

【案例 14-4】虚列费用的案例

案例 1

某会计师事务所对某企业进行经济责任审计。审计人员抽查管理费用科目时发现很多差旅费凭证逻辑混乱，无法证明经济事项的真实性。例如，张某去上海出差，出发车票日期是 2019 年 4 月，但是酒店的发票是 2019 年 1 月；出差地是上海，餐饮发票所记录的地址是杭州。审计人员向会计人员询问原因，会计人员解释，业务人员一向不重视报销凭证的条理性，多次将出差的票据搞混。审计人员询问张某本人，张某表示很少有机会出差。这说明这些差旅费的支出不是真实的。

案例 2

某会计师事务所对某建设项目进行竣工决算审计，发现大量的建管费内容不属于建设项目支出，经手人也不是建设项目管理部门人员。经了解，企业为了调节报表，将应该列入当期费用的支出列入建设项目成本。

以上两个案例说明，要判断财务支出是否真实合法，除了看凭证外，还应该结合被审计单位的实际业务判断，同时，还可以询问当事人确认经济事项的真假。

七、应付账款的实质性审计程序

1. 对应付账款执行实质性分析程序

（1）分析比较审计期间各年度应付账款及周转率的增减变动，并对异常情况落实原因。

（2）分析比较审计期间各年度应付账款的构成、账龄及主要供货商的变化，并对异常情况落实原因。

对应付账款借方发生额与货币资金流出、应付票据贷方发生额等进行分析，判断是否存在为虚增利润而虚构采购交易产生的应付账款、关联方交易产生的应付账款、为贸易融资进行的三方虚拟交易产生的应付融资款及将虚构的长期挂账应付账款作为无须支付款项转入营业外收入的可能。

2. 检查有无未入账的应付款项

检查审计期间年度末前后的应付账款入账、付款会计凭证，关注应付账款入账、付款是否列入正确的会计期间，有无截止错误。

3. 函证应付账款

选择应付账款的重要项目（包括零余额账户），函证其余额和交易条款，对未回函的再次发函或实施替代的检查程序（检查原始凭单，如合同、发票、验收单，核实应付账款的真实性）。

4. 抽查应付账款相关凭证

针对异常或大额交易及重大调整事项（如大额的购货折扣或退回，会计处理异常的交易，未经授权的交易，或缺乏支持性凭证的交易等），检查相关原始凭证和会计记录，以分析交易的真实性、合理性。

检查带有现金折扣的应付账款是否按发票记载的全部应付金额入账，在实际获得现金折扣时再冲减财务费用。

被审计单位与债权人进行债务重组的，检查不同债务重组方式下的会计处理是否正确。

5. 检查长期挂账应付账款

检查应付账款长期挂账的原因并加以记录，注意其是否可能无须支付。

检查对确实无须支付的应付账款的会计处理是否正确，依据是否充分。

关注账龄超过 3 年的大额应付账款在资产负债表日后是否偿还，检查偿还记录及单据，并披露。

6. 根据被审计单位所在行业特定法规履行的审计程序

被审计单位经营活动可能要遵守国家对特定行业规定的特定法规，被审计单位所在企业集团可能存在特定内部管理制度，审计人员需要根据具体情况履行有针对性的审计程序。

八、预付账款的实质性测试程序

1. 核对账账、账表等

（1）复核加计是否正确，并与总账数和明细账合计数核对，检查是否相符，结合坏账准备科目与报表数核对，检查是否相符。

（2）结合应付账款明细账审计，查核有无重复付款或将同一笔已付清的账款在预付账款和应付账款两个科目中同时挂账的情况。

（3）分析出现贷方余额的项目，查明原因，必要时建议被审计单位进行重新分类调整。

（4）将期末预付账款余额与上期期末余额进行比较，解释其波动原因。

（5）对于用非记账本位币结算的预付账款，检查其采用的折算汇率和汇兑损益处理的正确性。

2. 检查大额预付账款相关合同

对于期末余额较大的预付账款账户，审计人员应检查相关合同以及相关凭证，主要关注这些预付账款是否由真实的采购交易产生，有无其他与采购无关的款项，预付款项是否符合合同规定，是否符合企业财务制度。

预付账款可能存在的风险如下。

（1）超过合同规定的预付货款。

（2）以预付货款名义出借资金，或者大股东套取资金。

（3）已到货未及时转销。

（4）虚列预付账款套取资金。

【案例 14-5】虚列预付账款的案例

JYKJ 2014 年度财务报表错报情况：JYKJ 披露的 2014 年合并财务报表虚增银行存款 2.18 亿元，虚增营业收入 7 363.51 万元，虚增营业成本 1 925.33 万元，虚增预付工程款 3.1 亿元。其中，预付账款 3.1 亿元的相关合同无双方盖章签字。

3. 检查预付账款长期挂账的原因

对于一年以上的预付账款，审计人员应索要相关采购合同；对于账龄长的项目，追溯取得相关的合同、凭证，落实交易实质，确定该笔款项是否根据有关购货合同支付。

检查一年以上预付账款未核销的原因及分析发生坏账的可能性，检查不符合预付账款性质的或因供货单位破产、撤销等无法再收到所购货物的款项是否已转入其他应收款，并计提坏账准备。

检查可能造成损失的预付账款相关合同是否经过投标程序，关注相关内部控制设计或者执行是否存在问题。

4. 函证预付账款

选择预付账款的重要项目，函证其余额和交易条款，对未回函的再次发函或实施替代的检查程序（检查原始凭单，如合同、发票、验收单），核实预付账款的真实性。

5. 根据被审计单位所在行业特定法规履行的审计程序

被审计单位经营活动可能要遵守国家对特定行业规定的特定法规，被审计单位所在企业集团可能存在特定内部管理制度，审计人员需要根据具体情况履行有针对性的审计程序。

九、应付票据的实质性测试程序

1. 核对账账、账表等

获取或编制应付票据明细表，具体如下。

（1）复核加计是否正确，并与报表数、总账数和明细账合计数核对，检查是否相符。

（2）检查与应付票据备查簿的有关内容是否核对相符，如商业汇票的种类、号数和出票日期、到期日、票面金额、交易合同号和收款人姓名或单位名称以及付款日期和金额等。

（3）检查非记账本位币应付票据的折算汇率及折算是否正确。

（4）标识重要项目。

2. 检查应付票据备查簿

（1）检查债务的合同、发票和收货单等资料，核实交易、事项真实性，复核应存入银行的承兑保证金，及与其他货币资金的勾稽关系。

（2）抽查资产负债表日后已偿付的应付票据，检查有无未入账的应付票据，核实其是否已付款并转销。

（3）针对已注销的应付票据，确定是否已在资产负债表日前偿付。

（4）询问管理人员，审查有关文件并结合购货截止测试，检查应付票据的完整性。

（5）获取客户的贷款卡，打印贷款卡中全部信息，检查有关应付票据的信息与明细账合计数、总账数、报表数是否相符。

3. 函证应付票据

选择应付票据的重要项目（包括零余额账户），函证其余额和交易条款。

4. 检查逾期未兑付票据

查明逾期未兑付票据的原因，检查逾期的银行承兑汇票是否转入短期借款，逾期的商业承兑汇票是否已经转入应付账款，带息票据是否已经停止计息，是否存在抵押票据的情形。

5. 检查带息票据利息计提

复核带息应付票据利息是否足额计提，以及其会计处理是否正确。

6. 检查关联方应付票据

检查关联方应付票据业务是否建立在真实交易的基础上，有无变相为关联方提供资金或者提供担保的行为。

十、评估其他业务审计发现的问题对采购和付款循环的影响

会计核算系统是一个普遍联系的整体，其他业务审计发现的问题可能影响采购和付款循环的审计，审计人员应该分析其他业务审计发现的问题对采购和付款相关业务的影响。

十一、根据被审计单位所在行业特定法规实施的审计程序

被审计单位所在行业可能存在特定的法规制度，用于规范被审计单位的特定业务，为评价被审计单位对特定法规的遵守情况，审计人员应根据被审计单位的实际情况采取特定的审计程序。这些特定的审计程序也可能整合在与采购和付款循环有关的其他审计程序之中。

十二、根据审计发现的问题分析问题发生的根本原因

一个问题的发生，除了表明财务信息真实、合法效益存在问题外，可能说明企业其他方面存在问题。对于在采购和付款业务中发现的问题，审计人员应该分析问题的根本原因，以及对其他审计内容的影响。

（1）内部控制、风险管理、合规管理是否存在问题。

（2）被审计单位治理结构是否存在问题。

（3）重大经济事项的决策、执行和效果是否存在问题。

（4）经济活动中落实有关党风廉政建设责任和遵守廉洁从业规定是否存在问题。

（5）是否没有贯彻执行党和国家经济方针政策、决策部署。

（6）是否存在其他问题。

第十五章
工程建设项目审计

本章所提到的投资指工程建设项目投资，不包括股权投资以及金融资产投资。

第一节　审计目标

（1）确认投资（包括境外投资）决策机制是否健全完善。

（2）确认投资项目（包括境外投资项目）决策程序是否科学规范、投资方向是否符合国家政策和企业的战略规划、资金使用是否合规、投资是否取得预期收益、投资是否存在风险。

（3）确认全面风险管理、合规管理和内部控制是否健全，是否覆盖项目立项、决策、审批、建设、后评价等各个环节。

（4）确认财务支出是否合法，有无虚列支出，套取资金的情况；有无关联方交易不公允，转移资金的情况；有无虚列建设成本，虚增资产的情况。

（5）确认会计核算是否合规，对交付使用资产造价计算是否正确。

（6）其他。

第二节　审计依据

不同资金来源、不同所有制形式、不同内容的建设项目，可能适用不同的法规、制度。所谓的法规制度一般包括国家有关部门相关制度、被审计单位所在集团公司有关管理制度等，如果建设项目为国有或者国有控股企业建设项目、国家财政资金建设项目等，可能适用的制度如下。

（1）《会计师事务所从事基本建设工程预算、结算、决算审核暂行办法》（财协字

〔1999〕103 号）。

（2）企业会计准则。

（3）《基本建设财务规则》（中华人民共和国财政部令第 81 号）

（4）《关于印发〈基本建设项目竣工财务决算管理暂行办法〉的通知》（财建〔2016〕503 号）。

（5）《关于印发〈基本建设项目建设成本管理规定〉的通知》（财建〔2016〕504 号）。

（6）《中华人民共和国民法典》。

（7）《中华人民共和国招标投标法》。

（8）项目立项审批、概算批复及其他审批文件，相关财务会计资料、合同、协议、工程结算资料、竣工决算报告、会议纪要等。

（9）《关于进一步推进国有企业贯彻落实"三重一大"决策制度的意见》。

（10）《中央企业投资监督管理办法》（国务院国有资产监督管理委员会令第 34 号）。

（11）《中央企业境外投资监督管理办法》（国务院国有资产监督管理委员会令第 35 号）。

（12）《中央企业违规经营投资责任追究实施办法（试行）》（国务院国有资产监督管理委员会令第 37 号）。

（13）《关于印发〈中央企业合规管理指引（试行）〉的通知》（国资发法规〔2018〕106 号）。

（14）《关于印发〈中央企业全面风险管理指引〉的通知》（国资发改革〔2006〕108 号）。

（15）其他相关文件（根据被审计项目的具体情况，列示其他相关法规或者规定）。

第三节　审计内容

本节所列审计内容是根据现行相关法规制度综合分析提炼而成的。考虑到国家相关部门不断推出新的法规制度，建议审计人员在审计时，关注有关部门是否出台新制度，以新制度的要求适当调整相关审计内容，并注意新制度的生效时间。企业不同期间的经济事项，适用不同的制度规定。

一、全面风险管理和合规管理

对于全面风险管理和合规管理，审计人员应关注以下方面。

（1）是否建立投资全过程风险管理体系，将投资风险管理作为企业实施全面风险管理、加强廉政风险防控的重要内容。

（2）是否由专门的部门或机构收集可能与投资风险相关的风险管理初始信息，包括战略风险方面、财务风险方面、市场风险方面、运营风险方面、法律风险方面等相关信息，也包括国内的、国外的、行业内的、行业外的信息等。

（3）是否在风险初始信息的基础上进行风险评估。

（4）是否在风险评估的基础上，制定风险管理策略和风险解决方案。

（5）是否在风险评估的基础上，进行投资决策。

（6）对于具体投资项目，是否强化投资前期风险评估和风控方案制订等工作，做好项目实施过程中的风险监控、预警和处置，防范投资后项目运营、整合风险，做好项目退出的时点与方式安排。

二、投资监管体系建设

对于投资监管体系建设，审计人员应关注以下方面。

（1）是否根据国家有关制度，结合本企业实际，建立健全投资管理制度。

（2）是否建立完善本企业投资管理信息系统，加强投资基础信息管理，提高投资管理的信息化水平，通过信息系统对企业年度投资计划执行、投资项目实施等情况进行全面全程的动态监控和管理。

（3）是否按规定向国资委报送有关纸质文件和材料，并同时通过中央企业投资管理信息系统报送电子版信息。

（4）中央企业是否在国资委发布的中央企业投资项目负面清单基础上，结合企业实际，制定本企业更为严格、具体的投资项目负面清单。

三、投资事前管理

对于投资事前管理，审计人员应关注以下方面。

（1）是否按照企业发展战略和规划编制年度投资计划，并与企业年度财务预算相衔接，年度投资规模是否与合理的资产负债水平相适应。企业的投资活动是否纳入年度投资计划。未纳入年度投资计划的投资项目原则上不得投资，确需追加投资项目的应调整年度投资计划。

（2）是否在规定的期限之前将经董事会审议通过的年度投资计划报送国资委核准或者备案，并根据国资委意见对年度投资计划进行修改。

（3）进入国资委债务风险管控"特别监管企业"名单的企业，其年度投资计划是否经国资委审批后方可实施。

（4）对列入中央企业投资项目负面清单特别监管类的投资项目，中央企业是否在履行完企业内部决策程序后、实施前向国资委报送规定材料。

（5）中央企业是否根据企业发展战略和规划，按照国资委确认的各企业主业、非主业投资比例及新兴产业投资方向，选择、确定投资项目，做好项目融资、投资、管理、退出全过程的研究论证。对于新投资项目，是否深入进行技术、市场、财务和法律等方面的可行性研究与论证。

（6）对于境外特别重大投资项目，中央企业是否建立投资决策前风险评估制度，委托独立第三方有资质咨询机构对投资所在国（地区）政治、经济、社会、文化、市场、法律、政策等风险做全面评估。纳入国资委债务风险管控的中央企业不得因境外投资提高企业的负债率水平。

据审计实践，投资事前管理可能存在的问题如下。

（1）决策制度和决策程序不健全。

（2）决策规则和决策程序执行不严格。未严格执行"三重一大"决策制度，擅自违规决策或者以少数人决策代替集体决策，甚至越权决策；党委会、董事会、总经理办公会"三会合一"决策重大事项和按公司章程应由董事会决策的事项，违规由总经理办公会决策，甚至由下属子公司越权代位决策；领导干部个人擅自决定大额资金运作、对外投资、工程招投标、大宗商品采购等重大经济决策事项的情形；采取"通报"方式代替民主决策。

（3）违反政策法规决策。未按规定报经相关部门批准，擅自投资建设工程项目；违反有关规定，在未报经有关部门核准，或者未取得国土、环保、城市规划等部门相应批复情况下，擅自开工建设工程项目；重大投资项目违反审批程序，应报未报国资部门核准或者备案；未经批准，违法违规进入自然保护区等限制开发区域建设工程项目。

（4）重大投资未按规定进行充分、深入的可行性研究或者风险分析。对外投资或承揽境外项目未按规定进行风险评估并采取有效风险防控措施；违反规定采取不当经营行为，以及不顾成本和代价进行恶性竞争；违反本章其他有关规定或存在国家明令禁止的其他境外经营投资行为。

（5）决策全程留痕不规范。未实行决策全程记录；记录不细，未反映或者未完整准确反映参会人员发言内容和表决情况；事后整理、随意更改会议记录，未反映会议决策真实情况；记录本使用不规范，使用活页式、可拆卸记录本；未妥善保管会议决策记录本或者造成遗失。

（6）违反规定开展列入负面清单的投资项目。

（7）没有达到预期的经济效益或社会效益，存在"形象工程""拍脑袋工程"等重大决策事项，因决策失误而造成损失浪费和国有资产流失等问题。

四、投资事中管理

对于投资事中管理，审计人员应关注以下方面。

（1）是否定期对实施、运营中的投资项目进行跟踪分析，针对外部环境和项目本身情况变化，及时进行再决策。出现影响投资目的实现的重大不利变化时，是否研究启动中止、终止或退出机制。因重大投资项目再决策涉及年度投资计划调整的，是否将调整后的年度投资计划报送国资委。

（2）是否按照国资委要求，定期将投资完成情况通过中央企业投资管理信息系统报送国资委。

据审计实践，投资事中管理可能存在的问题如下。

（1）项目管理过程不合规。项目概算未按规定进行审查，严重偏离实际；购建项目未按规定招标，干预、规避或操纵招标；外部环境和项目本身情况发生重大变化，未按规定及时调整投资方案并采取止损措施；擅自变更工程设计、建设内容和追加投资等；项目管理混乱，致使建设严重拖期、成本明显高于同类项目；违反规定开展列入负面清单的投资项目。

（2）违规执行或者实施。以邀请招标、比选或者直接指定代替公开招标，违规确定工程施工单位或者物资供应商；违法转包、分包项目。

五、投资事后管理

对于投资事后管理，审计人员应关注以下方面。

（1）在年度投资完成后，是否编制年度投资完成情况报告，并于下一年1月31日前报送国资委。年度投资完成情况报告包括但不限于以下内容。

➢ 年度投资完成总体情况。

➢ 年度投资效果分析。

➢ 重大投资项目进展情况。

➢ 年度投资后评价工作开展情况。

➢ 年度投资存在的主要问题及建议。

（2）中央企业是否每年选择部分已完成的重大投资项目开展后评价，形成后评价专项报告。中央企业可通过项目后评价，完善企业投资决策机制，提高项目成功率和投资收益，总结投资经验，为后续投资活动提供参考，提高投资管理水平。

（3）是否开展重大投资项目专项审计，审计的重点包括重大投资项目决策、投资方向、资金使用、投资收益、投资风险管理等方面。

六、投资项目工程管理是否规范

对于投资项目工程管理，审计人员应关注各项目是否取得各项前置审批，项目法人管理、合同管理、招投标管理、监理、财务核算、物资管理等管理是否规范，财务支出是否真实、合法、合规，有无违法违规行为。

七、投资项目是否实现预期效益

审计人员应关注投资项目是否按期完工、投产或者投入使用，是否实现预期的经济效益和社会效益。

第四节 审计程序与方法

一、分析评价全面风险管控情况

审计人员应开展有关人员访谈，了解与投资业务相关的风险管控和合规管理工作情况，包括信息收集、风险评估、完善内部控制制度等负责的部门和分工情况。

检查相关资料，包括收集的风险管理初始信息、风险评估过程及结论、风险管理策略、风险管理解决方案、形成的内部控制制度等。分析各环节之间工作内容是否相关、连贯，有无内容各不相关、工作流于形式、浮在表面的情况。

二、分析评价投资内部控制制度健全情况

对于投资内部控制制度，审计人员应关注以下方面。

（1）对照国家有关制度文件，分析评价企业投资管理制度内容是否全面。

（2）检查企业提供的投资管理制度备案文件以及在线平台信息，确认投资管理制度是否经董事会审议后在国资委备案。

（3）结合投资项目审计，检查所有投资项目信息是否反映在企业投资管理信息系统上，确认企业投资管理信息系统是否得到充分使用，所有投资项目的信息是否在企业投资管理信息系统上得到充分披露。

（4）检查企业投资负面清单，并与国资委负面清单对比，确认企业是否存在国资委负面清单范围之内的投资项目。

三、检查投资项目过程管理情况

对于投资项目过程管理，审计人员应关注以下方面。

（1）检查企业是否按照企业发展战略和规划编制年度投资计划，并与企业年度财务预算相衔接，年度投资规模是否与合理的资产负债水平相适应。企业的投资活动是否纳入年度投资计划，未纳入年度投资计划的投资项目原则上不得投资，确需追加投资项目的应调整年度投资计划。

（2）检查所有项目是否纳入年度投资计划，年度投资计划是否经国资委审批。

（3）检查企业是否存在列入投资负面清单的项目。

（4）对于列入负面清单的项目，分析是否向国资委报送规定的资料。

（5）对比企业战略和规划，分析所有投资项目是否符合企业战略和规划。

（6）分析所有投资项目的研究论证文件、尽职调查文件，分析企业对所有投资项目是否进行充分的可行性研究和论证。

（7）检查决策文件，评价企业是否按"三重一大"决策制度形成决策文件，参与决策的人员是否签字背书，对不同意见的处理是否合规。

（8）检查对投资项目的跟踪分析文件，分析企业是否对投资项目进行切实的事中管理；检查信息系统平台以及上报国资委文件，分析评价企业是否按要求报送有关投资管理文件，是否进行投资分析。

（9）分析年度投资完成情况报告、全部项目验收报告、财务核算资料，分析评价投资完成情况报告中包含的项目是否全部完工。

（10）分析投资项目后评价报告，了解有关项目是否按期完成，是否实现预期效益。分析专项审计报告，了解投资项目管理是否规范，是否取得预期效益。

（11）检查企业是否对境外重大投资项目开展常态化审计报告，检查企业对境外项目的审计管理情况，了解境外项目的项目决策、投资方向、资金使用、投资收益、投资风险管理等方面的情况。

（12）检查境外重大投资的财务管理机制。

【案例 15-1】 一年投资失败项目的决策过程的案例

某央企下属子公司 A 公司投资 YYY 项目，因投资失败，造成损失 13 亿元，经审计发现主要问题如下。

（1）未严格遵守重大投资活动报告制度，未经国资委批准即投资建设重大非主业项目。

A 公司虽然取得母公司、环境保护部门、母公司董事会批复，但是没有按相关规定取得国资委批复，2017 年 4 月 28 日，A 公司向国资委上报《关于申请 YYY 项目的请示》，国资委《关于 YYY 项目有关意见的复函》表示："YYY 项目……为非主业投资。目前 YYY 已处于产能过剩状态，盈利能力较差，你公司投资上述项目，不具备运营管理能力，存在较大风险。我委不同意你公司投资上述项目。"

截至 2017 年 4 月 28 日，对于 YYY 项目，A 公司已签订设备采购合同 99 份，合同金额共计 11 亿元。

（2）在国资委已明确指出不同意投资 YYY 项目的情况下，A 公司未严格贯彻落实国资委决策部署，继续投资非主业项目。

（3）A 公司各部门意见晚于总经理办公会审议通过时间，项目决策程序倒置。

（4）B公司作为YYY项目总承包商，将YYY主装置项目设计及整个项目的采购与施工违规转包。B公司总承包项目分包单位层层转包，部分项目分包已达到五级，且最终分包商为自然人。

（5）招标人与中标人签订背离合同实质性内容的补充协议。

以上一系列问题说明了A公司对控制项目的管理不符合国家产业政策、国资委相关审批制度、内部集体决策制度，对工程的管理，不符合招投标法及国家有关建设管理制度。

四、工程支出财务审计

根据风险评估结果，选取部分或者全部项目进行财务审计。

1. 工程支出真实性审计重点

关注项目支出是否符合项目概（预）算规定，有无挤占建设成本、超概算的现象和行为；检查建安工程支出是否存在概（预）算外其他工程项目的支出。

2. 工程支出是否合法

（1）有无混淆生产成本和建设成本的情况，将生产领用的备件、材料列入建设成本。

（2）是否存在不符合合同或协议的支出、非法收费和摊派，以及无发票或者发票项目不全、无审批手续、无责任人员签字的支出。

（3）是否存在因设计单位、施工单位、供货单位等因素造成的工程报废损失等不属于本项目应当负担的支出。

（4）是否存在项目符合规定的验收条件之日起3个月后发生的支出。

3. 工程支出列支依据是否充分

（1）工程成本的核算是否以工程管理部门、监理单位、施工单位签章的验工计价资料为依据。

（2）验工计价单是否详细记录各项工程的工程量、计价单价，有无验工计价单胡编乱造、对工程进度实际不掌握、支付工程款随意的情况。

（3）审核费用列支是否真实，有无未实际发生、虚列费用的情况，有无挤占成本、转移投资、加大造价等问题。

4. 工程价款及支付方式是否在合同中约定

审计人员应关注合同中是否存在以下约定。

（1）预付工程款的数额、支付时限及抵扣方式。

（2）工程进度款的支付方式、数额及时限。

（3）工程施工发生变更时，工程价款的调整方法、索赔方式、时限要求及金额支付方式。

（4）工程竣工价款的结算与支付方式、数额及时限。

（5）工程质量保证（保修）金的数额、预扣方式及时限。

（6）安全措施和意外伤害保险费用。

5. 工程预付款结算

审计人员应关注工程预付款比例是否符合相关规定。包工包料工程的预付款按合同约定拨付，原则上预付比例不低于合同金额的 10%，不高于合同金额的 30%，对重大工程项目，按年度工程计划逐年预付。

关注预付的工程款是否在合同中约定抵扣方式，并在工程进度款中进行抵扣。

关注有无发包人对没有签订合同或不具备施工条件的工程预付工程款情况，以预付款为名转移资金。

6. 工程进度款的结算与支付

审计人员应关注工程进度款支付是否控制在一定比例之内。发包人应按不低于工程价款的 60%，不高于工程价款的 90% 向承包人支付工程进度款。按约定时间发包人应扣回的预付款，是否与工程进度款同期结算抵扣。

关注单项工程竣工后，在承包人提交竣工验收报告的同时，发包人是否在规定时限进行核对（审查）并提出审查意见。

关注是否存在发包人不按合同约定支付工程进度款，双方又未达成延期付款协议，导致施工无法进行，承包人停止施工的情况。

关注工程款的结算与支付是否以发包人提交的已完工程量的报告为依据，是否对已完工程量报告进行审核，工程量报告是否有监理单位盖章签字，是否对工程进度进行现场踏勘核实，核实人员与工程管理人员是否职责分开。

7. 工程完工结算

审计人员应关注发包人收到承包人递交的竣工结算报告及完整的结算资料后，是否按规定的期限（合同约定有期限的，从其约定）进行核实，给予确认或者提出修改意见。

关注发包人根据确认的竣工结算报告向承包人支付工程竣工结算价款，是否保留 5% 左右的质量保证（保修）金，待工程交付使用一年质保期到期后清算。

关注接受委托承接有关工程结算咨询业务的工程造价咨询机构是否具有工程造价咨询单位资质，其出具的办理拨付工程价款和工程结算的文件，是否由造价工程师签字，并加盖执业专用章和单位公章。

关注对于工程质量有异议的项目，已竣工验收或已竣工未验收但实际投入使用的工程，其质量争议是否按该工程保修合同执行。

五、设备、材料支出真实性确认

1. 设备和材料采购环节的审计

审计人员应关注建设单位采购计划所订购的各种设备、材料是否符合已报经批准的设计文件和基本建设计划、概算。

关注是否按照公平竞争、择优择廉的原则确定供应方，是否采用合理的供应商选择方式，是否存在按国家规定应招标未招标事项，应招标未招标事项是否经相关部门审批。

关注设备和材料采购合同的规格、品种、质量、数量、单价、包装方式、结算方式、运输方式、交货地点、期限、总价和违约责任等条款规定是否齐全。

2. 设备物资采购、付款审计

审计人员应关注付款是否严格遵循合同规定，是否存在付款方式不当带来的法律风险、资金安全风险、质量风险。

关注支付物资结算款时是否按合同规定扣除了质量保证期间的保证金。

关注是否取得合法的发票，合同、发票、收款人是否一致。

3. 设备和材料验收、入库环节的审计

审计人员应检查购进设备和材料的验收资料，检查验收记录的真实性、完整性和有效性。

关注是否根据物资情况确定检验方式，由专门的验收机构或验收人员对采购项目的品种、规格、数量、质量等相关内容进行验收，出具验收证明。涉及大宗和新、特物资采购的，是否进行专业测试。

关注对于验收过程中发现的异常情况，负责验收的机构或人员是否立即向企业有权管理的相关机构报告，相关机构是否查明原因并及时处理。

关注是否存在工程物资质次价高、工程监理不到位等导致工程质量低劣、进度延迟或中断的情况。

检查验收合格的设备和材料是否全部入库，有无少收、漏收、错收以及涂改凭证等问题。

关注是否建立完善的物资台账，物资是否定期盘点、账实是否相符，设备和材料的数量、规格型号是否正确，有无擅自挪用、以次充好等问题。

4. 设备物资的领用及设备投资成本审计

（1）出库是否经授权。

①关注工程物资的使用是否经监理人员授权，是否经工程监理人员签字，若无，则工程物资不得在工程上使用或者安装。

②关注是否取得有关管理部门及监理签字的领用单。

③关注是否建立台账或者其他记录资料，清楚记载施工方领用工程物资的名称、数量、规格、造价等。

④关注是否定期与施工企业对账。

（2）核销是否及时。

①关注是否按合同约定及时核销，核销原则及核销数据是否科学、合理、准确。

②关注施工单位丢失、损毁工程物资是否照价赔偿。

③关注有无擅自挪用的问题。

（3）工程剩余及废旧物资处理。

关注工程剩余物资及废旧物资是否办理回收退库，废旧物资处置程序是否合理、是否经过审批，处置收入是否全额入账。

（4）使用过程有无监控。

①关注是否由造价控制部门或者审核部门、监理部门等采取必要的程序确定工程物资的使用量，确保领用的物资用在工程上。

②关注如果存在多领、少用的情况，是否以这部分物资的造价抵顶应付工程款，是否存在套取甲供材料问题。

③结合工程造价师审核结果，检查有无施工方领用工程物资与已付工程款合计数超过工程师审定的工程造价的情况（即是否存在多付工程款的情况）。

（5）设备投资支出真实性。

①关注是否存在将设计概算外的其他工程或生产领用的仪器、仪表等列入本科目的情况。

②关注是否在本科目中列入了不需要安装的设备、为生产准备的工具器具、购入的无形资产及其他不属于本科目工程支出的费用。

③结合设备盘点及安装设备的现场踏勘，确认相关支出的真实性。

（6）核算是否规范。

①关注会计科目设置是否合规及其是否满足管理需要。

②关注会计核算资料是否真实可靠。

③关注采购成本计算是否准确、合理。

④关注设备价值是否完整，关税、代理费等费用是否已全部计入。

⑤关注有无暂估入账的情况，若存在，是否单独统计其金额并判断合理性。

⑥关注对于厂商赠送的设备，是否纳入管理，财务处理是否符合规定。

六、待摊投资、其他投资审计

1. 服务性支出真实性审计

对于服务性支出真实性，审计人员应关注以下方面。

（1）相关服务性支出是否包含在概算之中。

（2）勘察费、设计费、监理费以及其他服务费是否真实发生。

（3）合同规定的服务内容是否明确，是否与项目相关。

（4）服务性合同是否有成果性文件，成果性文件是否按合同规定的时限提交。

（5）没有成果性文件的，检查有无服务痕迹，以确认相关服务是否真实发生。

（6）服务费用计算是否符合合同规定，是否符合行业收费标准规定，有无多计或少计的情况。

2. 服务合同款项支付审计

对于服务合同款项支付，审计人员应关注以下方面。

（1）预付款支付的额度、方式是否符合合同（含补充协议）及招投标文件的约定。

（2）进度款支付的额度、方式是否符合合同（含补充协议）及招投标文件的约定。

（3）尾款支付的额度、方式是否符合合同（含补充协议）及招投标文件的约定。

3. 建管费用列支范围审计

对于建管费用列支范围，审计人员应关注以下方面。

（1）费用的内容是否符合相关法规规定，各项费用支出是否存在扩大开支范围、提高开支标准以及将建设资金用于集资或提供赞助而列入其他支出的问题。

（2）项目建设单位是否严格执行《党政机关厉行节约反对浪费条例》，严格控制项目建设管理费。

（3）有无将国家规定不得列入建设成本费用的其他支出，如对外投资支出、被没收的财物、支付的滞纳金、罚没款、违约金、赔偿金以及捐赠、赞助支出等，计入建设成本的情况。

4. 有无混淆基建成本和生产成本的问题

（1）审核费用列支期间是否准确。根据工程开工及竣工时间，区分建设期内和建设期外费用支出，检查有无将经营性费用列入工程成本的现象。

（2）是否存在以试生产为由，有意拖延不办固定资产交付手续，从而增大负荷联合试车费用的问题。

（3）是否存在截留负荷联合试车期间发生的收入，不将其冲减试车费用的问题。

（4）是否存在将应由生产承担的费用列入本科目的问题。

（5）已具备竣工验收条件的项目，规定期限内不办理竣工验收和固定资产移交手续的，是否视同项目已正式投产；其费用不得从基建投资中支付，所实现的收入应作为生产经营收入，不再作为基建收入管理。

（6）是否存在具备竣工验收条件，但规定期限不验收，或者试运行期限不合理，调节生产经营利润从而使建设成本不实的情况。

（7）核实筹资费用的计息期与资本化金额是否正确，有无工程竣工后还将工程借款利息列入工程成本的现象，有无将应由生产承担的财务费用列入基建成本的情况。

（8）检查经营性项目在建设期间的财政贴息资金财务处理是否符合企业会计准则规定。

5. 费用支出凭证是否合法，依据是否充分

（1）检查费用报销审批流程，报销审批机制是否健全。

（2）检查办公用品及耗材采购报销时原始凭证，如采购审批单、发票、采购明细表、入库单等是否齐全。

（3）检查职工出差依据资料、出差审批单、发票等是否齐全，凭证之间是否存在时间、地点、事由相互矛盾、业务虚假的情况。

（4）检查招待费报销单据中的业务审批单、接待清单、发票、公函或通知等单据是否齐全。

（5）检查车辆管理是否符合相关规定，新车购置是否经批复，是否存在超编制、超标准配备使用公务用车情况。

（6）检查会议费用开支范围和开支标准是否符合规定，如会议费用综合定额标准是否超标；主办会议报销单据是否齐全、合规，如年度会议计划、会议通知、参会人员清单、报销申请单、发票、开支明细等。

（7）检查建设单位管理费是否控制在制度规定的比例之内。

（8）检查项目管理费、业务招待费、代建管理费等是否符合《基本建设项目建设成本管理规定》（财建〔2016〕504号）规定的比例。

七、实地考察相关项目

审计人员应现场察看相关资产的运营情况、正在建设中的项目进度情况，关注建设内容、规模等是否符合立项、概算等审批文件规定；项目规模与账面成本核算是否存在严重不符的情况；有无烂尾、项目不能正常运营、运营没有达到预期设计生产能力，导致损失浪费的情况，或者其他异常情况。

八、通过访谈或者座谈会的方式了解项目的实际情况

通过对监事会、纪检监察机构、项目负责部门和人员、项目单位管理层进行访谈或者开座谈会的形式，了解项目建设情况、运营情况，评价相关项目是否运营正常，建设进度是否正常，有无烂尾情况，有无其他违法违规行为。

【案例 15-2】XDD 的在建工程

XDD 2009 — 2011 年以支付工程款的名义划款至 PYXEQJZ 公司，由此形成在建工程，并最终计入固定资产，但 PYXEQJZ 公司并未为其实施工程建造。由此，XDD 2009—2011 年虚增固定资产 1 140.91 万元。

本案例说明，审计人员面对的账簿中的在建项目、固定资产，可能不是真实的，要当心！

【案例 15-3】WFSK 的在建工程

WFSK 通过虚增在建工程和预付账款的方式虚增资产。WFSK 首先将从公司账户汇入虚构的个人账户款项记录为预付工程设备款，一部分预付工程设备款用来抵付因虚增收入、由个人账户转入公司的款项，另一部分预付工程设备款则形成在建工程。因在建工程核算的相对自由性，WFSK 对账面在建工程进行了大量虚构。

本案例说明，在建项目、固定资产与货币资金、票据等不一样，非专业工程造价人员无法评估这些资产的真实价值，而财务审计人员大多不具备工程造价知识和经验，所以，认定在建工程、固定资产等的真实价值，对于财务审计人员来说是个难点，这些资产项目也就成了舞弊的蓄水池。在建工程、固定资产也是财务审计的重点。

第十六章
资金活动审计

第一节　基本概念

资金活动，是指企业筹资、投资和资金营运等活动的总称。

与销售有关的收款、与采购有关的付款、与投资相关的资金活动相关审计内容包含在销售和收款、采购和付款、工程建设项目审计中，本部分不再说明。

第二节　审计目标

（1）确认全面风险管理、合规管理和内部控制是否健全，是否覆盖资金活动的各环节。

（2）确认企业筹资、投资、运营资金管理是否统筹协调，有无资金不足风险，有无资金闲置导致损失浪费。

（3）确认与货币资金相关的财务收支是否合法、资金是否安全、财务信息是否真实、会计核算是否合规。

（4）确认对所在行业相关的特定法规遵守情况，对所在企业集团内部管理制度遵守情况。

第三节　审计依据

（1）《中央企业全面风险管理指引》（国资发改革〔2006〕108号）。

（2）《关于印发〈中央企业合规管理指引（试行）〉的通知》（国资发法规〔2018〕106号）。

（3）《关于印发〈企业境外经营合规管理指引〉的通知》（发改外资〔2018〕1916号）。

（4）《关于加强中央企业国际化经营中法律风险防范的指导意见》（国资发法规〔2013〕237号）。

（5）《国资委党委关于印发〈关于加强中央企业廉洁风险防控工作的指导意见〉的通知》（国资党委纪检〔2012〕155号）。

（6）《中央企业违规经营投资责任追究实施办法（试行）》（国务院国有资产监督管理委员会令第37号）。

（7）《企业内部控制应用指引第6号——资金活动》。

（8）所在行业相关的特定法规制度。

（9）所属企业集团的内部管理制度。

（10）企业会计准则。

第四节　审计内容

一、资金活动管理风险管控

审计人员应关注资金活动各环节是否纳入全面风险管理，风险信息收集、风险评估、制定风险管理策略和管理方案、制定内部控制制度等是否切实执行到位，各环节之间工作内容是否相关、连贯，有无内容各不相关、工作流于形式、浮在表面的情况。

1. 风险管制相关信息收集工作是否到位

是否明确相关部门或者岗位收集与货币资金管理风险相关的信息，包括以下内容。

在财务风险方面，企业是否广泛收集国内外企业财务风险失控导致危机的案例，并至少收集本企业的以下重要信息（其中有行业平均指标或先进指标的，也应尽可能收集）。

（1）负债、或有负债、负债率、偿债能力。

（2）现金流、应收账款及其占销售收入的比重、资金周转率。

（3）产品存货及其占销售成本的比重、应付账款及其占购货额的比重。

（4）制造成本和管理费用、财务费用、销售费用。

（5）盈利能力。

（6）资金结算和现金管理业务中曾发生或易发生错误的业务流程或环节。

（7）产品或服务的价格及供需变化。

（8）能源、原材料、配件等物资供应的充足性、稳定性和价格变化。

（9）因企业内、外部人员的道德风险致使企业遭受损失或业务控制系统失灵的情况。

（10）其他可能影响资金管理的信息。

2. 是否依据收集的信息进行风险评估

企业是否有专门部门进行资金活动方面的风险评估，风险评估是否依据收集的信息进行。不同的行业、不同企业，会面临不同的资金活动风险，对于企业资金活动，审计人员至少应当关注下列风险。

（1）筹资决策不当，引发资本结构不合理或无效融资，可能导致企业筹资成本过高或债务危机。

（2）投资决策失误，引发盲目扩张或丧失发展机遇，可能导致资金链断裂或资金使用效益低下。

（3）资金调度不合理、营运不畅，可能导致企业陷入财务困境或资金冗余。

（4）资金活动管控不严，可能导致资金被挪用、侵占、抽逃或遭受欺诈。

二、资金活动内部控制制度

对于资金活动内部控制制度，审计人员应关注以下方面。

（1）是否在风险评估的基础上，制定风险管理策略和风险管理解决方案；风险管理策略和风险管理解决方案是否能够应对相应的风险。

（2）是否结合企业实际情况，针对投资、筹资、资金管理的所有流程和环节完善相关内部控制制度，防范资金风险。

（3）是否根据企业业务变化、环境变化，不断收集信息评估资金活动的薄弱环节，采取有效控制措施，确保资金管理活动满足企业生产经营需要，保证资金安全。

1. 筹资相关内部控制制度是否合规

（1）关注企业是否根据筹资目标和规划，结合年度全面预算，拟订筹资方案，明确筹资用途、规模、结构和方式等相关内容，对筹资成本和潜在风险进行充分估计。

（2）检查是否对不同筹资方式的筹资成本、偿债风险进行分析比较，选择最优方案。

（3）关注进行境外筹资时，是否考虑所在地的政治、经济、法律、市场等因素。

对于筹资相关内部控制制度，审计人员应关注以下方面。

（1）筹资前是否进行论证。

①企业是否对筹资方案进行科学论证，包括对筹资的战略性、经济性和风险性进行

论证。企业不得依据未经论证的方案开展筹资活动。

②重大筹资方案是否按规定形成可行性研究报告，全面反映风险评估情况。或者是否根据实际需要，聘请具有相应资质的专业机构进行可行性研究。

（2）筹资方案是否经审批。

①企业是否按照相关内部控制制度规定的权限对筹资方案进行严格审批，重点关注筹资用途的可行性和相应的偿债能力。

②重大筹资方案是否按照规定的权限和程序实行集体决策或者联签制度。

③筹资方案需经有关部门批准的，是否履行相应的报批程序。

④筹资方案发生重大变更的，是否重新进行可行性研究并履行相应审批程序。

（3）筹资过程是否符合权限、程序。

①企业是否根据批准的筹资方案，严格按照规定权限和程序筹集资金。银行借款或发行债券，应当重点关注利率风险、筹资成本、偿还能力以及流动性风险等；发行股票应当重点关注发行风险、市场风险、政策风险以及企业控制权风险等。

②企业通过银行借款方式筹资的，是否与有关金融机构进行洽谈，明确借款规模、利率、期限、担保、还款安排、相关的权利义务和违约责任等内容。双方应在达成一致意见后签署借款合同，据此办理相关借款业务。

③企业通过发行债券方式筹资的，是否合理选择债券种类，对还本付息方案进行系统安排，确保按期、足额偿还到期本金和利息。

④企业通过发行股票方式筹资的，是否依照《中华人民共和国证券法》等有关法律法规和证券监管部门的规定，优化企业组织架构，进行业务整合，并选择具备相应资质的中介机构协助企业做好相关工作，确保符合股票发行条件和要求。

（4）资金使用是否符合规定用途。

①企业是否严格按照筹资方案确定的用途使用资金。筹资用于投资的，是否符合投资相关的内部控制规定和《企业内部控制应用指引第 11 号——工程项目》规定，防范和控制资金使用的风险。

②由于市场环境变化等确需改变资金用途的，是否履行相应的审批程序。严禁擅自改变资金用途。

（5）偿债及支付股利。

①企业是否加强债务偿还和股利支付环节的管理，对偿还本息和支付股利等进行适当安排。

②企业是否按照筹资方案或合同约定的本金、利率、期限、汇率及币种，准确计算应付利息，与债权人核对无误后按期支付。

③企业是否选择合理的股利分配政策，兼顾投资者近期和长远利益，避免分配过度或不足。

④股利分配方案是否经过股东（大）会批准，并按规定履行披露义务。

（6）会计核算是否合规。

企业是否加强筹资业务的会计系统控制，建立筹资业务的记录、凭证和账簿，按照国家统一会计准则制度，正确核算和监督资金筹集、本息偿还、股利支付等相关业务，妥善保管筹资合同或协议、收款凭证、入库凭证等资料，定期与资金提供方进行账务核对，确保筹资活动符合筹资方案的要求。

2. 投资相关内部控制制度是否合规

（1）关注企业是否根据投资目标和规划，合理安排资金投放结构，科学确定投资项目，拟订投资方案，重点关注投资项目的收益和风险。

（2）关注企业选择投资项目是否突出主业，谨慎从事股票投资或衍生金融产品等高风险投资。

（3）关注境外投资是否考虑政治、经济、法律、市场等因素的影响。

（4）企业采用并购方式进行投资的，关注是否严格控制并购风险，重点关注并购对象的隐性债务、承诺事项、可持续发展能力、员工状况及其与本企业治理层及管理层的关联关系，合理确定支付对价，确保实现并购目标。

对于投资相关内部控制制度，审计人员应关注以下方面。

（1）投资前是否进行可行性研究。

①企业是否加强对投资方案的可行性研究，重点对投资目标、规模、方式、资金来源、风险与收益等进行客观评价。

②是否根据实际需要，委托具备相应资质的专业机构进行可行性研究，提供独立的可行性研究报告。

（2）是否进行决策审批。

企业是否按照规定的权限和程序对投资项目进行决策审批，审计人员应重点审查以下方面。

①投资方案是否可行。

②投资项目是否符合国家产业政策及相关法律法规的规定。

③是否符合企业投资战略目标和规划。

④是否具有相应的资金能力。

⑤投入资金能否按时收回。

⑥预期收益能否实现。

⑦投资和并购风险是否可控等。

⑧对于重大投资项目，是否按照规定的权限和程序实行集体决策或者联签制度。

⑨投资方案需经有关管理部门批准的，是否履行相应的报批程序。

⑩投资方案发生重大变更的，是否重新进行可行性研究并履行相应审批程序。

（3）是否签订投资协议。

关注企业是否根据批准的投资方案，与被投资方签订投资合同或协议，明确出资时间、金额、方式、双方权利义务和违约责任等内容，按规定的权限和程序审批后履行投资合同或协议。

（4）是否对投资项目进行跟踪管理。

关注企业是否指定专门机构或人员对投资项目进行跟踪管理，及时收集被投资方经审计的财务报告等相关资料，定期组织投资效益分析，关注被投资方的财务状况、经营成果、现金流量以及投资合同履行情况。发现异常情况时，是否及时报告并妥善处理。

（5）会计核算是否合规。

关注企业是否加强对投资项目的会计系统控制，根据对被投资方的影响程度，合理确定投资会计政策，建立投资管理台账，详细记录投资对象、金额、持股比例、期限、收益等事项，妥善保管投资合同或协议、出资证明等资料。

企业财会部门对被投资方出现财务状况恶化、市价当期大幅下跌等情形，是否根据国家统一的会计准则制度规定，合理计提减值准备、确认减值损失。

（6）投资收回管理是否合规。

①企业是否加强对投资收回和处置环节的控制，对投资收回、转让、核销等决策和审批程序是否有明确规定。

②企业是否重视投资到期本金的收回。转让投资是否由相关机构或人员合理确定转让价格，报授权批准部门批准，必要时可委托具有相应资质的专门机构进行评估。核销投资时是否取得不能收回投资的法律文书和相关证明文件。

（7）责任追究制度。

对于到期无法收回的投资，企业是否建立责任追究制度。

3. 营运环节相关内部控制制度是否合规

（1）资金营运过程是否统筹协调。

关注企业是否加强资金营运全过程的管理，统筹协调内部各机构在生产经营过程中的资金需求，切实做好资金在采购、生产、销售等各环节的综合平衡，全面提升资金营运效率。

（2）资金营运是否纳入全面预算管理。

关注企业是否充分发挥全面预算管理在资金综合平衡中的作用，严格按照预算要求组织协调资金调度，确保资金及时收付，实现资金的合理占用和营运良性循环。

（3）是否严禁资金体外循环。

关注企业是否严禁资金的体外循环，切实防范资金营运中的风险。

（4）是否对资金营运过程实施监控。

关注企业是否定期组织召开资金调度会或资金安全检查，对资金预算执行情况进行综合分析。发现异常情况时，是否及时采取措施妥善处理，避免资金冗余或资金链断裂。

（5）会计系统控制是否严格。

①关注企业是否严格对营运资金的会计系统进行控制，严格规范资金的收支条件、程序和审批权限。

②关注企业在生产经营及其他业务活动中取得的资金收入是否及时入账，有无账外设账、收款不入账、设立"小金库"的情形。

③关注企业在办理资金支付业务时是否明确支出款项的用途、金额、预算、限额、支付方式等内容，并附原始单据或相关证明，履行严格的授权审批程序后，方可安排资金支出。

④关注企业在办理资金收付业务时是否遵守现金和银行存款管理的有关规定。企业不得由一人办理货币资金全过程业务，严禁将办理资金支付业务的相关印章和票据集中一人保管。

三、货币资金收支是否合法，会计信息是否真实、合规

（1）关注企业资产负债表的货币资金项目中的库存现金和银行存款在资产负债表日是否存在。

（2）关注企业所有应当记录的现金收支业务和银行存款收支业务是否得到完整记录，是否存在遗漏。

（3）关注企业的货币资金是否被通过舞弊手段侵占。

（4）关注记录的库存现金和银行存款是否为企业所拥有或控制。

（5）关注库存现金和银行存款的金额是否恰当地包括在财务报表的货币资金项目中。

（6）关注库存现金和银行存款是否按照企业会计准则的规定在财务报表中得到恰当列报。

四、与被审计单位所在行业相关的特定法规的遵守情况

企业所在行业可能存在与行业有关的法律、法规或制度，审计人员需要关注企业对所在行业特定法律法规制度的遵守情况。

企业所在企业集团可能存在特定的管理制度，审计人员需要关注企业对所属企业集团相关管理制度的遵守情况。

五、与资金筹集、使用相关的其他事项

（1）关注与资金筹集、使用相关的项目的战略规划是否完成，是否实现预期目标。

（2）关注与资金筹集、使用相关的重大经济事项过程管理是否规范，是否实现预期

目标。

六、其他委托方要求关注的事项

委托合同或者审计过程中，委托方要求关注的特定事项。

第五节　审计程序

一、了解基本情况、经营环境等信息，并取得有关资料

1. 了解基本情况的方法及渠道

（1）询问参与货币资金业务活动的被审计单位人员，如销售部门、采购部门和财务部门的员工和管理人员。

（2）观察货币资金业务流程中特定控制的执行情况，如观察被审计单位的出纳人员如何进行现金盘点。

（3）检查相关文件和报告，如与货币资金筹集、收支相关的内部控制制度，与内部控制执行有关的文件（如银行存款余额调节表）等。

2. 应了解的影响资金活动的基本情况

了解可能影响企业资金管理的信息，如是否存在资产不足风险或者融资风险，或者存在资金有余导致的管理风险。

（1）行业状况。

①被审计单位所处行业的总体发展趋势是什么；被审计单位处于哪一发展阶段，如起步、快速成长、成熟或衰退阶段。

②该行业是否受经济周期波动的影响，以及被审计单位采取了什么行动使波动产生的影响最小化。

③其他可能影响资金周转的行业情况。

（2）法律环境与监管环境。

①对被审计单位经营活动产生重大影响的法律法规，包括直接的监管活动。

②目前对被审计单位开展经营活动产生影响的政府政策，如货币政策（包括外汇管制）、财政政策、财政刺激措施（如政府援助项目）、关税或贸易限制政策等。

③其他可能影响资金周转的法律与监管环境情况。

（3）其他外部因素。

①审计人员应当了解影响被审计单位经营的其他外部因素，主要包括总体经济情

况、利率、融资的可获得性、通货膨胀水平或币值变动等。

②当前的宏观经济状况以及未来的发展趋势。

③目前国内或本地区的经济状况（主要衡量指标有增长率、通货膨胀率、失业率、利率等）及其怎样影响被审计单位的资金营运。

（4）所有权结构及关联方。

①了解被审计单位识别关联方的程序，获取被审计单位提供的所有关联方信息，并考虑关联方关系是否已经得到识别，关联方交易是否得到恰当记录和充分披露。

②审计人员可能需要对被审计单位控股母公司（股东）的情况进行进一步了解，包括控股母公司的所有权性质、管理风格及其对被审计单位资金运营可能产生的影响。

③控股母公司与被审计单位在资产、业务、人员、机构、财务等方面是否分开，是否存在占用资金等情况。

（5）治理结构。

良好的治理结构可以对被审计单位的经营和财务运作实施有效的监督，从而降低资金运营风险或者会计信息虚假的风险。审计人员应当了解被审计单位的治理结构。例如，董事会的构成情况、董事会内部是否有独立董事，治理结构中是否设有审计委员会或监事会及其运作情况。审计人员应当考虑治理层是否能够在独立于管理层的情况下对被审计单位与货币资金管理有关的事项进行客观判断。

（6）组织结构。

审计人员应当了解被审计单位的组织结构，考虑复杂组织结构可能导致的货币资金管理风险。

（7）经营活动。

审计人员应了解被审计单位经营活动，进而了解与经济活动相关的资金管理情况，包括以下方面。

①主营业务的性质及其对经营活动资金收支的影响。

②与生产产品或提供劳务相关的市场信息及其对经营活动资金收支的影响。例如，主要客户和合同、付款条件、利润率、市场份额、竞争者、出口、定价政策、产品声誉、质量保证、营销策略和目标等。

③业务的开展情况及其对经营活动资金收支的影响。例如，业务分部的设立情况、产品和服务的交付、衰退或扩展的经营活动的详情等。

④联盟、合营与外包情况及其对经营活动资金收支的影响。

⑤从事电子商务的情况及其对经营活动资金收支的影响。例如，是否通过互联网销售产品和提供服务以及从事营销活动。

⑥关键客户及其对经营活动资金收支的影响。例如，销售对象是少量的大客户还是众多的小客户，是否有被审计单位高度依赖的特定客户（如超过销售总额 10% 的顾

客），是否有造成高回收性风险的若干客户或客户类别（如正处在衰退市场中的客户），是否与某些客户订立了不寻常的销售条款或条件。

⑦货物和服务的重要供应商及其对经营活动资金收支的影响。例如，是否签订长期供应合同、原材料供应的可靠性和稳定性、付款条件，以及原材料是否受重大价格变动的影响。

⑧劳动用工安排及对经营活动资金收支的影响。例如，分地区用工情况、劳动力供应情况、工薪水平、退休金和其他福利、股权激励或其他奖金安排以及与劳动用工事项相关的政府法规。

⑨关联方交易及其对经营活动资金收支的影响。例如，有些客户或供应商是否为关联方，对关联方和非关联方是否采用不同的销售和采购条款。此外，还存在哪些关联方交易，被审计单位对这些交易采用怎样的定价政策。

（8）投资活动。

①了解近期拟实施或已实施的并购活动与资产处置情况，对资金收支的影响与资金需求。

②关注证券投资、委托贷款的发生与处置。

③关注资本性投资活动，包括固定资产和无形资产投资，近期或计划发生的变动，以及重大的资本承诺等。

（9）筹资活动。

了解被审计单位筹资活动有助于审计人员评估被审计单位在融资方面的压力，并进一步考虑被审计单位在可预见未来的持续经营能力。审计人员应当了解被审计单位的筹资活动，主要包括以下方面。

①债务结构和相关条款，包括资产负债表表外融资和租赁安排。例如，获得的信贷额度是否可以满足营运需要；得到的融资条件及利率是否与竞争对手相似，如不相似，原因何在；是否存在违反借款合同中限制性条款的情况；是否承受重大的汇率与利率风险。

②主要子公司和联营企业（无论是否处于合并范围内）的重要融资安排。

③实际受益方及关联方。例如，实际受益方是国内企业还是国外企业，其商业声誉和经验可能对被审计单位产生的影响。

④衍生金融工具的使用。例如，衍生金融工具是用于交易目的还是套期目的，以及运用的种类、范围和交易对手等。

（10）影响筹资、投资、资金活动会计核算的会计政策、法律法规，以及被审计单位具体的会计政策。

①关注被审计单位是否采用激进的会计政策、方法、估计和判断。

②了解财会人员是否拥有充分的运用会计准则的知识、经验和能力。

（11）目标、战略与经营风险。

①行业发展。

②开发新产品或提供新服务。

③业务扩张。

④本期及未来的融资条件。

⑤实施战略的影响。

（12）经营风险对财务风险的影响。

3. 了解被审计单位的风险评估过程

了解被审计单位对资金管理活动的风险信息收集、风险评估活动，检查风险信息的收集是否由业务部门相关人员进行，风险评估是否建立在所收集的风险信息基础之上。

二、了解货币资金运营相关内部控制制度

审计人员通常通过询问相关部门和人员、观察业务流程、检查相关文件、执行穿行测试等方式，了解与资金活动相关的业务活动和相关内部控制。

1. 了解资金活动有关业务流程

（1）了解企业与资金活动相关的不同业务循环的流程，包含销售与收款、采购与付款、投资、筹资、分配利息、股利等。

（2）了解参与不同业务循环的部门、岗位、职责、权限。

（3）了解不同业务循环货币资金收支过程在财务账面反映过程。

2. 确定货币资金循环可能发生错报的环节及控制措施

审计人员需要确认和分析被审计单位可能在货币资金运营的哪些环节容易发生错误或者舞弊，需要设置哪些内部控制措施和风险管控措施，以防止或发现并纠正重要业务流程可能发生的错误或者舞弊。

审计人员需要确定被审计单位需要遵守哪些法律法规、集团内部管理制度规定，明确业务流程和内部控制制度怎样设计才能保证被审计单位遵守有关法律法规以及集团内部管理制度规定。

了解不同业务流程货币资金收、支过程，经手的部门、岗位、环节，以及相关的内部控制制度，并以文字叙述、流程图的方式记录。

从审计实践来看，与库存现金、银行存款相关的交易和余额可能发生错报的环节通常如下。

（1）货币资金全部或者部分账存实无。

（2）应当记录的现金收支业务和银行存款收支业务未得到完整记录，存在遗漏。

（3）被审计单位的现金收款被通过舞弊手段侵占。

（4）记录的库存现金和银行存款不是为被审计单位所拥有或控制。

（5）库存现金和银行存款的金额未被恰当地包括在财务报表的货币资金项目中，与之相关的计价调整未得到恰当记录。

（6）库存现金和银行存款未按照企业会计准则的规定在财务报表中进行恰当列报。

（7）违反决策和审批程序或超越权限筹集和使用资金。

（8）违反规定以个人名义留存资金、收支结算、开立银行账户等。

（9）设立"小金库"。

（10）违反规定集资、发行股票或债券、捐赠、担保、委托理财、拆借资金或开立信用证、办理银行票据等。

（11）虚列支出套取资金。

（12）违反规定超发、滥发职工薪酬和福利。

（13）因财务内控缺失或未按照财务内控制度执行，发生资金挪用、侵占、盗取、欺诈等。

3. 货币资金一般内部控制制度

尽管由于每个企业的性质、所处行业、规模以及内部控制健全程度等不同，使得其与货币资金相关的内部控制内容有所不同，但一些要求是企业应当共同遵循和普遍适用的。

（1）岗位分工及授权批准。

①岗位分工制度。

➤ 企业应当建立货币资金业务的岗位责任制，明确相关部门和岗位的职责权限，确保办理货币资金业务的不相容岗位相互分离、制约和监督。

➤ 出纳人员不得兼任稽核、会计档案保管和收入、支出、费用、债权债务账目的登记工作。

➤ 企业不得由一人办理货币资金业务的全过程。

②授权审批制度。

➤ 企业应当对货币资金业务建立严格的授权审批制度，明确审批人对货币资金业务的授权批准方式、权限、程序、责任和相关控制措施，规定经办人办理货币资金业务的职责范围和工作要求。

➤ 审批人应当根据货币资金授权批准制度的规定，在授权范围内进行审批，不得超越审批权限。

➤ 经办人应当在职责范围内，按照审批人的批准意见办理货币资金业务。

➤ 对于审批人超越授权范围审批的货币资金业务，经办人有权拒绝办理，并及时向审批人的上级授权部门报告。

③企业应当按照规定的程序办理货币资金支付业务。

> 支付申请。企业有关部门或个人用款时，应当提前向审批人提交货币资金支付申请，注明款项的用途、金额、预算、支付方式等内容，并附有效经济合同或相关证明。

> 支付审批。审批人根据其职责、权限和相应程序对支付申请进行审批，审核付款业务的真实性、付款金额的准确性，以及申请人提交票据或者证明的合法性，严格监督资金支付。对不符合规定的货币资金支付申请，审批人应当拒绝批准。

> 支付复核。财务部门收到经审批人审批签字的相关凭证或证明后，应再次复核业务的真实性、金额的准确性，以及相关票据的齐备性、相关手续的合法性和完整性，并签字认可。复核无误后，交由出纳人员办理支付手续。

> 办理支付。出纳人员应当根据复核无误的支付申请，按规定办理货币资金支付手续，及时登记库存现金和银行存款日记账。

④企业对于重要货币资金支付业务，应当实行集体决策和审批，并建立责任追究制度，防范贪污、侵占、挪用货币资金等行为。

⑤严禁未经授权的机构或人员办理货币资金业务或直接接触货币资金。

（2）现金和银行存款的管理。

①企业应当加强现金库存限额的管理，超过库存限额的现金应及时存入银行。

②企业必须根据《现金管理暂行条例》的规定，结合本企业的实际情况，确定本企业现金的开支范围。不属于现金开支范围的业务应当通过银行办理转账结算。

③企业现金收入应当及时存入银行，不得从企业的现金收入中直接支付（即坐支）。因特殊情况需坐支现金的，应事先报经开户银行审查批准，由开户银行核定坐支范围和限额。

企业借出款项必须执行严格的授权批准程序，严禁擅自挪用、借出货币资金。

④企业取得的货币资金收入必须及时入账，不得私设"小金库"，不得账外设账，严禁收款不入账。

⑤企业应当严格按照《支付结算办法》等国家有关规定，加强银行账户的管理，严格按照规定开立账户，办理存款、取款和结算。银行账户的开立应当符合企业经营管理实际需要，不得随意开立多个账户，禁止企业内设管理部门自行开立银行账户。

企业应当定期检查、清理银行账户的开立及使用情况，发现问题应及时处理。

企业应当加强对银行结算凭证的填制、传递及保管等环节的管理与控制。

⑥企业应当严格遵守银行结算纪律，不准签发没有资金保证的票据或远期支票，套取银行信用；不准签发、取得和转让没有真实交易和债权债务的票据，套取银行和他人资金；不准违反规定开立和使用银行账户。

⑦企业应当指定专人定期核对银行账户（每月至少核对一次），编制银行存款余额调节表，使银行存款账面余额与银行对账单调节相符。如调节不符，应查明原因，及时

处理。

出纳人员一般不得同时从事银行对账单的获取、银行存款余额调节表的编制工作。确需出纳人员办理上述工作的，应当指定其他人员定期进行审核、监督。

实行网上交易、电子支付等方式办理资金支付业务的企业，应当与承办银行签订网上银行操作协议，明确双方在资金安全方面的责任与义务、交易范围等。操作人员应当根据操作授权和密码进行规范操作。使用网上交易、电子支付方式的企业办理资金支付业务，不应因支付方式的改变而随意简化、变更所必需的授权审批程序。企业在严格实行网上交易、电子支付操作人员不相容岗位相互分离控制的同时，应当配备专人加强对交易和支付行为的审核。

⑧企业应当定期和不定期地进行现金盘点，确保现金账面余额与实际库存相符。发现不符，及时查明原因并加以处理。

（3）票据及有关印章的管理。

①企业应当加强与货币资金相关的票据的管理，明确各种票据的购买、保管、领用、背书转让、注销等环节的职责权限和程序，并专设登记簿进行记录，防止空白票据的遗失和被盗用。

企业因填写、开具失误或者其他情况导致作废的法定票据，应当按规定予以保存，不得随意处置或销毁。对超过法定保管期限、可以销毁的票据，在履行审核手续后进行销毁，但应当建立销毁清册并由授权人员监销。

②企业应当加强银行预留印鉴的管理。财务专用章应由专人保管，个人名章必须由本人或其授权人员保管。严禁一人保管支付款项所需的全部印章。

按规定需要有关负责人签字或盖章的经济业务，必须严格履行签字或盖章手续。

（4）监督检查。

①企业应当建立对货币资金业务的监督检查制度，明确监督检查机构或人员的职责权限，定期和不定期地进行检查。

②货币资金监督检查的内容主要包括以下方面。

➢ 货币资金业务相关岗位及人员的设置情况。重点检查是否存在货币资金业务不相容岗位职责未分离的现象。

➢ 货币资金授权批准制度的执行情况。重点检查货币资金支出的授权批准手续是否健全，是否存在越权审批行为。

➢ 支付款项印章的保管情况。重点检查是否存在办理付款业务所需的全部印章交由一人保管的现象。

➢ 票据的保管情况。重点检查票据的购买、领用、保管手续是否健全，票据保管是否存在漏洞。

对监督检查过程中发现的货币资金内部控制中的薄弱环节，应当及时采取措施，加以纠正和完善。

4. 确定筹资活动可能存在的风险及控制措施

根据对企业筹资情况的了解，评估企业可能存在哪些风险或者错误、舞弊，需要哪些内部控制措施来缓解相关风险，发现和纠正这些错误、舞弊。了解企业实际制定了哪些内部控制制度和风险管控措施。

从审计实践来看，筹资活动可能存在以下风险、错误或舞弊。

（1）借款不能及时还本付息。

①企业理财不当，使现金预算安排不妥或执行不力造成支付危机。

②资本结构安排不合理、债务期限结构搭配不好也会引发企业在某一时点的偿债高峰风险。

③企业在收不抵支的情况下出现的到期无力偿还债务本息的风险。

（2）所有者投资风险。这一风险主要来自资金使用效果低下，而无法满足投资者的投资报酬期望，引起企业股票价格下跌，使筹资难度加大，资金成本上升。

（3）企业筹入资金的两大渠道的结构比例不合理，使资金成本过高和资金使用效果不佳，影响借入资金的偿还和投资报酬期望的实现。

（4）借款不入账，用于从事违规或者违法行为。

针对以上风险的一般控制措施如下。

（1）筹资纳入全面预算管理。

（2）筹资前进行科学论证，全面分析各种筹资方式及组合的成本和风险。

（3）筹资计划或者方案按规定权限经过审批，重大项目筹资按"三重一大"决策规定集体决策。

（4）筹资过程符合规定权限、程序，严格按方案执行，遵守国家相关法律法规。

（5）资金使用符合规定用途。

（6）按规定还本付息、支付股利。

（7）会计核算合规。

5. 执行穿行测试

为了解货币资金收支的发生、处理和记录的过程，审计人员通常会执行穿行测试。执行穿行测试可以获得以下方面的证据。

（1）确认对业务流程的了解。

（2）确认对重要流程和内部控制的了解是完整的，即在交易流程中所有与财务报表认定相关的可能发生错报的环节都已被识别。

（3）确认所获取的有关流程中的预防性控制和检查性控制信息的准确性。

（4）评估控制设计的有效性。

（5）确认控制是否得到执行。

（6）确认之前所做的书面记录的准确性。

如果之前了解的内部控制是无效的，审计人员仍需要执行适当的审计程序，以确认以前对业务流程及可能发生错报环节了解的准确性和完整性。

三、风险评估

在了解企业基本情况、货币资金业务流程、内部控制制度的基础上，进行风险评估。实际上，风险评估是持续的过程，随着对企业经营环境、企业基本情况、业务流程、内部控制的不断了解，审计人员对风险的评估在不断进行。

从审计实践来看，货币资金业务交易、账户余额和列报的认定层次的重大错报风险可能包括以下几方面。

（1）被审计单位存在虚假的货币资金余额或交易，因而导致银行存款余额的存在或交易的发生存在重大错报风险。

（2）被审计单位存在大额的外币交易和余额，可能存在外币交易或余额未被准确记录的风险。

（3）银行存款的期末收支存在大额的截止性错误（截止）。例如，被审计单位期末存在金额重大且异常的银付企未付、企收银未收事项。

（4）被审计单位可能存在未能按照企业会计准则的规定对货币资金进行恰当披露的风险。例如，被审计单位期末持有使用受限制的大额银行存款，但在编制财务报表时未在财务报表附注中对其进行披露。

在实施货币资金审计的过程中，如果被审计单位存在以下事项或情形，审计人员需要保持警觉。

（1）被审计单位的现金交易量比例较大，并与其所在的行业常用的结算模式不同。

（2）库存现金规模明显超过业务周转所需资金。

（3）银行账户开立数量与被审计单位实际的业务规模不匹配。

（4）在没有经营业务的地区开立银行账户。

（5）企业资金存放于管理层或员工个人账户。

（6）货币资金收支金额与现金流量表不匹配。

（7）不能提供银行对账单或银行存款余额调节表。

（8）存在长期或大量银行未达账项。

（9）银行存款明细账存在非正常转账的"一借一贷"。

（10）违反货币资金存放和使用规定（如上市公司未经批准开立账户转移募集资金、未经许可将募集资金转作其他用途等）。

（11）存在大额外币收付记录，而被审计单位并不涉足外贸业务。

（12）被审计单位以各种理由不配合审计人员实施银行函证。

除上述与货币资金项目直接相关的事项或情形外，审计人员在审计其他财务账表项目时，还可能关注到其他也需保持警觉的事项或情形。

（1）存在没有具体业务支持或与交易不相匹配的大额资金往来。

（2）长期挂账的大额预付款项。

（3）存在大额自有资金的同时，向银行高额举债。

（4）付款方账户名称与销售客户名称不一致、收款方账户名称与供应商名称不一致。

（5）开具的银行承兑汇票没有银行承兑协议支持。

（6）银行承兑票据保证金余额与应付票据余额比例不合理。

当被审计单位存在以上事项或情形时，可能表明存在舞弊风险。

四、控制测试

1. 控制测试的方法

在已识别的重大错报风险的基础上，审计人员选取拟测试的控制并实施控制测试。

2. 评价内部控制有效性

（1）根据控制测试结果评价内部控制有效性。

（2）将内部控制缺陷，包括设计缺陷以及执行方面的缺陷进行记录。

（3）如果内部控制存在缺陷，评价缺陷原因，并分析风险管控、合规管理方面是否存在问题。

五、库存现金实质性程序

1. 核对账表

核对库存现金日记账与总账的金额是否相符，检查非记账本位币库存现金的折算汇率及折算金额是否正确。

2. 监盘库存现金

企业盘点库存现金通常包括对已收到但未存入银行的现金、零用金、找换金等的盘点。

对库存现金的监盘，要采取突击性检查的方式，不能让被审计单位相关人员有准备时间，否则现金监盘程序起不到应有的作用。这也是审计程序不可预见性的操作原理。

对库存现金的监盘，注意不要机械地只关注现金，应该关注出纳人员保险柜甚至办公场所的所有资料。例如，某会计师事务所对某公司进行经济责任审计，通过库存现金监盘，发现被审计单位存在未入账的现金几十万元，流水达到几千万元的账外账，未入账的商业楼、有价证券等。

3. 抽查大额库存现金收支

查看大额库存现金收支，并检查原始凭证是否齐全、原始凭证内容是否完整、有无授权批准、记账凭证与原始凭证是否相符、账务处理是否正确、是否记录于恰当的会计期间等内容。

【案例 16-1】根据实际情况变通审计程序

现金凭证检查的判断标准不应局限于以上几条，应根据被审计单位的实际情况，制定更具体的判断标准，否则凭证检查将变得机械化、僵化。

A 集团公司审计处对 B 公司进行经济责任审计，发现一些协作费支出的金额较大，数字整齐，如 20 万元整、50 万元整等，但都有合同、发票。细心的审计人员发现，虽然账面分录贷记银行存款，但是，支票存根却是现金支票的存根，实际上，还是以现金结算。审计人员按常识判断，随着支付宝、微信等的普及，很多人就连上街买菜都不用现金结算了，被审计单位用现金结算的可能性不大且存在风险。按审计人员对被审计单位和所在行业的了解，这个行业主要支出就是人员工资，支付协作费的可能性不大。审计人员找到业务部门负责人了解这些协作费的情况，发现业务部门不知道还有"协作"的事。在这些事实面前，被审计单位承认，这些钱是给管理层发放奖金了。而 B 公司管理层的薪酬由集团公司薪酬委员会根据各项考核指标的完成情况确定。B 公司管理层违反了集团公司薪酬相关制度。

本案例说明，对于凭证检查的具体判断标准，除一般经验或者规则规定外，还应该结合具体业务情况、行业惯例、经济常识等，进行适当变通。

4. 根据被审计单位所在行业特定法规履行的审计程序

被审计单位经营活动可能要遵守国家对特定行业规定的特定法规，被审计单位所在企业集团可能存在特定内部管理制度，审计人员需要根据具体情况履行有针对性的审计程序。

六、银行存款的实质性程序

根据重大错报风险的评估结果和从控制测试（如实施）中所获取的审计证据和保证程度，审计人员就银行存款实施的实质性程序可能包括以下方面。

1. 核对账表

（1）获取银行存款余额明细表，复核加计是否正确，并与总账数和日记账合计数核对，检查是否相符。

（2）检查非记账本位币银行存款的折算汇率及折算金额是否正确。核对银行存款日记账与总账的余额是否相符，如果不相符，应查明原因，必要时应建议被审计单位进行适当调整。

（3）如果对被审计单位银行账户的完整性存有疑虑，如当认为被审计单位可能存在账外账或资金体外循环时，审计人员可以考虑额外实施以下实质性程序。

审计人员亲自到中国人民银行或基本存款账户开户行查询并打印《已开立银行结算账户清单》，以确认被审计单位账面记录的银行人民币结算账户是否完整。

结合其他相关细节测试，关注原始单据中被审计单位的收（付）款银行账户是否包含在审计人员已获取的开立银行账户清单内。

2. 实施实质性分析程序

计算银行存款累计余额应收利息收入，分析比较被审计单位银行存款应收利息收入与实际利息收入的差异是否恰当；评估利息收入的合理性，检查是否存在高息资金拆借，确认银行存款余额是否存在，利息收入是否已经完整记录。

3. 检查银行存款账户发生额

审计人员还可以考虑对银行存款账户的发生额实施以下程序。

（1）分析不同账户发生银行存款日记账漏记银行存款交易的可能性，获取相关账户相关期间的全部银行对账单。

（2）如果对被审计单位银行对账单的真实性存有疑虑，审计人员可以在被审计单位的协助下亲自到银行获取银行对账单。在获取银行对账单时，审计人员要全程关注银行对账单的打印过程。

（3）从银行对账单中选取交易的样本与被审计单位银行存款日记账记录进行核对；从被审计单位银行存款日记账上选取样本，与银行对账单核对。

（4）浏览银行对账单，选取大额异常交易，如银行对账单上的一收一付相同金额，或分次转出相同金额等，检查被审计单位银行存款日记账上有无该项收付金额记录。

4. 取得并检查银行对账单和银行存款余额调节表

（1）取得并检查银行对账单。

取得被审计单位加盖银行印章的银行对账单，审计人员应对银行对账单的真实性保持警觉，必要时，亲自到银行获取银行对账单，并对获取过程保持控制。

将获取的银行对账单余额与银行存款日记账余额进行核对，如存在差异，获取银行存款余额调节表。

将被审计单位资产负债表日的银行对账单与银行询证函回函核对，确认是否一致。

（2）取得并检查银行存款余额调节表。

检查银行存款余额调节表中加计数是否正确，调节后银行存款日记账余额与银行对账单余额是否一致。

检查调节事项。对于企业已收付、银行尚未入账的事项，检查相关收付款凭证，并取得期后银行对账单，确认未达账项是否存在，银行是否已于期后入账；对于银行已收付、企业尚未入账的事项，检查期后企业入账的收付款凭证，确认未达账项是否存在。如果企业的银行存款余额调节表存在大额或较长时间的未达账项，审计人员应查明原因并确定是否需要提请被审计单位进行调整。

关注长期未达账项，查看是否存在挪用资金等事项。

特别关注银付企未付、企付银未付中支付异常的领款事项，包括没有载明收款人、签字不全等支付事项，确认是否存在舞弊。

5. 函证银行存款余额

银行存款函证是重要的审计程序，函证的内容如下。

（1）银行存款。

（2）银行借款。

（3）一定期间内注销的账户。

（4）被审计单位作为贷款方的委托贷款。

（5）被审计单位作为借款方的委托贷款。

（6）被审计单位担保事项（包括保函）：①被审计单位为其他单位提供的、以银行为担保受益人的担保；②银行向被审计单位提供的担保。

（7）被审计单位为出票人且由银行承兑而尚未支付的银行承兑汇票。

（8）被审计单位向银行已贴现而尚未到期的商业汇票。

（9）被审计单位为持票人且由银行托收的商业汇票。

（10）被审计单位为申请人、由银行开具的、未履行完毕的不可撤销信用证。

（11）被审计单位与银行之间未履行完毕的外汇买卖合约。

（12）被审计单位存放于银行托管的有价证券或其他产权文件。

（13）被审计单位购买的由银行发行的未到期银行理财产品。

（14）被审计单位与银行之间的其他事项，如欠银行的其他负债或者或有负债、除外汇买卖外的其他衍生交易、贵金属交易等。

6. 检查银行存款所有权

检查银行存款账户存款人是否为被审计单位，若存款人非被审计单位，应获取该账户户主和被审计单位的书面声明，确认资产负债表日是否需要提请被审计单位进行调整。

如果存款人非被审计单位，调查原因，评价是否存在违法违规行为。

7. 检查是否存在变现限制

关注是否存在质押、冻结等对变现有限制或存在境外的款项。如果存在，被审计单位是否在年度报告中进行必要的调整和披露。落实造成变现限制的原因，关注有无违法违规行为。

8. 检查银行存款收支凭证

抽查大额银行存款收支的原始凭证，检查原始凭证是否齐全、记账凭证与原始凭证是否相符、账务处理是否正确、是否记录于恰当的会计期间等内容。

检查是否存在非营业目的的大额货币资金转移，并核对相关账户的进账情况；如有与被审计单位生产经营无关的收支事项，应查明原因并进行相应的记录。关注是否存在违法违规行为。

9. 截止测试

检查银行存款收支的截止是否正确。选取资产负债表日前后若干张、一定金额以上的凭证实施截止测试，关注业务内容及对应项目，如有跨期收支事项，分析是否影响会计信息真实性。

10. 根据被审计单位所在行业特定法规履行的审计程序

被审计单位经营活动可能要遵守国家对特定行业规定的特定法规，被审计单位所在企业集团可能存在特定内部管理制度，审计人员需要根据具体情况履行有针对性的审计程序。

【案例 16-2】未达账项中的文章

> A 集团公司内部审计处对子公司 B 公司进行经济责任审计，发现该公司上年年末制作凭证发放工资 3 000 万元，即借记主营业务成本，贷记银行存款，但是到下一年 3 月，该笔工资还没有发出，在银行存款余额调节表中，该笔资金被作为"企业已付银行未付"的未达账项处理。审计人员研究了所在企业集团的资金管理制度，按制度规定，下属子公司的资金应纳入 A 集团公司下属资金管理公司统一集中管理，而被审计单位的这种做法，将账面货币资金清零，就可以不向上级资金管理公司划转货币资金。经向被审计单位财务总监了解情况，审计人员发现被审计单位的目的和自己的判断基本相符，被审计单位认为上级单位在预算批复后才会下拨预算的货币资金，会减慢企业资金周转。但是，被审计单位这种做法违反了集团货币资金管理制度，使会计信息严重失实，形成了账外资金。

11. 检查是否正确披露

检查银行存款是否在财务报表中进行恰当列报。

12. 根据评估的舞弊风险实施的其他审计程序

审计人员不应该拘泥于书本上规定的审计程序，除了规定审计程序外，应该保持高度的职业敏感，随时关注被审计单位有无异常，并采取相应的审计程序。

【案例 16-3】康得新的货币资金问题分析

案例 1：康得新货币资金异常迹象

康得新舞弊，100 多亿元的货币资金账存实无，会计师事务所承受了审计失败的惨痛后果，相信审计行业的人应该都听说了。笔者在此分析一下，该案例中有哪些异常是审计人员应该发现而没有发现的。

2019 年 1 月，康得新发布公告称无法偿还 15 亿元短期债券，已构成实质违约。

2019 年 4 月 30 日，康得新披露 2018 年年报，称公司账面货币资金153.16 亿元中，122.1 亿元存放于北京银行 ×× 支行。

2019 年 5 月 7 日，在康得新关注函回复中，审计人员表示：在对货币资金项目执行审计程序过程中，经账账核对，获取银行账户清单、企业信用报告、银行函证、银行对账单、银行存单、银行流水单等外部审计证据，并进行细节测试，一项不落地都做了，不过无法保证货币资金的真实性。

此外，审计人员核对了相关的网银记录，网银记录显示余额与公司财务账面余额记录一致，但是北京银行 ×× 支行回函显示："银行存款该账户余额为0 元，该账户在我行有联动账户业务，银行归集金额为 12 209 443 476.52 元。"

从以上叙述可以看出，审计人员将应该履行的审计程序都履行了，但是，最终审计还是失败了，假设审计人员没有与被审计单位合谋造假或者没有假装看不到被审计单位造假，那么，审计人员至少应该发现以下异常。

异常 1：有货币资金 153 亿元，为什么还不上 15 亿元的债？

异常 2：询证函回函中"银行存款该账户余额为 0 元，该账户在我行有联动账户业务，银行归集金额为 12 209 443 476.52 元"到底表达了什么意思？银行存款没有了？联动账户是什么？被审计单位对 122 亿元银行存款是否拥有所有权和控制权？

审计人员如果有所警觉，调查清楚这些异常，也许会有不同的结局。

案例 2：FRYY 货币资金的异常迹象

2019 年 7 月 16 日，FRYY 发布《2018 年年度权益分派实施公告》，宣布以方案实施前的公司总股本为基数，每股派发现金股利 0.1 元（含税），共计派发现金红利 6 271.58 万元。

然而仅仅在三天之后，也就是 7 月 19 日，FRYY 发布公告，称因资金不足，公司无法按原定计划发放现金股利。而 2019 年一季度财报显示，截至2019 年 3 月末公司账上货币资金达 18.16 亿元。

FRYY 拥有 18.16 亿元货币资金，却发不起 6 271 万元的股利！

反思：以上案例说明由于舞弊手段的隐蔽，审计人员可能做完了常规的审计程序，也不能发现异常。但是，假的就是假的，一定有迹象说明会计信息是假的。审计人员要做的就是保持足够的职业怀疑态度和警觉，发现异常，重视异常，调查清楚异常，从而控制审计风险。这需要具有普遍联系的思维方式，审计人员审计货币资金时，眼睛不能只盯着货币资金，不能对其他与之相联系的业务异常不注意；也不能只机械履行和货币资金科目相关的审计程序，而不关注与货币资金运转相联系的其他科目异常。

七、其他货币资金的实质性程序

1. 定期存款的审计

如果被审计单位有定期存款，审计人员可以考虑实施以下审计程序。

（1）向管理层询问定期存款存在的商业理由并评估其合理性。

（2）获取定期存款明细表，检查其余额是否与账面记录金额一致，存款人是否为被审计单位，定期存款是否被质押或限制使用。

（3）在监盘库存现金的同时，监盘定期存款凭据。如果被审计单位在资产负债表日有大额定期存款，基于对风险的判断考虑选择在资产负债表日实施监盘。

（4）对于未质押的定期存款，检查开户证书原件，以防止被审计单位提供的复印件是质押（或提现）前原件的复印件。在检查时，还要认真核对相关信息，包括存款人、金额、期限等，如有异常，需实施进一步审计程序。

（5）对于已质押的定期存款，检查定期存单复印件，并与相应的质押合同核对。对于质押借款的定期存单，关注定期存单对应的质押借款有无入账；对于超过借款期限但仍处于质押状态的定期存款，还应关注相关借款的偿还情况，了解相关质权是否已被行使；对于为他人提供担保的定期存单，关注担保是否逾期及相关质权是否已被行使。

（6）函证定期存款相关信息。

（7）结合财务费用审计测算利息收入的合理性，判断是否存在体外资金循环的情形。

（8）对于在资产负债表日后已提取的定期存款，核对相应的兑付凭证等。

（9）关注被审计单位是否在财务报表附注中对定期存款给予充分披露。

2. 保证金存款审计

对于保证金存款的检查，检查开立银行承兑汇票的协议或银行授信审批文件。可以将保证金存款账户对账单与相应的交易进行核对，根据被审计单位应付票据的规模合理推断保证金数额，检查保证金与相关债务的比例和合同约定是否一致，特别关注是否存在有保证金发生而被审计单位无对应保证事项的情形。

3. 存出投资款审计

对于存出投资款，跟踪资金流向，并获取董事会决议等批准文件、开户资料、授权操作资料等。如果投资于证券交易业务，通常结合相应金融资产项目审计，核对证券账户名称是否与被审计单位相符，获取证券公司证券交易结算资金账户的交易流水，抽查大额的资金收支，关注资金收支的财务账面记录与资金流水是否相符。

八、融资事项审计

融资事项审计包括对长期借款、短期借款、应付债券、长期应付款、实收资本（股本）、资本公积的审计。

（1）函证长期借款、短期借款，检查贷款卡，向证券承销商及包销商及证券登记公司函证应付债券，关注企业长期借款、短期借款账面余额是否正确，如存在差异，调查原因。

（2）结合企业长期借款、短期借款、应付债券的到位情况，与货币资金、销售回款、其他应付债务等进行对比分析，关注有无借款资金与资金需求不匹配，导致资金冗余、资金成本浪费，或者资金不足不能支付到期债务的情况。

（3）取得并分析审计期间被审计单位预算、筹资相关可行性研究报告或者其他事前论证资料，分析筹资是否严格执行有关内部控制制度规定。

（4）检查借款合同和授权批准，了解借款数额、借款条件、借款用途、借款日期、还款期限、借款利率，并与相关会计记录核对。

审阅债券或优先股发行申请和审批文件，检查发行债券收入现金的收据、汇款通知单、汇款登记簿及相关的银行对账单，核实其会计处理是否正确。

（5）检查会计处理是否符合规定，测算长期借款、短期借款、应付债券利息计提情况，检查利息资本化、费用化金额是否正确。

（6）检查筹集资金的使用是否符合规定用途。

（7）检查长期借款、短期借款、应付债券的减少，检查相关记录和原始凭证，核实还款数额，并与相关会计记录核对。

（8）检查企业是否按借款合同约定还本付息，如果存在不能按合同约定还本付息的情况，关注被审计单位是否存在以下情况。

有无低价拍卖抵押财产，影响生产经营甚至影响持续经营能力的风险。

有无资金链断裂影响持续经营能力的风险。

（9）检查被审计单位抵押资产的所有权是否属于被审计单位，其价值和实际状况是否与担保契约中的规定相一致。

（10）检查被审计单位与贷款人进行的债务重组。检查债务重组协议，确定其真实性、合法性，并检查债务重组的会计处理是否正确。

（11）检查实收资本、股本相关合同、协议、章程、验资报告等，检查相关资金是否按约定及时到位；检查会计处理是否正确；结合其他科目审计，关注有无抽逃出资的情况；检查资金使用是否符合规定用途。

（12）根据评估的舞弊风险等因素增加的其他审计程序。

【案例 16-4】与建设项目无关的贷款利息资本化

某会计师事务所对 A 企业进行经济责任审计，发现 A 企业将 2014 年借入的长期借款利息资本化到以后年度的不同建设项目中。审计人员检查长期借款合同，发现借款用途不明确，与资本化的项目也没有关系。

经了解，是企业为帮助某银行完成业绩任务，在不需要资金的情况下贷款，企业为了相关的利息支出不影响企业损益，将其资本化计入不同的建设项目。

【案例 16-5】对负债的隐藏

实践中，存在企业出于一定目的隐藏负债的情况。

案例 1

LL 生物在 2017 年年报中隐藏了 16.8 亿元的借款，隐藏的目的有两个：一是减少借款产生的财务费用，提升业绩；二是隐藏旧借款去借新借款。

案例 2

上市公司 JZY 公司在 2018—2020 年与诸多非银行金融机构签订了 41 项借款协议，总贷款额度为 352 亿元，截至 2020 年年底有 308 亿元并未还清。而在会计记录中，这 308 亿元债务中的 138 亿元被归类为"其他应付款"，44 亿元被归类为"权益"，82 亿元被归类为"其他应付款"，另有 44 亿元款项没有入账。

案例 3

雷曼兄弟通过"回购 105"隐藏自身债务，降低公司的杠杆率，隐匿自身风险，最终引发了巨大的经济危机。

"回购 105"指的是，企业把资产转移给其他机构，从对方获取资金，约定晚些时候购回相应资产，如果所售资产估值不低于所获资金的 105%，美国的会计准则允许把这种情形记为"销售"。雷曼兄弟经常赶在每季度财报期末通过"回购 105"记为销售，从而将资产和负债从资产负债表上移除，用得到的现金来偿还其他债务，使资产负债表上的资产和债务同时降低。当外部审计结束后，雷曼兄弟再将原资产买回，再将报表恢复到原有水平。雷曼兄弟通过"回购 105"隐藏了 500 亿美元的债务，杠杆率达到惊人的 30.7 : 1，最终雷曼兄弟的破产也引发了较大的行业危机。

九、根据被审计单位所在行业特定法规实施的审计程序

被审计单位所在行业可能存在特定的法规制度，用于规范被审计单位的特定业务。为评价被审计单位对特定法规的遵守情况，审计人员应根据被审计单位的实际情况采取特定的审计程序。这些特定的审计程序也可能整合在对货币资金循环有关的其他审计程序之中。

十、评估其他业务审计发现的问题对货币资金真实性的影响

会计核算系统是一个普遍联系的整体，其他业务审计发现的问题，可能影响资金活动的审计，审计人员应该分析其他业务审计发现的问题对资金活动真实性、合法性、效益性的影响，进而评估与资金活动相关的内部控制以及风险管控情况。

【案例 16-6】真实的资金流后面的虚假业务

某会计师事务所对 A 企业进行经济责任审计，发现 A 企业通过几个主要客户虚增新开发产品 X 产品销售量 1 235 台，虚增销售额 12 亿元。

审计人员对与虚增销售相对应的营业成本进行了检查核对，发现与之相关的材料采购、生产过程、制造费用、成本核算等，均为配比虚增。

审计人员进而对与这些虚假采购、销售相关的货币资金收支进行检查，发现有关的货币资金收支，都是被审计单位利用员工注册的公司虚构采购、销售实现的。虽然资金流是真实的，但是，供应商和客户只是些拥有银行账户的空壳，相关业务是虚假的。

十一、根据审计发现的问题分析问题的根本原因

一个问题的发生，除了表明财务信息真实、合法效益存在问题外，还可能说明企业很多方面存在问题。对于在资金活动中发现的问题，审计人员应该分析问题的根本原因及其对其他审计内容的影响，主要如下。

（1）内部控制、风险管理、合规管理是否存在问题。

（2）被审计单位治理结构是否存在问题。

（3）重大经济事项的决策、执行和效果是否存在问题。

（4）经济活动中落实有关党风廉政建设责任和遵守廉洁从业规定是否存在问题。

（5）是否没有贯彻执行党和国家经济方针政策、决策部署。

（6）是否存在其他问题。

第五部分

审计报告及管理建议

第十七章
分析问题产生的根源

审计发现问题，对于审计人员来说，是很有成就感的事情，但是发现问题不是最终目的。无论是内部审计，还是外部审计，审计存在的最终意义是提高被审计单位管理水平，发现问题只是被审计单位完善内部控制制度、提高管理水平的有效途径。所以，审计人员在审计中发现问题不是审计结束，提出建议让被审计单位改善才是更重要的工作。

举一个通俗的例子。一天王先生下班回家，发现家里被水淹了，鞋子、家私等都在水上漂着，楼下邻居的家也被淹了。王先生进屋一检查，发现是自家的水龙头一直在放水，洗手盆的排水阀关着，水当然会溢出。这次水灾给王先生造成很大损失，连同赔偿，损失近万元。

查找原因，是王先生的儿子小王早上起床晚了，着急上学，忘了关水龙头。

王先生将小王狠狠批评了一顿。

我们用审计的思维来分析一下，王先生的处理对不对呢？

针对这次事故，维修家里被水淹坏的地板、补偿邻居家的损失，都是应该的。小王忘了关水龙头，批评也是应该的。这些够不够呢？

小王，或者王先生，或者王夫人，仍旧有忘记关水龙头的可能性，有可能性，就有造成损失的风险。批评和赔偿损失，只是解决了这次事故，怎样杜绝以后再出现这种情况呢？

怎样规避以后的风险，这才是王先生一家应该考虑的重点。

想要规避风险，那就应该分析一下造成这次水灾的主要原因是什么，只有将原因找到，将有关风险源头堵住，才能解决问题。

王先生分析一家人存在的疏漏如下。

（1）没有针对安全问题养成良好的习惯。

王先生一家从来没有在上班、上学离家之前检查一下水、电、燃气的习惯，导致了这次事故。以前发生过电视开了几天没关的情况，其他电器也很少在不用时拔掉电源。

除此之外，还发生过家人离开以后，燃气一直开着，锅被烧煳，煤气报警，被物业人员破门而入才避免火灾发生的情况。

分析一下，这几次事件的根源，是全家人没有安全意识，没有好的安全习惯。虽然发生过两次危险事故，可是有惊无险，没能引起全家的重视。

所以，通过这次事故，一家人约好，离家之前必须检查水、电、燃气。

评价：王先生家没有止步于赔偿损失、修整房子，而是进一步分析导致事故的原因，并针对原因立下规矩，这相当于针对发生的事故和损失，分析内部控制漏洞，并完善内部控制制度。离家之前，检查水、电、燃气，这就是内部控制制度。这样做不仅针对水，还能举一反三，将对内部控制的反思范围由水扩大到电和燃气，这就是扩展和提升。

只考虑了水、电、燃气等带来的安全问题，只针对安全问题订立家规，是不是就够了呢？

（2）怎样克服遗忘。

针对水、电、燃气危险订立了家规，王先生一家认为还不够，还分析了以下问题，并给出了解决方案。

水灾事故是由小王忘记关水引起的。前面提到的离家之前检查水、电、燃气也是靠记忆，也有忘记的可能性。只靠人工记忆是不可靠的，这个问题解决不了，就不能保证"家规"的落实。

怎样保证不忘记这些重要的事情呢？

王太太想到了感应提示设备，即在家门口安装一个设备。这个设备能够感应人进出：感应到人离家时，就自动播放提示语言，如"请别忘记检查水、电、燃气，别忘记锁门！"有这个设备提示，任谁也不可能忘记检查水、电、燃气，以及锁门等重要事情了。

分析：人可能因遗忘或者其他事项导致忽略重要事情，全部依赖于人工的内部控制还不是完善的内部控制，让"一丝不苟"的设备介入，能够克服人工控制的弱点，强化"出门必须检查"这个内部控制的有效性。

感应设备相当于内部控制中的稽核和互相监控，强化了内部控制的执行性。

那么，将水、电、燃气带来的风险解决了，是不是就够了？

王先生一家没有止步于安全问题，通过这次事故，还反思了其他问题。

（3）小王的生活习惯问题。

小王有熬夜的习惯，导致早上不能按时起床，时间紧张，丢三落四。所以，要想保证安全，必须改掉熬夜的习惯，正常作息，保证起床、洗漱、吃饭等都有充足的时间，以防止因为时间紧张导致丢三落四，造成损失。

扩展考虑，熬夜的习惯也不利于身体健康、不利于有充足的精力做好白天的学习等事情。

所以，王先生一家又制定家规：一家人晚上十点之前必须休息，不能熬夜；六点必须起床，有充分的时间晨练、吃早餐等。

（4）怎样推行制度执行。

以上内部控制制度（家规）很好，怎样才能保证有效执行呢？如果小王忍不住玩游戏、看小说，王先生、王太太克制不住追剧，不能执行十点之前必须休息的家规呢？这种可能性很大。

王先生一家开会，又想出来制衡制度：一家人相互监督，发现谁违反了规定，就一个人承包一星期的家务，包括做饭、洗碗、搞卫生等（原来这些家务是三人分工进行）。

接下来，王先生一家由克制游戏、追剧等的欲望，变成习惯于早睡早起，精力充沛地度过每一天。当然，那些安全检查程序，也变成了习惯。

以上案例是一个通过对问题进行分析，完善制度、推进制度落实的案例。审计人员针对审计中发现的问题的后续处理就应该借鉴这个思维方式和逻辑，即发现问题—分析原因—完善制度—推进制度落实，具体如图 17-1 所示。

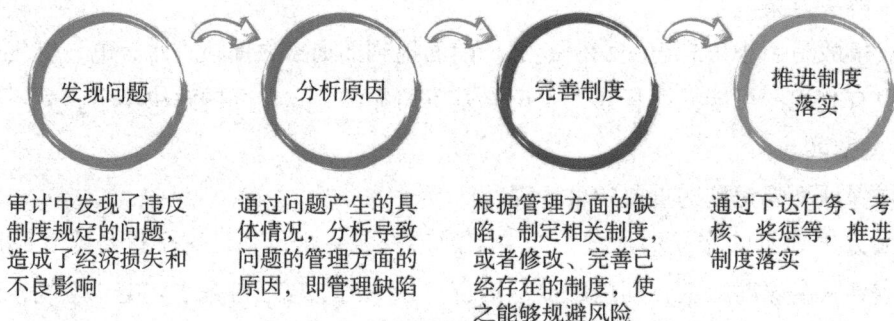

发现问题	分析原因	完善制度	推进制度落实
审计中发现了违反制度规定的问题，造成了经济损失和不良影响	通过问题产生的具体情况，分析导致问题的管理方面的原因，即管理缺陷	根据管理方面的缺陷，制定相关制度，或者修改、完善已经存在的制度，使之能够规避风险	通过下达任务、考核、奖惩等，推进制度落实

图 17-1　审计的思维方式和逻辑

第一节　可能导致问题的制度方面的原因

实践中，每种问题的出现，一般都有内部控制制度方面的原因，可能存在的原因是：（1）没有内部控制制度；（2）内部控制制度本身存在缺陷，即单位有内部控制制度，但是，内部控制设计不合理，不能发现、纠正错误或者舞弊；（3）有内部控制制度，但是，内部控制没有得到有效执行。审计人员应该查清楚问题产生的具体过程，深入分析问题产生的具体原因，深挖制度缺陷，提出有针对性的整改建议。

一、没有内部控制制度

没有内部控制也分几种情况。第一种情况是管理层没有管理意识，只是沿袭习惯让单位各项业务运行。第二种情况是有内部控制制度，但是只是简单照搬国家有关制度，或者所属上级单位的相关制度，没有针对本单位具体业务情况、人员情况等制定适合本单位业务的内部控制制度。第三种情况是有内部控制制度，但是制度制定的年代久远，没有随单位业务变化而修改完善，旧制度不适用于新的情况。第二种和第三种情况是很普遍的情况，实质上相当于没有内部控制制度。第四种情况是只有部分业务或者业务环节有内部控制制度，即内部控制制度没有实现全覆盖，有些重要的业务或者业务环节没有内部控制制度。

二、内部控制制度本身存在缺陷

内部控制制度本身存在缺陷是指单位具有内部控制制度，但是内部控制制度设计不合理，不能防止、发现、纠正错误和舞弊。如不相容职务分离控制不到位，部门之间没有做到相互牵制、相互稽核；授权审批控制不明确，导致授权审批程序失效；会计系统控制不力，没有严格遵守国家有关会计制度，财务账面不能反映真实的财务状况；财产保护控制不到位，导致资产丢失；预算控制缺失、运营分析控制和绩效考评控制流于形式，导致不能实现经营目标和管理目标等。

三、内部控制制度没有得到有效执行

从审计实践来看，很多单位有内部控制制度，花大价钱请会计师或者咨询公司设计了规模宏大的内部控制，建立了内部控制体系，但是，内部控制制度实际并没有得到执行，这种情况可能也存在若干原因，如下。

（1）管理层凌驾于控制之上，导致内部控制失效。

（2）推行措施不力，导致员工没有领会或接受内部控制制度，进而导致内部控制制度不能切实执行。

（3）内部控制环境存在问题，管理层不重视内部控制制度，或者员工业务素质、知识水平等不足，导致内部控制制度无法得到切实有效执行。这些环境问题、员工问题可能进一步说明被审计单位存在其他管理问题，如管理层管理理念、知识水平存在问题。员工问题可能说明被审计单位人力资源政策存在问题，审计人员需要进一步分析确认是否存在这些问题。

第二节　全面分析导致问题出现的各种深层原因

审计人员通过履行审计程序，取得相关、可靠的审计证据，落实清楚审计问题的具体情况后，应该详细分析问题背后的制度缺陷和管理问题，并根据被审计单位的客观情况，分析通过哪些管理措施，才能低成本、高效率地解决被审计单位的管理问题。

一、分析与问题有关的直接原因

与问题有关的直接原因，是指与审计发现的问题直接相关的管理制度或者内部控制制度可能存在的问题，这也是审计人员容易发现的，更是审计人员应该发现的。比如，审计发现货币资金方面的问题，直接原因往往是与货币资金有关的内部控制制度存在缺陷；审计发现工程支出存在问题，可能是由于工程招投标管理、工程管理、财务管理、资金管理以及与支出有关的其他管理制度存在问题。审计人员需要根据出现问题的业务及业务流程、有关岗位职责等，分析导致问题发生的直接原因。

【案例 17-1】追踪现金流失的制度黑洞

某集团公司内部审计处向下属子公司 A 公司派出审计组，进行离任经济责任审计。审计过程中，审计组发现 A 公司出纳王某多年来通过伪造银行对账单、伪造和购买没有真实业务的凭证，贪污了大量银行存款。审计结果震动了 A 公司和上级集团公司。

审计组人员并没有止步于查找责任人，而是深入挖掘贪污案背后的制度缺陷。审计人员经过详细了解情况，检查与资金管理相关的文件凭证等，发现 A 公司资金管理方面的内部控制制度存在以下问题。

（1）没有遵守不相容职务分离的内部控制基本原理。

A 公司管理部门人员少，为了节约人工成本，有的人员身兼多职。王某同时负责出纳、记账、采购等岗位，这三种岗位都是不相容工作岗位，不应该由同一人负责其中的两种，而王某负责了三种，这使他有充足的机会，找一些金额不大不小的发票，编制和本单位业务相关的合同，再通过记账将资金转出。

A 公司每月银行存款日记账与银行对账单核对、编制银行存款余额调节表这两项工作，也都是由王某进行，王某自己做采购业务、自己记账、自己审核，没有其他人员对其监控，这导致王某舞弊几年，没有被发现。

（2）授权审批制度没有得到严格执行，内部控制制度没有与时俱进。

A 公司的财务制度规定，金额在 10 万元以上的业务要开会议，集体决策；金额低于 10 万元高于 1 万元的业务，要经总经理审批。

而 A 公司以上制度制定于 10 年前，随着公司业务规模扩大，收支额度增加，有关制度没有相应修改。A 公司的总经理赵某和主要业务部门负责人大部分时间都在外出差，没有时间安排例行的会议，资金支出审批也由规定的事前审批，变成了事后审批，由规定的集体决策，变成了总经理一人审批。审计人员检查凭证，发现很多支出的审批日期比支出日期延后，有的间隔期甚至长达几个月。相关人员常将大量的凭证一起交给总经理审批，而且费用性质相似，如与业务相关的租车费、包装物采购等。集中审批大量的凭证导致总经理无法逐笔考虑支出的合理性、真实性和与本单位业务的相关性，往往不加考虑直接审批。

二、分析与问题相关的内部控制环境原因以及其他原因

分析【案例 17-1】可知，A 公司的资金出了问题，审计人员找出了与资金管理相关的内部控制缺陷，那么关于制度缺陷的探索，是不是就足够了呢?

笔者认为，远远不够。医生"忌头痛医头，脚痛医脚"，审计同样如此。针对以上案例中的资金问题，与资金方面的管理制度缺陷肯定是审计人员应该发现的，可是，资金方面的管理制度缺陷又是什么原因引起的，这是审计人员应该进一步关注的问题。如果审计人员只是帮助被审计单位完善了资金方面的内部控制制度，而被审计单位管理层不重视，或者对内部控制制度不理解，完好的内部控制制度仍旧有失灵的可能性。

【案例 17-2】 追踪导致制度失灵的内部控制环境

沿用【案例 17-1】，项目组组长李某认为以上制度缺陷还不是 A 公司管理问题的全部。

以上缺陷至少还反映出 A 公司可能存在以下问题。

（1）A 公司管理层没有意识到内部控制制度的重要性，所以对内部控制的建立和执行不重视，这是 A 公司内部控制失灵的根本原因。

（2）A 公司的内部审计制度没有发挥作用，导致多年来的舞弊没有被发现。

（3）A 公司没有严格执行集团公司规定的预算制度，对各项成本支出与业务量的比例关系，没有形成一个定额控制指标，导致审批人员对资金支出的合理性无从判断。

（4）A 公司的人力资源管理制度可能存在问题，对于职工的录用、考核等可能没有执行集团公司相关规定。

（5）A 公司管理层管理理念可能有问题，对除了创收外的其他管理工作，不重视。

（6）A 公司没有严格落实国家有关部门、集团公司关于风险管理、合规管

理等相关政策要求。随着《关于印发〈中央企业全面风险管理指引〉的通知》（国资发改革〔2006〕108号）、《关于加强中央企业廉洁风险防控工作的指导意见》《关于印发〈中央企业合规管理指引（试行）〉的通知》（国资发法规〔2018〕106号）以及其他相关制度出台，集团公司有责任督促各下属单位根据自己的实际情况，建立内部控制体系、风险评估体系，实现自我风险评估、自我完善。而A公司的管理层可能不重视这些方面的工作。

（7）A公司的问题反映出集团公司对子公司的管理可能也存在问题。

审计组按照李某的思路，继续深入研究A公司可能存在的管理问题，果然发现A公司存在以下问题。

（1）管理理念有问题，对管理工作重视不够。

A公司领导一直以来认为会计部门、审计部门以及其他管理部门都是不创收的部门，是被业务部门"养"着的。"养"的人越多，费用越高，越影响利润，影响业绩指标。所以，财务部门人员很少，导致王某一人兼多职。

A公司内审工作没有专门的部门，只有一个内审岗位，而内审人员主要负责招投标工作，基本没有开展过内审工作。

因为重创收，轻管理，公司领导对于集团公司每年根据国家政策下达的各种完善管理制度的任务，都只是请会计师事务所编制内部控制手册，将厚厚的一摞内部控制制度交给集团公司，标志着任务完成。而业务人员对于厚厚的一摞内部控制制度，根本没有时间研究，对内部控制制度的有关要求并不了解。收集同行业风险信息、进行自我风险评估、完善内部控制制度等，只是内部控制手册中的内容，A公司管理人员和业务人员对其都没有什么概念。

（2）预算管理流于形式。

A公司的预算制度，只是按集团公司的要求，由财务人员按格式填列各种报表，并没有由各部门根据以往业务情况以及未来的业务变化，进行深入分析测算，也没有按集团公司要求，每星期进行资金收支预测，根据资金收支预算制定资金管理方案。

（3）没有运营分析活动。

A公司没有组织人员对运营活动进行分析，分析业务量与各项成本费用之间的比例或者关系，分析降低成本费用、提高经营效益的可能性。比如，对于运费，按A公司的业务情况，业务量与运费基本成正比，从同行业的情况来看，业务量与运费的比例浮动不大。而A公司因为没有开展这方面的工作，总经理对运费总体合理性的判断没有参照，加之业务繁忙，草草签字了事，导致他没有发现运费的异常。

（4）人力资源实务不符合集团公司制度规定。

A 公司没有严格执行集团公司的人力资源管理制度。按集团公司管理制度要求，对人员的录用应该采用市场化选聘（公开招聘），而 A 公司的出纳王某，没有通过公开招聘，而是因为是 A 公司总经理朋友的儿子而上岗。

按集团公司人力资源管理制度的要求，对不同岗位从业人员的专业、学历等都有标准。对于财务部门来说，从业人员应该是本科学历，财务管理或者会计专业毕业，而王某只是专科学历，且不是财务会计相关专业毕业。

按集团公司人力资源管理制度规定，对人员的招聘应该由人力资源管理部门和用人部门进行招聘，要经过笔试、面试等多轮考核。而王某的录用没有经过这些程序，主要原因是人力资源管理部门只有一个小姑娘负责每月编制考勤表，没有员工招聘方面的职能；再者，因为王某与总经理的特殊关系，A 公司也没有人提出不同意见。

以上分析表明，A 公司管理层对管理不重视是导致内部控制失灵的根本原因，即恶劣的内部控制环境，导致了内部控制没有土壤，失去了效能。

三、被审计单位以外的影响因素

在【案例 17-2】中，审计组全面地检索了 A 公司可能存在的管理问题，通过检查资料、访谈等方法，与有关人员进行了深入沟通，诊断出了 A 公司的管理问题。

那么，诊断出了被审计单位的全部管理问题，是不是就够了呢？

笔者认为，还不够。对于被审计单位存在的问题，除了被审计单位的内部控制环境问题、内部控制程序问题外，审计人员还应关注：上级管理部门、集团公司等对被审计单位有管理职能的主体，对被审计单位的影响；被审计单位的管控是否存在问题。

但是，有些审计人员对此有怀疑。对于内部审计来说，集团公司往往是其领导机构，审计人员对指出领导机构工作方面的不足有心理障碍；对于外部审计来说，集团公司很多时候就是客户或者委托方，审计人员也不愿意对客户或者委托方端出苦口良药，他们往往会以一个错误的理论开解自己：我们受委托审计 A 公司，A 公司以外的事物不在我们审计范围之内。

笔者认为，这些理念是错误的。审计，其职能和用途是提高被审计单位管理水平。因此，开展审计工作应该以是否有助于被审计单位管理水平的提高作为评估标准，只要是有助于被审计单位提高管理水平、降低管理风险的事项，审计人员就应该关注并深入分析，且反馈给委托方。

2019 年 10 月 19 日，国务院国有资产监督管理委员会印发《关于加强中央企业内部控制体系建设与监督工作的实施意见》（国资发监督规〔2019〕101 号），其中规定："（二）强化集团管控。进一步完善企业内部管控体制机制，中央企业主要领导人员是内控体系监管工作第一责任人，负责组织领导建立健全覆盖各业务领域、部门、岗位，涵盖各级子企业全面有效的内控体系。中央企业应明确专门职能部门或机构统筹内控体系工作职责；落实各业务部门内控体系有效运行责任；企业审计部门要加强内控体系监督检查工作，准确揭示风险隐患和内控缺陷，进一步发挥查错纠弊作用，促进企业不断优化内控体系。"

这个规定说明，对下属子公司进行管理是母公司或者集团公司的重要职责，从实践来看，有些集团公司本身就是管理机构，没有具体业务，主要职能就是管理下属子公司。所以，审计人员在审计过程中，应该全面分析对被审计单位的管理有影响的各种因素，包括集团公司的影响，并针对集团公司对子公司管理中存在的问题予以深入分析，并提出切实可行的管理建议。

【案例 17-3】 分析集团公司管理不足

沿用【案例 17-2】，审计人员在对总经理赵某就舞弊事件进行访谈后了解到，总经理承认自己确实对内部控制制度、管理等不够重视，导致财务部门、人力资源管理部门、内审部门人员不足，从而出现内部控制漏洞，导致出现舞弊事件。

但是，他认为自己也有无奈之处，因为集团公司的考核指标只是收入、利润、净利润等几项指标，为了实现这些考核指标，管理层的主要精力都放在创收上，只重视业务部门的工作，对其他后台管理部门的工作投入的精力相对较少。再者，为了降低管理费用，提高利润和净利润，他也不得不对后台管理人员的数量尽量压减。

审计人员分析，赵某的说法不全对。前文提到，运营活动分析也是降低成本费用的必要工作，但是，A 公司根本就没有开展这项工作。

赵某说的也不全错。集团公司的考核指标确实只有收入、利润、净利润等内容，这样的考核指标设置会传递一种错误的信号，会导致下属子公司只重视经济效益，不重视管理，这是 A 公司不重视管理的原因之一。

审计人员进一步以国家相关制度为依据，评价集团公司对子公司的管理，发现除了考核指标问题外，还存在以下问题。

（1）没有明确专门职能部门或机构统筹内部控制管理工作。

（2）没有落实各业务部门内控体系有效运行责任。

（3）集团内部审计处也存在人员不足的问题，导致对下属子公司内控体系监督检查工作一直没有开展。

（4）……

考虑到此案例只是想说明审计人员考虑问题的角度应该开放，案例中省略了一些具体内容。

第十八章
提出管理建议

　　管理建议在本书中，指审计人员针对审计过程中发现的内部控制缺陷提出的完善内部控制制度、提高管理水平的有关建议，也包括对审计发现的实质问题的整改建议。本章只包括完善内部控制制度、提高管理水平的有关建议。

第一节　管理建议针对的对象应是内部控制缺陷

　　管理建议针对的是被审计单位的内部控制缺陷。这些内部控制缺陷有的已经导致了不良后果，如错误或者舞弊，导致了重大损失，有的尚未导致任何后果。

　　良好的内部控制，应该能够防止、发现并纠正错误、舞弊、违法行为，没有内部控制制度，或者内部控制制度有缺陷，则不能防止、发现并纠正相关领域的错误、舞弊、违法行为。

　　但是，并不是说内部控制存在缺陷，则一定有错误、舞弊、违法行为事件。就如同前文提到的水灾事件，原来王先生家一直都没有离家前检查水、电、燃气的习惯，但是也不是每天都有水灾、火灾事故。但是，一旦忘了关水，或者电路有问题，则可能发生水灾、火灾事故，损失的严重程度难以预知。所以，王先生一家还是应该将每天离家前检查水、电、燃气作为必须执行的内部控制程序。

　　审计人员对被审计单位的内部控制缺陷的建议也是如此。有些内部控制缺陷已经导致严重的问题，有的内部控制缺陷可能还没有导致严重后果。但是，目前没有发生实质性错误，并不是说以后也不会发生。例如，一辆刹车不灵的车，虽然目前没有发生车祸，但是有发生车祸的风险，还是应该在发现刹车不灵时立即维修。内部控制缺陷也是同样的道理，即使有关的内部控制缺陷还没有导致严重的后果，审计人员也应该阐明内部控制缺陷，指出可能导致错误、舞弊或违法行为的风险以及提出相关的管理建议。

　　实践中发现，一些审计人员的管理建议对象不明确，或者对象错误，有些管理建议针对的不是被审计单位的内部控制缺陷，导致被审计单位对相应建议无从执行。

【案例 18-1】管理建议的对象应该是什么

针对【案例 17-1】至【案例 17-3】中提到的出纳舞弊，以下就是审计建议对象错误、不恰当，导致被审计单位无从着手整改的情况。

建议一：建议 A 公司对审计过程中发现的舞弊和违法行为零容忍，有关犯罪嫌疑人送交司法机关严加惩处。

该建议针对的不是被审计单位的相关内部控制缺陷，而是对犯罪嫌疑人的处理事宜提出建议。

在前述案例中，现场审计尚未结束，出纳王某就已经被司法机关控制，所以，上述管理建议没有意义，被审计单位对王某已经失去控制。

即使王某尚未移交司法机关，对王某合法的处理方式，也是移交司法机关处理，A 公司无权对涉嫌犯罪的王某采取刑事措施，该建议毫无意义。

建议二：建议 A 公司建立工作组，对相关问题进行彻底清查，全面整改。

该建议针对的也不是 A 公司的内部控制缺陷。再者，"相关问题"是什么、应该怎样整改也不明确，相信即使 A 公司成立了工作组，也无从整改。

正确的建议对象应该是被审计单位的内部控制缺陷，A 公司内部控制缺陷主要如下。

（1）不相容职务没有分离，出纳、记账、业务三种不相容职务由一人负责。

（2）出纳人员编制银行存款余额调节表。

（3）管理层例会无法定期召开，重大经济事项不能集体决策。

（4）没有执行集团公司人力资源管理政策，导致员工素质不满足工作要求。

（5）没有结合国资委、集团公司以及其他有关部门文件要求，并结合业务实际情况不断完善内部控制制度。

（6）管理层不理解、不重视内部控制制度建设，导致内部控制不能防控风险。

（7）预算管理没有落到实处。

（8）没有专门机构进行运营分析，没有将财务管理、压降成本等工作落到实处。

（9）其他内部控制缺陷。

第二节　审计建议应该对内部控制缺陷导致的风险进行明确提示

很多管理者对内部控制方面的专业知识不够了解，导致对内部控制制度不完善可能带来的潜在风险没有正确的认识。而要完善内部控制制度，提高管理水平，很多情况下要付出管理成本，如增加人员、购置相关设施设备、进行业务培训等，这会让一些管理者不自觉抵触。所以，为了让被审计单位管理者接受审计建议，审计人员应该对被审计单位内部控制制度不完善带来的风险进行深入分析，然后加以提示，特别是审计过程中只发现内部控制缺陷，尚未发现该缺陷带来实质性的错误、舞弊和违法行为，没有造成损失的情况下，更要让被审计单位管理层理解内部控制缺陷可能引起的风险，可能带来的损失，这样才能引起管理层对内部控制缺陷的重视，从而接受审计人员的管理建议。

【案例18-2】风险分析，让建议容易被人接受

针对【案例17-1】至【案例18-1】中提到的出纳舞弊，审计人员针对A公司出纳一人担任不相容职务风险的分析如下。

出纳人员兼任记账业务、采购业务、货币资金支出业务的全过程，同时每月编制银行存款余额调节表，导致没有人对出纳付出资金的合法性、正确性进行监督，部门和岗位之间不能做到有效稽核、牵制、监控，如果存在错误和舞弊行为，则难以发现。

对重要经济事项、大额资金支出没有进行集体决策可能存在的风险分析如下。

对于重要经济事项、大额资金支出不进行集体决策，审批权限集中于总经理一人，则可能存在信息不对称导致的审批失误。如负责采购的管理人员可能知道某段时间的运费远高于实际业务量的需要，但是因为没有集体决策程序，不能发现运费异常，也不能提出意见；也可能由于总经理个人专业知识、精力、偏向或者其他个人原因，容易导致审批错误。从A公司的情况来看，审批滞后时间长、需要审批的支出项目多、审批权限集中于一人，更难保证审批流程发挥发现、纠正错误和舞弊的作用。

第三节　审计建议应该明确具体

审计建议应该明确具体，方便被审计单位整改执行。

审计实践中，有很多审计建议笼统、含糊，或者只是原则性的指向的情况，导致审计建议难以用来指导整改、完善内部控制缺陷。

如果被审计单位存在内部控制缺陷，可能的原因是被审计单位有关人员知识水平、业务素质等限制，对内部控制的理解不足，或者有些管理人员出于某种目的不愿意让内部控制制度严谨完善。无论哪种情况，如果审计人员的审计建议不明确具体，则难以付诸实践。

【案例 18-3】 审计建议明确具体，方可执行

针对【案例 17-1】至【案例 17-3】中提到的出纳舞弊，常见审计建议如下。

"建议 A 公司完善货币资金管理方面的内部控制制度，保证资金安全。"

"建议 A 公司重视内部控制制度建设。"

"建议 A 公司内部控制制度要遵守不相容职务分离原则。"

以上建议的共同特点是内容不明确、不具体。以 A 公司管理层对内部控制制度的理解，对内部控制制度应该怎样完善、怎样让不相容职务分离、怎样重视内部控制制度建设，仍然是不明所以，难以操作。

明确具体的管理建议示例如下。

"建议 A 公司出纳、记账、采购业务三种不相容职务分开，不可由一人负责两种以上业务，以保证不同职务之间相互牵制、相互稽核。"

针对具体情况，审计人员可适当掌握说明的详细程度，可以在审计报告中，也可以在沟通过程中，进行更详细的说明，如下所示。

"建议 A 公司出纳、记账、采购业务三种不相容职务分开，不可由一人负责两种以上业务，以保证不同职务之间相互牵制、相互稽核。由会计人员对采购人员的发票、合同、实物入库验收单等进行审核，并记账，保证采购业务的真实性、相关凭证的合法性；出纳在会计及有关管理人员审核后付款，保证资金支出有真实的业务基础，且有关业务经过了恰当的授权审批。采购人员、会计人员、出纳人员各司其职，相互监控、相互稽核，一人不能从事两种以上的业务，以保证资金支出基于真实的业务，避免错误和舞弊。"

针对银行存款余额调节表的编制问题，可建议如下。

"每月由出纳以外的人亲自到银行取得银行对账单，与银行存款日记账核对，并编制银行存款余额调节表。这样既避免了银行对账单虚假的风险，也避免了出纳人员舞弊不能发现的风险。"

第四节 审计建议应该适合被审计单位的具体情况，符合成本效益原则

越严谨完善的内部控制制度，越能对错误、舞弊和违法行为起到防止、发现并纠正的作用。但是，内部控制制度的建设也要付出相关成本，所以内部控制制度的建设，也要考虑成本效益原则，即建立和完善内部控制制度付出的成本，不应该高于该内部控制制度可能避免的损失和不良影响。通俗的案例：一个由老板和老板娘亲自参与生产经营过程的个体小店，收入有限，雇用几个人员，正好维持日常经营。老板或者老板娘亲自控制每笔资金收支，如果建议他们设立出纳、会计、资金管理部门、内部审计部门以及其他适用于大型企业的全套内部控制机构，显然完全不适合。

所以，审计人员提出的审计建议也应该在控制风险的基础上，符合被审计单位的具体情况，应量体裁衣，在控制风险的同时，考虑成本效益原则。

【案例18-4】审计建议应该在成本效益和控制风险中做到平衡

针对【案例17-1】至【案例18-3】中提到的人力资源管理问题，审计组成员可能会提出以下建议。

"建议A公司招聘人力资源管理方面的专业人员，设立专门的人力资源管理部门，依据集团公司人力资源管理相关规定，制定全面系统的管理流程，对A公司的员工招聘、考核、晋升等工作进行全流程管理。"

而A公司的实际情况是，目前的市场仅限于所在省市，员工队伍基本稳定，不需要大规模招聘，所以专门设立人力资源管理部门可能导致这个部门的人员没有事情做，空耗成本。

所以，针对这种情况，审计组分析，最好的方式是利用集团公司政策和集团公司人力资源部门，由集团公司统一招聘，A公司用人部门参与，保证招聘过程规范、公开、透明，同时保证所招聘人员符合用人部门的要求。

针对【案例17-1】至【案例18-3】中提到的货币资金管理中的不相容职务没有分离问题，审计人员认为必须要采取的措施是出纳与记账、采购分开。对于这个问题，被审计单位不能考虑成本问题，如果为了节约成本，而让一人身兼多职，则无法规避资金支出没有监控导致舞弊的风险。

针对A公司管理层由于业务繁忙无法定期召开例会的问题，一些审计建议可能是建议管理层必须保证定期开例会，以对"三重一大"事项进行集体决策。

而A公司的情况是管理层人员争分夺秒抢市场、跑业务，能否定期回到公司开例会是难以确定的。所以，针对这种情况，以下建议更符合实际情况。

"建议 A 公司管理层通过办公软件视频会议方式，保证例会定时进行，对重要经济事项、大额资金支出等，进行集体决策。"目前的信息化科技发展水平，使不同地区的人们能够通过视频会议的方式进行集体决策，这就解决了管理层出差无法集中开例会的问题。

第五节　针对管理层凌驾于控制之上的考虑

审计实践发现，一些被审计单位的内部控制制度设计得堪称完美，审计人员检查经济业务运行过程中形成的各种凭证，被审计单位也严格符合内部控制制度的要求，但是审计结论却是：管理层凌驾于内部控制之上、统一领导下的、有管理的系统舞弊。内部控制设计得越完美，管理层及下属各部门在这种完美的内部控制制度的指导下，舞弊越隐蔽，越难以发现。

针对这种被审计单位的内部控制设计没有问题，执行也很"到位"的情况，出问题的不是被审计单位的内部控制，而是被审计单位的管理层。被审计单位管理层整体"沦陷"不是被审计单位的内部控制问题，而是对被审计单位管理层有管理权限的上级单位，包括部门、母公司等对被审计单位的管控出了问题。在这种情况下，审计人员需要根据上级单位对被审计单位的管控方式、干部任免、治理结构、考核方式等，分析上级单位对下属单位的管控存在哪些问题和不足。

【案例 18-5】管理层凌驾于控制之上的深层原因

B 集团公司委托审计组对 C 子公司进行经济责任审计。审计过程发现 C 公司的内部控制设计合理，且都得到有效执行。但是，最终审计发现了 C 公司存在严重的贪腐行为，导致严重的国有资产损失。这说明 C 公司看似有效的内部控制制度，严重失效。

审计组调查发现，C 公司的舞弊是在 C 公司管理层的统一组织下的系统舞弊，从董事长到总经理等高层，再到各个业务部门的中层干部，几乎都有参与。

审计组与 B 集团公司审计委员会进行了沟通，达成一致意见，即深入调查分析 B 集团公司对子公司的管控是否存在问题，经调查，初步发现了以下问题。

（1）B 集团公司对 C 公司董事长、总经理和财务负责人等高管人员的任命，没有严格执行集团公司重大人事任免的有关规定，没有履行公开选拔、竞争上岗、考察等一系列规定的程序。审计发现，C 公司董事长、总经理在到 C

公司任职前就存在贪腐记录。而之所以将其继续任命为 C 公司董事长和总经理，是因为这两个人有工作能力，虽然有贪腐记录，但是其在市场开拓等方面的业绩不差。

（2）B 集团公司对子公司舞弊、违法行为没有明确的惩罚制度，对于曾经出现的违规违纪行为，只是将相关人员停职一段时间后，换个子公司继续任职，相当于没有受到惩罚。制度缺失也应该是相关人员没有顾忌地违规谋取私利的动机之一。

（3）B 集团公司内部审计监察力量薄弱，部门人员少，有些子公司多年未经内部审计；对子公司审计监察方面的预算低，无法通过聘请外部审计机构对子公司进行充分的审计检查。

针对以上集团公司对子公司管控存在的问题，审计组提出了相应的管理建议，该建议由集团公司有关部门讨论实施。主要内容如下。

（1）根据国家有关规定，就 B 集团公司的情况，修订干部管理制度，以涵盖任用、过程考核、晋升、离任考核等全过程。

（2）增加内部审计监察力量，增加有关预算。

（3）成立专门部门和机构在全集团范围内完善、落实有关内部控制制度、风险管理制度、合规管理制度，并将落实情况与有关人员的考核挂钩。

第十九章
审计结论与审计报告

审计报告是审计工作的最终成果，是审计的总体结论，是委托方了解委托审计事项情况的结论性文件。实践中，委托方委托目的不同、审计种类不同，审计报告也各不相同。审计实践中，常见的审计类型有财务报表审计、经济责任审计、财务收支审计、内部控制审计、竣工决算审计、科研专项资金审计等。除此之外，委托方往往针对特殊经济业务委托内审机构或者会计师事务所，进行一些特殊目的的审计。这些审计门类中，财务报表审计有财政部推出的统一审计报告模板，财政部通过一系列审计报告相关的准则、指南等，明确规定了不同审计结论对审计报告意见类型的影响。而除财务报表审计以外的其他专项审计，委托方委托的目的不同、行业不同、经济事项不同、适用法规不同，审计报告也各不相同。

这也导致审计实践中，很多审计人员每承接一个审计项目，就会到处寻找"模板"。这种思路本身就是错误的。委托方出于自己的目的，要对特殊经济业务的运行情况、核算情况等进行了解，不可能随时都有标准的模板。这需要审计人员自己了解委托方的具体要求、被审计事项的基本情况、审计目的等基本信息，根据审计程序执行情况，得到的审计结论等，搭建审计报告的主体框架，确定审计报告内容，回应委托方关心的事项的总体情况，即根据委托方的要求、审计目的、审计结论等，量身定做审计报告。

委托目的、审计内容、审计程序、审计证据、审计结论、审计报告都应该是一脉相承的关系，具体表现为：根据委托方的委托目的确定审计内容；根据审计内容确定所需要的审计程序；根据履行审计程序所取得的审计证据，确定审计结论；根据审计结论概括整理分析，形成审计报告。

以下讨论财务报表审计报告以外的其他非标准审计报告的主要内容以及注意事项等。

第一节 一般审计报告的内容框架

审计报告的内容框架应该全面体现审计结论，满足委托方了解被审计事项基本情况的目的。

审计报告的主要内容框架应该涵盖以下内容。

（1）标题。

（2）收件人。

（3）引言段。

（4）被审计单位或者项目的基本情况。

（5）审计依据。

（6）主要审计结论。

（7）审计发现的问题。

（8）审计建议。

（9）与审计工作有关的事项说明。

（10）落款及日期。

审计项目不同，或者委托方要求不同，审计报告的内容、顺序可以适当调整。

第二节 审计报告主要内容解析

一、标题

审计报告的标题应该概括审计项目与审计类别，如下所示。

ABC 公司总经理李某经济责任审计。

××××公司××年度财务收支审计。

××××项目资金收支审计。

××××扶贫资金收支审计。

××××项目管理情况审计。

××××项目竣工决算审计。

……

审计标题不同于正文，应该言简意赅，反映出审计标的、审计性质；有些项目按惯例每年都要进行审计，则应该在审计报告标题中加入审计所属期间，即年份，以区分不同年份的审计报告，如 ABC 公司 2020 年财务收支审计、ABC 局 2020 年预算执行情况审计等。

二、收件人

收件人一般是审计委托方。审计报告中收件人部分应该是收件人的全称。

三、引言段

引言段应该概括被审计单位或者项目、审计类别、审计期间、双方责任、审计工作情况、被审计单位配合情况等。

【案例 19-1】审计报告引言段示例

> 我们接受委托，根据（委托方全称）（审计通知书名称及文号），对（被审计单位＋职务＋被审计人姓名）同志自（××××年××月至××××年××月）任职期间的经济责任履行情况进行审计。提供真实、合法、完整的财务及相关资料是（被审计单位）（简称）的责任，我们的责任是根据（被审计单位简称）提供的相关资料，履行必要的审计程序，对（被审计人姓名）同志任职期间的经济责任履行情况发表审计意见。
>
> 我们按照《党政主要领导干部和国有企事业单位主要领导人员经济责任审计规定》及中国注册会计师审计准则计划和实施审计工作。审计工作包括调查有关经济事项的运行情况，审核有关会计账簿、会计报表、会计凭证，调阅有关重要记录与文件，抽查盘点有关实物资产，往来账函证，现场察看项目运营情况及听取有关方面意见及其他我们认为必要的审计程序。（被审计单位简称）和（被审计人姓名）同志对审计工作给予了积极的配合。

如果审计组认为必要，可以在引言段加入对审计工作情况的描述，如审计组经过了多长时间，审计了多少个独立核算单位，检查了多少处业务现场等。这些描述可以使委托方对审计工作情况有概括了解。

四、被审计单位或者项目的基本情况

介绍被审计单位或者项目的基本情况的主要目的是使审计报告使用者对被审计单位或者被审计项目有所了解，具体内容应该根据被审计单位的情况或者项目情况，以及审计报告使用者关心的事项确定。

【案例 19-2】经济责任审计报告"基本情况"部分示例

> 以企业经济责任审计为例，基本情况部分至少应该包括以下内容。
>
> 1. 被审计单位的基本情况
>
> （1）被审计单位简介。
>
> 被审计单位简介包括被审计单位的历史沿革、注册资本、主营业务、员工人数等情况的介绍。

（2）被审计单位组织机构情况。

以文字描述或者组织机构图的方式描述被审计单位主要管理机构。

被审计单位各级分、子公司情况。

子公司比较多的，可以以明细表的方式反映主要子公司的名称、持股比例、注册资本、主营业务等。

（3）其他必要事项。

2. 被审计领导人基本情况

（1）被审计领导人的简历。

被审计领导人年龄、学历、主要工作经历。建议言简意赅，尽量控制在200字以内。

（2）被审计领导人在被审计单位的职务和主要职责。

简要叙述被审计领导人在审计期间，在被审计单位的职务以及与职务相关的主要职责。

被审计领导人在审计期间，可能会有职务、职责调整，应逐一叙述。

考虑到对于审计发现问题要进行责任界定，所以说明被审计领导人在审计期间不同阶段的主要职责很重要。

3. 任期内财务状况及经营情况

任期内财务状况及经营情况主要内容为各年度财务状况和经营成果对比分析。

为反映真实的财务状况和经营成果，应该采用审计调整后的数据进行分析。

【案例 19-3】竣工决算审计报告"基本情况"部分示例

以建设项目竣工决算为例，基本情况部分至少应该包括以下内容。

1. 工程概况

工程概况的描述包括但不限于以下内容。

项目名称。

项目建设背景。

项目建设的主要内容。

建设性质。

地理位置。

开工时间：批复的开工时间及实际开工时间。

竣工时间：批复的竣工时间及实际竣工时间。

实际总投资。

建设规模（如建筑面积）。

2. 项目审批情况

项目审批情况包括但不限于立项及可行性研究报告核准、初步设计审批、开工审批、规划部门审批等。

3. 项目主要参建单位

项目主要参建单位包括但不限于主要施工单位、设计单位、监理单位、主要设备供应单位等。

4. 竣工验收情况

竣工验收情况主要内容包括验收时间、主要参与方以及验收结果等。

总之，审计报告的基本情况部分，应该结合审计标的性质，从委托方的角度出发，对基本情况进行必要介绍。

基本情况部分注意详略得当、言简意赅，不过内容过少，容易导致读者对被审计单位或者项目的基本情况没有整体概念，也不能过多，否则会导致审计报告重点不突出。

五、审计依据

审计依据主要包括审计行为依据和被审计单位、项目应该遵守的主要法规依据。

审计行为依据，如某集团公司审计通知书、某集团公司经济责任审计相关规定等。

被审计单位、项目应该遵守的法规依据包括国家相关会计制度、针对特定经济事项的法规依据等。

【案例 19-4】 审计依据示例

财政资金投资项目的竣工决算审计报告的审计依据至少应包括以下内容。

《基本建设财务规则》。

《基本建设项目竣工财务决算管理暂行办法》（财建〔2016〕503 号）。

《基本建设项目建设成本管理规定》（财建〔2016〕504 号）。

项目立项审批、概算批复及其他审批文件、相关财务会计资料、合同、协议、工程结算资料、竣工决算报告、会议纪要等。

六、主要审计结论

主要审计结论即对被审计事项通过履行审计程序，取得审计证据得出的结论，可能是定性结论，可能是定量结论，也可能是定性和定量相结合的结论。结论的具体形式应结合被审计事项的性质确定。

为全面反映被审计事项的情况，一般以收支为审计标的的审计结论，应该定量描述收、支的总体情况，并定性确认被审计事项是否符合有关法规制度的规定。

【案例 19-5】定量审计结论示例

竣工决算审计报告至少应该定量描述以下内容。

1. 项目资金来源情况

有关批文批复的资金来源情况（批文要全称，包括文号）。

实际资金来源情况。

结论：项目资金是否全部到位，核算是否规范，资金使用是否合理，有无挤占、挪用现象。

2. 项目投资完成情况

××项目实际投资完成额为（ ）万元，分别为：建筑安装工程投资完成额（ ）万元，设备投资完成额（ ）万元，待摊投资（ ）万元，其他投资（ ）万元，应交税费——应交增值税——进项税，合计（ ）万元，待核销基建支出（ ）万元，转出投资（ ）万元。

说明：待核销基建支出和转出投资有无依据，是否合理。

3. 资产交付使用情况

××项目共计交付使用资产（ ）万元。其中，固定资产（ ）万元，流动资产（ ）万元，无形资产（ ）万元，长期待摊费用（ ）万元。

固定资产（ ）万元，其中包括房屋建筑物（ ）万元，机器设备（ ）万元。

说明：项目形成资产是否全面反映，计价是否准确，资产接受单位是否落实。

4. 工程概算执行情况

（1）经审计确认，该项目批复的概算总投资为（ ）万元，实际投资完成额（ ）万元，比概算节约（或者超支)（ ）万元，节约（或者超支）比例××%。

说明：项目是否按照批准的概（预）算内容实施，有无超标准、超规模、超概（预）算建设现象。

（2）实际投资完成情况分析。

5. 工程价款结算情况

××项目实际完成投资（ ）万元，其中建筑安装投资工程完成额为（ ）万元。（工程结算审核单位名称）单位对上述建安投资进行了工程结算审核，并出具了结算审核报告。工程结算审核确认的金额为（ ）万元。

6. 债权债务情况

到审计截止日主要债权债务情况。

对于债务，主要都是什么款项，各类债务金额分别是多少，如应付材料款、应付工程款等分别是多少。

债权人、债务人明细详见附表，金额较大的说明欠债原因。

7.未完工程情况

说明未完工程的主要内容。

说明：尾工工程及预留费用是否控制在概算确定的范围内，预留的金额和比例是否合理。

一些审计事项和审计结论，不适合定量描述，或者定量描述不能全面完整反映审计结论的，应该采用定性描述。

【案例 19-6】 定性审计结论示例

竣工决算审计报告对于工程管理方面的审计结论，对于各方面管理是否规范，有些内容无法定量描述，则应定性描述。

1.项目建设程序和建设依据

本部分主要说明通过审阅项目立项申请文件及审批文件、可行性研究报告及审批文件、开工审批、初步设计和批准的设计概算以及其他必要的审批文件，项目建设是否履行基本建设程序，是否符合国家有关建设管理制度要求等。

如果有不规范或者依据不充分的情况，具体说明。

2.项目招投标执行情况

说明被审计单位有关项目采购招投标制度建立情况，主要建立了哪些制度，制度是否完善。

通过对该项目各类合同及招投标文件的审阅，说明实际招投标是否执行了相关制度，是否发现不规范的情况。

如果有不规范的情况，具体说明详细情况以及违反的相关规定。

3.项目合同订立和履行情况

说明被审计单位有关项目合同管理情况，主要制定了哪些制度，制度是否完善。

通过对合同管理情况（包括合同订立、变更、执行等情况）的检查，说明被审计单位是否执行了相关制度，是否发现不规范的情况。

如果有不规范的情况，具体说明详细情况以及违反的相关规定。

4.项目财务管理、成本核算情况

说明被审计单位有关项目财务管理、成本核算等主要制定了哪些制度，制度是否完善。

通过对被审计单位财务管理、物资管理方面的检查，说明被审计单位是否执行了相关制度，是否发现不规范的情况。

项目建设管理费、业务招待费是否超过限额。

如果有不规范的情况，具体说明详细情况以及违反的相关规定。

5. 项目物资管理情况

说明被审计单位有关项目物资管理等主要制定了哪些制度，制度是否完善。

通过对被审计单位物资管理方面的检查，说明被审计单位是否执行了相关制度，是否发现不规范的情况。

如果有不规范的情况，具体说明详细情况以及违反的相关规定。

6. 工程款结算及支付情况

说明被审计单位有关项目工程款结算情况及款项支付情况等主要制定了哪些制度，制度是否完善。

工程价款结算是否准确，是否按照合同约定和国家有关规定进行，有无多算和重复计算工程量、高估冒算建筑材料价格现象；工程价款支付是否按合同规定执行，有无多付、提前支付的情况。

7. 设计、监理以及质量监督情况

说明设计单位名称及设计单位资质，设计工作情况；是否发现设计成果存在缺陷，影响工程质量的情况，如是否存在设计深度不足、设计缺陷，造成施工组织、工期、工程质量、投资失控以及生产运行成本过高等问题。

说明监理单位名称及资质情况，监理工作情况，经审查相关监理记录，工程监理在建设过程中是否履行了合同约定的监理职能。如果存在不规范的情况，具体说明。

8. 工程进度管理情况

说明工程是否按设计的工期完成，如果没有按设计工期完成，分析主要原因。

9. 会计核算及会计基础工作情况

说明工程会计核算是否符合相关会计制度规定，有无发现不规范的情况；待摊费用支出及其分摊是否合理、正确。

10. 竣工决算管理情况

说明竣工财务决算管理情况，是否按《基本建设项目竣工财务决算管理暂行办法》规定的时限及要求编制竣工决算报表及竣工决算说明。

说明是否存在项目建设单位有关部门、机构、人员在竣工财务决算未经审核前撤销或者调离的情况。

说明编制项目竣工财务决算前，项目建设单位是否完成各项账务处理及财产物资的盘点核实，做到账账、账证、账实、账表相符。

11. 其他

除以上事项外其他重要事项。

工程竣工决算总体审计结论：

经审核，我们认为后附的 ×× 项目竣工财务决算报表符合《基本建设财务规则》《基本建设项目竣工财务决算管理暂行办法》（财建〔2016〕503号）、《基本建设项目建设成本管理规定》（财建〔2016〕504号）以及其他相关法律法规的规定，在所有重大方面公允地反映了 ×× 项目工程竣工决算情况、交付使用资产情况和款项支付情况。

七、审计发现的问题

审计发现的问题部分是审计报告中最重要的部分，也是审计报告的核心部分。

对于审计发现的问题，应该按问题性质或者重要程度排列。

每个审计问题至少应该包括以下部分。

（1）问题介绍。

对问题事项具体情况的描述，包括主要情节、金额、相关各方的作为或者不作为等情况。

（2）问题定性。

确定审计报告将此事项定性为某种问题的制度依据。制度依据应注意与被审计事项、定性等相关，制度依据要支持审计结论。

（3）审计建议。

审计建议即针对此事项反映出来的内部控制缺陷提出的管理建议，以及对此事项的处理建议。

同类问题出现多次的，应分类汇总提出建议。

审计建议可以在每个问题后面提出，也可以在审计报告中单列一段提出。

对于在审计报告中反映的问题，注意事项如下。

（1）依据充分，包括事实依据和制度依据。

审计人员要在审计过程中，取得充分、适当、相关、可靠的审计证据，证明问题事实上存在。有关证据要通过复印、拍照等方式，在审计工作底稿中归集留存。要取得与事项相关的制度依据，证明有关事项确实违反了相关的制度规定（包括法律规定）。

如果没有充分适当的证据和制度依据，则不可轻易定性为问题，否则，容易引起被审计单位及相关人员对审计人员的抵触，这不仅导致审计人员被动，对被审计单位的管理水平提高也没有帮助和意义。

【案例 19-7】没有充分依据的问题示例

　　某审计组对某单位进行经济责任审计。审计过程中，审计组认为被审计单位领导人员的工作存在问题。具体情况是这个单位管理层的工资太高了，年薪平均 100 万元以上，远超职工平均工资。审计人员汇总了该单位连续几年的管理层工资，将其作为严重问题反映在审计报告中。

　　但是，被审计单位并不认可审计结论。被审计单位认为，管理层年薪按制度规定，由集团公司薪酬和考核委员会根据年度各项经济指标完成情况计算确定，并有上级单位下达的红头文件。

　　双方争执激烈，最后，被审计单位向集团公司申诉，集团公司提供了该公司管理层年薪计算过程和依据。

　　分析以上事件，审计组定性问题没有取得充分的制度依据，导致审计组陷于被动，甚至导致有关各方对审计报告的公允性产生怀疑。

（2）定性适当。

　　对问题的定性，应该在事实的基础上，根据真实的情况来确定，即实事求是。不可罔顾实际情况轻下结论，更不可因为私人感情等使对问题的定性脱离事实。

【案例 19-8】问题凭证与事实

　　某审计组对 A 公司进行经济责任审计。项目组成员小王在审计过程中发现多笔支出存在问题，经在专门网站查询，发现支出所付的发票都是假发票。

　　小王在审计工作底稿中将该问题定性为"以假发票套取单位资金"。

　　被审计单位财务人员并不认可小王的结论，被审计单位反映的情况是：该支出主要为厨房采购食材的支出，而有关食材的销售商，都是附近农贸市场的小商小贩，他们不能提供合规发票，所以当采购积累到一定的金额时，就采购等额的发票入账。

　　审计组组长根据财务人员反映的情况，履行了以下程序。

　　（1）确认被审计单位有无食堂。这个很好确认，审计组成员每天在食堂吃饭。

　　（2）与厨师了解每天食材的大约使用量，包括米、面、肉、菜以及其他用料，根据使用量以及平均市场价格初步估算每天食材成本，进而测算 A 公司账面食材采购支出金额是否基本合理；检查厨房对食材的验收记录，确认采购支出总体上是否真实。

　　（3）现场察看食材经销商的经营情况，经询问了解到这些食材经销商确实没有合规的发票。

　　（4）检查 A 公司财务账内除了这些假发票外，有无其他食材采购支出。

经检查，没有其他取得合法票据的食材采购支出。

以上程序验证了财务人员反映的情况是真实的。

所以，审计组组长认为"以假发票套取单位资金"的结论不符合实际情况，而且定性过重。根据实际情况，应该将该情况定性为未能取得合法票据。表述如下。

"A公司食材采购支出未能取得真实合法的票据，经在税务相关网站查询，A公司的采购发票为假发票，初步发现××笔，金额××万元。A公司的做法可能导致税务处罚风险，也容易使其他舞弊或者违法行为有机可乘。为规避风险，建议A公司对于难以取得合法票据的食材采购支出，定期取得税务机关代开发票，并完善采购审批、验收、食材保管等管理环节，保证有关支出真实。"

（3）问题表述详略得当。

对于审计问题的表述，应该在与委托方充分沟通的基础上，灵活掌握，注意详略得当。

对于同种、同类问题比较多的情况，可以详细描述其中一例，汇总描述初步发现类似问题的数量，合计金额是多少；或者汇总描述问题笔数、金额，有关凭证号码、金额等可在审计报表后制作附表详细描述。

八、审计建议

审计建议可以针对被审计单位总体情况分类汇总提出，也可以在每个或者每类审计问题后提出。

九、与审计工作有关的事项说明

与审计工作有关的事项说明，指对与审计组审计工作相关的、与审计报告使用者理解审计报告有关的重要事项说明。

例如，某竣工决算审计项目，在审计过程中，审计人员只看到了审计项目的会计资料、管理过程资料，但是由于安全原因或者其他原因，未能实地察看建设施工现场。审计人员认为，现场察看是重要的审计程序，对审计结论的影响重大。经与委托方沟通，委托方同意审计人员只检查会计资料及其他书面资料，审计人员也通过沟通使委托方明白，未能实地察看施工现场，无法保证项目的真实性得到审计确认。所以，审计人员要在审计报告中对重要审计程序缺失的情况进行充分披露，并说明对审计结论的影响。

对此，审计人员在审计报告中加入标题为"重要事项说明"的段落，如下。

"审计组在对××项目的审计过程中，由于……条件限制，未能察看项目施工现场，只检查了有关的会计凭证和文件资料，审计范围是不完整的，审计程序也是不全面的，所以本报告无法对项目的真实性发表意见。"

第三节 审计报告撰写注意事项

（1）注意排版，界面美观。

审计报告的形式、排版等很重要，应该注意能从序号、字体等表面形式看出审计报告结构清晰。

（2）逻辑严谨，详略得当。

这是从整个审计报告的布局来说的，审计报告应该重点突出，逻辑清晰。

审计实践中，有些审计报告存在以下问题。

①基本情况介绍过多，有凑字数的嫌疑。比如，审计报告共四页，基本情况就是两页，从整个审计报告来看，基本情况过多，给人头重脚轻、结构畸形的感觉。

②废话太多。比如，很多审计报告基本情况中介绍董事长的主要职责、总经理的主要职责，这些描述都是公司法中的内容。而实际中，董事长和总经理的职责范围可能和公司法中规定的情况有所不同，审计报告并没有反映实际情况。

③层次乱，不符合结构清晰、条理清楚的要求。

（3）语言精练，言简意赅。

撰写审计报告，应该站在审计报告使用者的角度考虑问题。他们可能都很忙，希望以最少的时间，全面了解审计报告反映的情况。所以，审计人员在撰写审计报告时，应该力争以最少的文字，恰当地表达出最大的信息量。

审计人员可以根据具体情况，采取变通的做法。比如，审计报告信息量大，发现的问题很多，高层领导希望审计报告言简意赅，满足他们短时间了解基本情况的要求，而被审计单位希望详细了解每个问题的实际情况，以制定有针对性的整改方案。那么，审计报告可以有两个版本，即精简版和详细版。精简版是在详细版的基础上概括而成的。要注意精简版和详细版的审计事实、结论应该一致。

（4）词句通顺，逻辑缜密。

应该注意避免对事项的描述过于简单，没说清楚来龙去脉，直接定性。也要避免啰唆，与主题无关的描述过多会导致读者无法搞清有关文字要表达的内容和重点。

（5）重点突出，主次有序。

审计报告有时涉及情况罗列或者原因分析，对于这些描述，审计人员应该将对结果影响最大的事项放在最前面，依据重要程度排序。

（6）结构一致，对仗工整。

对于同一类事项的描述尽量做到表述结构一致。同一层级的小标题也应该句式一致。

（7）以业务解释财务，忌以财务解释财务。

在财务分析过程中，应该以业务情况解释财务数据变动原因，而不是就财务论财务。

比如，某公司经济责任审计报告，任期末的资产总额比任期初增加了 10 倍，审计人员可以做以下分析。

分析 1：某公司资产总额任期末比任期初增加了 10 倍，其中，固定资产增加了 5 亿元，应收账款增加了 4 亿元。

分析 2：某公司资产总额任期末比任期初增加了 10 倍，任期内，该公司努力拓展 A 产品市场，生产规模不断扩大，与 A 产品生产相关的固定资产相应增加；随着 A 产品市场扩大，销售额的逐年增加，应收账款基本同比例增长。

分析 1 就是用财务解释财务，其实相当于没有解释，会看财务报表的人都能看得出来；而分析 2 是用被审计单位实际的业务情况说明财务情况的变化原因。分析 2 是审计人员应该做到的。审计组审计完一个单位，对其业务变化及业务变化对财务的影响说不出所以然，就是没有搞清楚基本的情况，更谈不上能发现什么问题。

总之，审计报告是审计组呈送给委托方的最终工作成果，是委托方评估审计工作质量、审计结果是否达标的载体，也是展示审计组专业水平的名片，审计人员应该谨慎对待。